읽기만 해도 풀리는 ~

요한계시록 주해설교

JESUS
In the name of Jesus Christ Lord.Amen

♣추 천 서♣

"한국교회 그리스도의 종말론적 신앙으로 거듭나야 할 때이다."

우석철목사(행복의교회, 예장합동, 서인천노회)의 요한계시록 주해 설교서가 화제이다. 목회자들이 설교하기 부담스러워하는 계시록을 쉽게 풀이한 요한계시록 주해 설교 해석은 성경 전체의 결론으로서 성경진리에서 탈선하지 않고 조화 균형을 이루는 해석으로 더욱 주목을 받고 있다.

복음의 핵심은 예수 그리스도 그 자체이다. 작금의 교회가 자정능력과 영성을 상실했다. 한국교회의 신학과 신앙이 인본주의와 세속주의에서 거듭나야한다. 종말신앙에 대해 무지한 교회가 깨어나야 한다. 한국교회가 종말론 신앙을 회복하고, 다시 오실 주님을 고대하며 세상을 변화시키는 원동력이 되어야 한다.

정통교회가 요한계시록이 어렵다고 회피하는 사이 이단들의 전유물이 되었다. 문제는 이들이 기성교회의 신앙과 교리의 정통성을 파괴한다. 한국교회는 미혹의 영들이 득세하지 않도록 성경을 올바로 해석하고 그대로 살아가는 운동을 펼쳐야 한다.

지난 1992년 10월 28일 시한부 종말론자들의 희대의 사기극을 한국교회는 잊고 있다는 사실이다. 특히 무엇보다도 144,000명만이 구원받는다는 사이비 이단 신천지의 잘못된 교리에 많은 교인이 섬기는 교회를 떠나고 있다는 안타까운 현실이다. 이런 심각한 문제점의 대안으로 바른 해석과 건강한 종말신앙의 새 지평을 여는 요한계시록 주해 설교서가 한국교회의 성도들을 일깨우는 지침서가 될 것을 확신하며 추천한다.

예장통합총회 증경총회장

최병두 목사

♣추 천 서♣

마지막 때의 트렌드(trend)는 요한계시록 말씀이다.

그러나 한국교회는 계시록 말씀을 심판의 책, 무서운 책, 풀리지 않는 책, 이단이나 하는 책, 함부로 읽을 수 없는 책, 등으로 오해한 나머지 외면하고 무관심하고 있는 실정이다.

이러한 틈을 타 많은 이단들이 계시록 말씀을 왜곡시켜 자기들만 144,000 구원받은 참된 교회라면 미혹하는 일이 극에 달하고 있다.

이제는 한국교회가 계시록 말씀에 대한 오해를 풀고, 그 동안 신비한 영역으로 덮어 두었던 말씀을 열어서 읽고, 가르치고, 전하고, 설교할 때가 되었다.

이 중요한 시기에 "읽기만해도 풀리는 요한계시록 주해설교" 책이 출판되어 기쁘다.

이 책은 가장 성경적으로 바르게 해석하여, 많은 학설로 인한 해석학적 혼선과 종말신학의 한계를 원어로 명쾌하게 풀어 요한계시록 말씀을 깊이 깨닫고, 다시 오실 예수님을 깊이 알아가고 닮아가게 하는 안내서요, 계시록을 탈선한 이단들을 확실하게 방어하며, 교회를 지키는 파수꾼으로 세워가는 선한 역사에 큰 도움이 될 것을 확신하여 기쁘게 추천한다.

예장합동총회 증경총회장

서기행 목사

♣추 천 서♣

주님의 재림과 천년왕국에 대하여 후 천년설과 무 천년설 전 천년설 등 다양한 견해들이 시대마다 심각한 문제가 발생했다. 대표적으로 지난 1992년 10월28일 희대의 사기꾼 다미선교회의 휴거소동은 결국 불발로 끝나고 당시 그 후유증은 감당할 수 없었다.

가정과 자식을 버리고, 학교와 직장을 포기했던 어리석은 일들은 결코 남의 이야기가 아닌 한국교회의 부끄러운 역사로 기억되고 있다.

작금의 한국교회의 요한계시록에 대한 이해는 성서적 또는 문자적 해석에 기초한 144,000의 구원받은 참된 교회를 주장하는 사이비 이단 신천지교회의 종말론 미혹 때문에 그 피해사례가 매우 황당하다.

주님의 재림을 기다리는 한국교회의 성도들이 깨어 기도하며 준비하도록 요한계시록에 대한 성서적이며 합리적이고도 이성적으로 주목할 수 있도록 저술한 계시록 주해 설교 저자인 우석철 목사에게 사뭇 기대가 크다.

우리시대 요한계시록을 왜곡하여 미혹하는 이단들을 대처하고, 건강한 종말 신앙으로 무장하고 주님의 강림을 맞이하기 위한 이 시대에 합당한 메시지인 것을 확신하며 추천한다.

사)한국기독교 지도자협의회 대표회장

신신묵 목사

요한계시록

주해설교

♣ 서　문 ♣

계 1:3 이 예언의 말씀을 읽는 자와 듣는 자와 그 가운데에 기록한 것을 지키는 자는 복이 있나니 때가 가까움이라

요한계시록은 성경 중에 가장 심오한 책이다. 또 한편으로는 가장 난해한 책이 되어 봉해져 있다. 그러나 마지막 때를 사는 하나님 자녀들에게는 길을 잃은 사람에게 나침반과 같은 말씀이기 때문에 읽어야 하고 전해야 하며 설교해야 한다.

계 1:1 예수 그리스도의 계시라 이는 하나님이 그에게 주사 반드시 속히 일어날 일들을 그 종들에게 보이시려고 그의 천사를 그 종 요한에게 보내어 알게하신 것이라

그러나 위와 같이 계시성이 분명하지만 종교개혁자들의 정경성 문제제기에 대한 영향과 시한부 종말론의 영향을 받은 대부분의 한국교회는 침묵하고 있다. 이러한 사이 정통교회로부터 정죄받은 이단들이 요한계시록 말씀을 왜곡시켜 미혹하는 일이 극에 달하고, 요한계시록 말씀에 대한 불신이 도를 넘고 있다.

정통교회 안에서도 현대 종말론 신학은 양분되어 서로를 정죄하고 비난하며 해석학적 표준없이 표류하고 있다. 이로 인한 피해는 한국교회와 성도들이 고스란히 당하고 있는 실정이다.

직접 하나님께 계시를 받아 계시록을 자의적으로 해석하는 신비주의자들과 자기만(또는 자기들만) 선택된 종으로 계시록을 푸는 권세를 가진 것처럼 하는 유대주의식 우월감에 빠진 분들의 역기능으로 계시록의 해석학적 혼란과 혼선이 가중되어 아예 계시록을 덮어 놓고 무관심한 대부분의 교회들을 바라보며, 좋은 스승 목사님을 만나 20여 년 이상 듣고 배우고 깨달은 진리를 우리 주 예수 그리스도의 종으로서 '전하지 아니하면 내게 화가 있을 것이로다(고전9:16)'라는 성경말씀의 감동을 받아 요한계시록 사경회 운동을 하면서 이 책을 출간하게 되었다.

이 책이 부족하나마 해석학적으로 혼란스러운 조국교회에 나침반 같은 역할을 하는 해설서가 되었으면 하는 소망을 갖는다.

본 필자는 원 저자이신 성령님의 은혜를 힘입어 성경해석학의 원리에 따라 문자적 의미해석에 기초하여 역사적 해석과 영적 해석 그리고 상징적 해석을 통일성 있게 시도했으며, 66권 전 성경진리에(성경교리) 모순되지 않는 해석을 원칙으로 했다.

요한계시록 주해설교의 특징은

① 평이한 문체로 이해하기 쉽게 해설을 했다.
② 간략을 기하면서 요점만 언급하려고 했다.
③ 성경으로 성경을 푸는 원리원칙으로 해석을 하려고 했다.
④ 해석학적으로 혼란스러운 부분들은 원어의 동사시상으로 정립했다.
⑤ 장문의 논리적 서술은 피했다.
⑥ 교리적으로 혼란스러운 부분들은 성경을 인용하여 변증적으로 해석했다.
⑦ 신천지를 대처할 수 있도록 했다.
⑧ 성경을 이탈하지 않는 주해서가 되도록 최선을 다했다.
⑨ 한눈에 계시록 전체 흐름을 알 수 있도록 도표를 부록에 실었다.
그러나 부족한 점이 많아 저술상 오류가 있을 것이다. 깨닫도록 기도해 주시고 지도 편달 있으리라 본다.

저술을 전적으로 도와 주신 사랑의 삼위일체 하나님께 영광을 돌리며 진리를 가르쳐 주신 스승목사님께 감사하며 연약한 가운데서 교정을 보고 기도하며 내조해 준 아내와 타이핑으로 봉사한 큰 아들 사무엘, 막내 요셉에게 감사하며, 그리고 물심양면으로 후원하며 기도해 준 변호사 아우 우경선 안수집사, 박세진 집사 내외에게 감사한다. 기도해 주신 성도들과 여러분에게 심심한 사의를 표한다.

성경의 원 저자이신 성령님께서 본서를 펴는 모든 독자들에게 계시록이 열리고 主님 다시오심에 대한 소망과 마라나타 신앙이 불같이 일어나도록 인도해 주시기를 기원한다.

♣순 서♣

♣ 요한계시록 요약 총론 ♣

이 책의 성격은 주해설교이므로 총론은 간단하게 언급한다. 깊은 연구가 필요하신 독자들은 필자의 저서 [요한계시록 흐름이해] 서론편을 참고 하시기 바란다.

1. 저자

① 원 저자 – 하나님이시다.

이 책의 처음에 원저자가 하나님이시라고 밝히고 있다. 하나님이 그리스도를 통하여, 천사에 의하여, 요한에게 지시하셨다. 요한은 이것을 기록하여 일곱교회에 보냈다. **계1:1,4**

② 인간 저자 - 예수님의 제자, 사도 요한이다. 교부시대 잘 알려진 전승에 의하면 [사랑하는 제자]이며, 예수님의 가장 친한 지상 친구이며, 요한복음의 저자인 사도 요한이 이 책의 저자라고 한다. **계1:1,4,9;22:8**

다른 요한이 기록했다는 견해도 있으나 아무런 근거는 없다.

2. 기록 연대 : A.D 91~96년.

요한은 밧모섬에 유배되어 있다(1:9). 사도의 전승에 의하면 도미티안 황제가 박해하던 때로서 85년경이라고 한다. 다음해인 86년에 요한은 석방되어 에베소에 돌아왔다.1장:9절에 밧모섬에 "있었더니"라고 과거의 시제를 사용한 것은 그가 밧모섬에서 환상을 보고 86년 경에 석방되어 에베소에 돌아온 후 이 책을 기록한 것을 나타낸다.

3. 본서의 수신자 : 소아시아 일곱 교회.

일차적으로 에베소, 서머나, 버가모, 두아디라, 사데, 빌라델비아, 라오디게아 일곱 교회이지만 초월적으로(예언적) 모든 시대 모든 교회(사

자)와 성도들을 위해 기록되었다. **계1:3**

4. 기록 장소

본 계시를 받은 곳은 본서에 밝혀져 있는대로 밧모섬이다(1:9).과거형). 이 환상의 계시를 받아 기록작업을 하다가 석방되어 에베소에 돌아와서 완성했다고 본다. **계10:8 -11**

밧모섬은 에베소와 고린도 중간 에게해 바다에 산재한 군도의 하나로 현재명은 팔모사라고 불리운다. 남북이 16km, 동서가 10km, 주위가 60km 되는 작은 섬이며 채석장이 있는 황무지로, 당시 죄인을 정배하는 곳이었다. 지금도 이 섬에는 [계시의 동굴]이라 불리우는 요한의 흔적이 남아있다.(9절)

5. 요한계시록 기록 동기

예루살렘에서부터 로마의 치세로 박해가 지속되며 네로의 박해와 도미티안의 박해(황제숭배)와 교회 내에 침투되는 다양한 문제점들로 지치고 낙망한 성도들의 믿음을 굳게하고 순수한 교회를 유지하여 주님에 대한 소망을 불일듯하게 하며 승리의 삶을 살게 하려는데 의도가 있었던 것이다.

6. 요한계시록의 목적

반드시 장차 속히 될 일을 계시하는 목적이다(계1:19,;4:1,;22:6). 역사를 다스리시는 하나님의 초월적인 섭리와 주권적인 섭리를 교회와 성도들에게 알게하여 대비하게 하는데 그 목적이 있다.

7. 요한계시록의 주제

① 성부 하나님의 관점 - 장차 될 일을 계시하심. **계1:1,19;4:1;22:6**

② 성자 하나님의 관점 - 다시 오심이다. **계1:7,8:4;2:16;3:11;22:7;12,20**

③ 성령 하나님의 관점 - 교회들에게 하시는 말씀이다.

계 2:7,11,17,29; 3:6,13,22

8. 요절

계 22:12 "보라 내가 속히 오리니〈ἔρχομαι;현재일인칭단수〉 내가 줄 상이 내게 있어 각 사람에게 그의 일한 대로 갚아 주리라"

① 오시는 목적은 상 주러 오신다. 그러므로 하나님의 자녀들이 다시오실 예수님을 기다릴 가치가 있다.

② "오리니"의 동사시상이 현재일인칭단수이다. 예수님은 벌써 오고 계신다. 주님은 먼 훗날 막연하게 오실 것이 아니고 현재 오고 계신다. 마24:33에 문 앞에까지 가까이 이르렀다고 기록하고 있다. (막13:29)

9. 계시록 해석방법

① 과거적 해석법(Preterist Interpretation)
② 미래적 해석법(Futurist Interpretation)
③ 역사적 해석법(Historical Interpretation)
④ 영적 해석법(Spiritual Interpretation)
⑤ 문화적 해석법(Literary Interpretation)
⑥ 교회 학파설(The Historical of Continuous System).
(자세한 것은 필자 저 [요한계시록 흐름이해] 서론편을 참고)

10. 계시록에 나타난 7복

제1복 : **계1:3** 이 예언의 말씀을 읽는 자와 듣는 자와 그 가운데에 기록한 것을 지키는 자는 복이 있나니 때가 가까움이라

제2복 : **계14:13** 또 내가 들으니 하늘에서 음성이 나서 이르되 기록하라 지금 이후로 주 안에서 죽는 자들은 복이 있도다 하시매 성령이 이

르시되 그러하다 그들이 수고를 그치고 쉬리니 이는 그들의 행한 일이 따름이라 하시더라

제3복 : **계16:15** 보라 내가 도둑 같이 오리니 누구든지 깨어 자기 옷을 지켜 벌거벗고 다니지 아니하며 자기의 부끄러움을 보이지 아니하는 자는 복이 있도다

제4복 : **계19:9** 천사가 내게 말하기를 기록하라 어린 양의 혼인 잔치에 청함을 받은 자들은 복이 있도다 하고 또 내게 말하되 이것은 하나님의 참되신 말씀이라 하기로

제5복 : **계20:6** 이 첫째 부활에 참여하는 자들은 복이 있고 거룩하도다 둘째 사망이 그들을 다스리는 권세가 없고 도리어 그들이 하나님과 그리스도의 제사장이 되어 천 년 동안 그리스도와 더불어 왕 노릇 하리라

재6복 : **계22:7** 보라 내가 속히 오리니 이 두루마리의 예언의 말씀을 지키는 자는 복이 있으리라 하더라

제7복 : **계22:14** 자기 두루마리를 빠는 자들은 복이 있으니 이는 그들이 생명 나무에 나아가며 문들을 통하여 성에 들어갈 권세를 받으려 함이로다

11. 계시록 해석의 7가지 keyword

① 문자적 의미 해석(개념, 품사, 동사의 時相)

② 문맥 살피기(章, 節의 전 후 문맥)

③ 본문의 의미를 정확히 인식해야 한다.

④ 그리고 영적인, 상징적인 해석을 해야 한다. 영적인 해석이나, 상징적인 해석도 성경의 근거가 분명해야 한다(적용적, 교훈적).

⑤ 진행되는 사건이 대환난 전 삼년 반 사건인지, 후 삼년 반 사건인지 구별해야 한다.

⑥ 어떤 사건 속에 나타난 성도가 천상성도인지 지상성도인지 계속 구별하여야 한다.

⑦ 7인, 7나팔, 7대접은 서로 연관되어 있으나 고유한 사건의 순서이다.

* 성경 진리의 통일성과 일관성에 모순되지 않게 적용 해석해야 한다.
(다른 각도에서는 조직신학적인 성경교리에 탈선하지 않도록 일관성 있는 해석을 해야 한다.)

12. 성경이 예언한 마지막 때의 징조

① 거짓 선지자(이단)들의 대량 등장.
마24:4~5,11; 막13:4~5,22; 눅22:8(렘29:8; 벧후2:1~3)

② 난리, 전쟁, 기근, 지진의 소문.
마24:6~7; 막13:7~8; 눅21:9~11(겔7:24~26; 슥14:2~3)

③ 모든 민족에게 미움을 받고 죽임을 당함.
마24:9~10; 막13:9,11~13; 눅21:12~18(미7:5~6)

④ 천국 복음이 모든 세상에 전파 됨.
마24:14(눅24:47; 롬10:18; 골1:23,)

⑤ 도덕적(윤리적, 영적) 타락. **딤후3:1~7**

⑥ 사회적인 양극화(양육강식). **약5:1~8**

⑦ 인구팽창으로 인한 지구의 한계. **벧전4:7; 벧후3:10**

⑧ 교통수단의 발달과 기술정보의 발전. **단12:4.(벧후3:3)**

⑨ 이스라엘의 독립. **겔37장; 마24:32~35**

⑩ 거룩한 성전 회복. **겔40:~48; 마24:15; 살후2:3~4**

1장 예수 그리스도의 계시와 속히 될 일

요한계시록은 밧모섬에서 사도 요한이 하나님으로부터 받은 계시를 기록한 것이다. 하나님께서는 장차(미래)(계1:19) 될 일에 대하여 요한에게 자세히 계시해 주셨다. **(예언 1:3, 22:10, 17,18,19)**

도미티안 황제 치하에서 순교의 불꽃이 타오르는 시기에 황제숭배를 거절하고 밧모섬에 유배되어 역경 중에 있는 사랑하는 제자에게 주님이 나타나셔서(顯現) 장차 될 일을 보여 주셨다. **계1:9~16**

그 장차 될 일을(속히 될 일 1:1) 핍박 받고 있는 소아시아 일곱 교회에 보낸 것이다. **계1:11**
요한이 처한 환경 속에서 함께 핍박받고 있는 하나님의 백성들에게 상징적인 숨은 언어, 위장된 술어들을 사용하여 장차 될 역사의 비밀을 보여주면서 위로와 용기, 천국의 소망을 보증하고 있다.

1) 요한 계시록의 신적 기원(1-3)

요한계시록의 말씀의 원 저자는 하나님 자신이라고 처음부터 밝히고 있다. 하나님 자신이 우리 주 예수 그리스도를 통하여, 천사에 의하여 요한에게 지시하셨다. 요한은 이것을 기록하여 7교회와 모든 시대 모든 교회들에게 보낸 것이다. **계1:1,3; 22:16**

그러므로 본서는 예수 그리스도의 계시 즉 하나님이 주신 예언으로서(계1:3; 22:7,10,19) 신적 기원을 가지고 있다. **갈1:11~12**

1절 - 예수 그리스도의 계시라〈ἀποκάλυψις;아포칼립시스;드러냄, 나타내다, 계시〉 **이는 하나님이 그에게 주사 반드시 속히 될 일**

을(장차될 일) **그 종들에게 보이시려고 그의 천사를 그 종 요한에게 보내어 알게하신 것이라**

(1) 요한계시록 책의 성격 – 예수 그리스도의 계시(1절 上)

본서는 사도 요한이 밧모섬에서 받은 계시로 계시의 내용은 그가 본 [속히(장차) 일어날 일들]로서 본서의 성격을 밝히고 있다. 이 속히 일어날 일들 다니엘서의 예언과 마24장, 막13장, 눅21장에서 우리 주 예수님께서 예언하신 교훈에 기초를 두고 더 자세히 기록한 것이다.

따라서 장래에 일어날 사건들에 대한 표적과 상징으로 가득차 있는 계시록 말씀을 대함에 있어서 어떤 인간의 주장이나 학설에 대한 선입견을 버리고 성경 해석학의 기본원리로 해석하여 바른 믿음의 눈으로 이것을 읽고 들으며 또한 힘써 보존하여 전해야 한다.

① 예수그리스도의 계시내용 – 하나님이 그에게 주사 반드시 속히 될 일(장차 될 일 1:19) '장차 될 일' 이러한 표현 때문에 이 요한계시록을 예언의 말씀이라고 한다(계1:3; 22:7,10,18,19).
장차 다가 올 미래를 보여주고 설명하고 알려주고, 예비하도록 하는 우리 주 예수 그리스도 계시이다.

따라서 이것이 본서의 목적이다. 미래 역사를 보여 주고 교회의 진로와 종결을 예언하고, 장엄한 성경의 결론으로서 미래 역사를 계획하시고 이끌어 가시는 역사의 주인이신 하나님의 경륜(장차 될일)을 알려(예언)주는 예수 그리스도의 계시이다.

② 계시의 방법(경로) – 그 종들에게 보이시려고 그 천사를 그 종 요한에게 보내어 지시하신 것이다. 성부 → 성자 → 종들에게 → 천사

→ 요한 → 성도들(교회)에게 주신 것이다.

③ 계시의 수신 대상 - 종들에게 보이시려고
요한계시록에서 종의 개념은 구원받은 모든 성도들을 상징하는 의미로 사용되었다. 이유는 계22:3,9;19:5; 롬6:22; 벧전2:16; 행2:17-18. 성경에 근거하여 해석해야 된다.
그러나 대부분 많은 해석자들은 마지막 때 사명받은 하나님의 종들이라고 해석한다. 그 근거는 ㉠계7:1~3인데 본문에 인이 구원의 인은 아니지만 마지막 때 하나님의 종들에게 먼저 하나님의 인을 친다는 본문에 근거를 두고 있다. 그러나 본문이 그 근거가 될 수 없다.(이유 : 7:3 본문해설을 참조)

㉡22:16에 "내 사자"를 세운다고 하신 말씀에 근거를 두지만 본문의 종은 〈둘로스-종〉이며, 사자는 〈앙겔로스-사자〉이기 때문에 근거가 안된다.

요한계시록에서는 종을 어떤 개념으로 사용하였는지 분석하지 않고 선입견을 갖고 '하나님의 종(본책에서-사명자)'으로 해석한다. 따라서 본문 1절의 수신대상인 종을 사명받은 종들에게만 주신 특별한 계시로 이해하게 됨으로 종말에 관심이 없는 목회자나 성도들은 요한계시록 말씀을 멀리하고 외면하게 되는 이유가 된다.

뿐만 아니라 이러한 해석학적 오류로 계시록 말씀은 하나님이 계시해 주셔야 풀리는 말씀으로 오해를 하게 되고, 이러한 오해는 자의적, 신비적 해석을 하게 되며, 특히 이단의 교주들이 하나님이 자기들에게게만 열어서 보여준 특별한 계시록이기 때문에 자기에게 와서 전수받아야 한다는 식으로 한국교회를 미혹하는 빌미가 된 것이다.

만약 하나님의 종들에게만 주시는 말씀이라면 계1:3의 성경의 보편성은 해석할 길이 없다. 요한계시록 말씀은 예수님의 보혈의 공로로(롬6:22) 구원받은 모든 시대 성도들 누구에게나 주신 말씀으로 읽어야 하는 보편적 진리요, 보편적 복음이 되는 것이다.
이제는 한국교회가 요한계시록 말씀에 대한 오해를 풀고, 읽고, 듣고, 전하고 목회자들은 설교해야 한다.
계시록 말씀에 대한 선입견을 버리고 성경 해석학적 원리에 근거하여 바르게 해석하면 요한계시록 말씀은 구원받은 하나님의 자녀들에게는 다 풀리고 이해되는 꿀송이 보다 더 단 하나님의 말씀이다.

2절 - 요한은 하나님의 말씀과 예수 그리스도의 증거 곧 자기가 본 것을 다(전체, 전부, 다) **증언하였느니라**

(2) 계시의 내용

① 계시의 내용

㉠ 하나님의 말씀 - 성육신한 말씀(요1:14)이 아니라 본서에 기록된 문서화된 말씀이다.

㉡ 예수 그리스도의 증거 - 예수 그리스도에 관한(about) 증거가 아니라 우리 주 예수 그리스도께서 계시해 주신 본서의 내용이다.

② 증거자의 자세 - 자기가 보고 들은 계시받은 요한계시록 말씀의 내용을 가감 없이 다 증거해야 한다.(믿고 고백하는 진리) **22:18~19**

민 22:38 발람이 발락에게 이르되 내가 오기는 하였으나 무엇을 임의로 말 할 수 있으리이까 하나님이 내 입에 주시는 말씀 그것을 말할 뿐이니이다. **렘1:7; 겔3:11,17; 행1:8; 4:19~20**

3절 - 이 예언의 말씀을 읽는 자와(단수) **듣는 자와**(단수) **그 가운데에 기록한 것을 지키는**(주의하다, 굳게 붙잡다, 지키다) **자는 복이 있나니 때가 가까움이라**

(3) 예언 말씀의 복 - 요한계시록 말씀이 주는 축복.
요한계시록 7복 중 제1복이다.

① 읽는 자의 복 - 단수로서 성도 각자가 읽어야 할 말씀이다.

딤전4:13; 신17:19; 사34:16; 골4:16; 롬10:17; 히11:6

요한계시록 말씀은 예수님의 보혈의 공로로 구원받은 성도라면 누구나 읽어야 할 말씀인 것이다.

② 듣는 자의 복 - 단수로서 성도는 교회에 나와 회중과 함께 들어야 할 말씀이다.

히4:2; 요8:47;18:37; 전5:1; 삼상15:22; 롬10:17

교회에 나와 배움으로서 들을 때 깨달아진다.

③ 지키는 자의 복 - 말씀을 읽고 듣고 깨달은 말씀을 지켜야 한다. 이것이 신부 단장이다. **계19:8**

지키다 : 〈τηρέω ; 테레오; 지키다, 굳게 붙잡다, 주의하다〉

행5:29; 삼상15:22; 롬2:6~8; 사8:20; 약1:25,22

오늘 본문에 '지키다'는 실천한다는 의미보다 보존하기 위해서 지킨다는 의미이다.

이제는 한국교회가 이 요한계시록 말씀을 읽고, 듣는 소박한 행복을 행복으로 받아들이고 요한계시록 말씀 읽기 운동이 일어나야 한다.
여기에 한국교회 희망이 있다.

2) 아시아의 7교회의 문안(4-8)

일차적 수신자들이었던 소아시아 지방의 일곱 교회에 대해 문안하며, 이어서 세상 만물과 영광스러운 역사의 통치자이신 주인이시며, 역사의 왕이신 우리 주 예수 그리스도의 이름으로 축원한다.

4절 - 요한은 아시아에 있는 일곱 교회에 편지하노니 이제도 계시고 전에도 계셨고 장차 오실 이와 그의 보좌 앞에 있는 일곱 영과(성령님의 완전하신 사역)

(1) 문안자 - 요한 : 요한에 대하여 부연 설명이 없는 것은 그가 당시 잘 알려진 인물이었던 것을 나타낸다. 그가 바로 사도 요한이다.

계1:9 나 요한은 너희 형제요 예수의 환난과 나라와 참음에 동참하는 자라 하나님의 말씀과 예수를 증언하였음으로 말미암아 밧모라 하는 섬에 있었더니

(2) 수신자 - 아시아 일곱 교회 : 본서는 에베소, 서머나, 버가모, 두아디라, 사데, 빌라델비아, 라오디게아 등 소아시아 7교회에 보낸 서신이다. 이 7지방은 소아시아 교통의 요충지로서 대로로 연결된 연쇄적 도시들이었다. 그 중심지는 에베소였으며 이곳에 사도 요한이 정주해 있었으므로 7교회가 요한의 교구라고 한다.

형식상 일곱교회이지만 모든 시대 모든 교회들을 예표한다.2:7, 17, 29, 3:6, 13, 22(교회들에게)

계1:11 이르되 네가 보는 것을 두루마리에 써서 에베소, 서머나, 버가모, 두아디라, 사데, 빌라델비아, 라오디게아 등 일곱 교회에 보내라 하시기로

* 이제도 계시고 전에도 계시고 장차 오실 이 - 현재와 과거 그리고 미래를 통치하시기 위해 왕 중에 왕으로 다시 오실 우리 주 예수 그리스도를 나타낸다.

* 일곱 영에 관한 영적 의미

성경에 나타난 [일곱 영]은 [일곱 영들]인데 이것이 무슨 실존이며 이러한 표현에 대한 영적 의미는 무엇인가?

첫째, 계1:4-5은 삼위일체 하나님이심을 계시하며 성부와 성자 사이에 보좌 앞에 [일곱 영]이므로 성령을 나타낸다.

둘째, 계3:1 [하나님의 일곱 영]과 [일곱 별]로 상징적인 실존과 같이 쓰여 있으므로 상징적인 의미가 있다.

셋째, 계4:5 […보좌 앞에 켠 등불 일곱이 있으니 이는(의미) 하나님의 일곱 영이라]에서 상징적 해석에 준용되고 있으며

넷째, 계5:6 이 [눈들은 온 땅에 보내심을 받은 하나님의 일곱 영이더라]에서 [온 땅에 보내심을 받은] 사명과 관계 있고

다섯째, 요14:26 [보혜사 곧 아버지께서 내 이름으로 보내실 성령 그가 너희에게 모든 것을 가르치고…]
그러므로 온 땅에 보내심을 받은 아버지께서 보내신 성령님이시다.

여섯째, 아버지 하나님의 성령. **마10:20; 3:16; 고전3:16**

일곱째, 하늘로부터 보내신 성령. **벧전1:12; 고전2:12,**

여덟째, 하나님의 영. **요일4:2; 벧전4:14; 롬8:14; 롬8:14**

이상의 성경 계시에 의하면 [일곱 영들]은 성령님의 완전하신 사역적 상징적인 표현이다. **사11:2**

5절 - 또 충성된 증인으로 죽은 자들 가운데에서 먼저 나시고 땅의 임금들의 머리가 되신 예수 그리스도로 말미암아 은혜와 평강이 너희에게 있기를 원하노라 우리를 사랑하사 그의 피로 우리 죄에서 우리를 해방하시고

(3) 삼위일체 하나님의 이름으로 축원함

① 성자로 말미암아

㉠ 그분은 이제도 계시고 전에도 계시고 장차 오실 이(4, 7, 8절). 우리 주님은 현재, 과거와 미래역사를 지배하시는 주관자이시며, 역사의 왕이시다. **계5:5**

㉡ 충성된 증인으로 죽은 자들 가운데서 먼저 나신 분(5절). 우리 주님은 충성스럽게 선지자적 사명을 다하신 분이시다(선지자적 사명). **히3:5-6**

㉢ 땅의 머리가 되신 분(5절). 지상 모든 만물 위에 뛰어나신 만왕의 왕이시다(왕적 사명). **단8:25; 딤전6:15; 계19:16**

㉣ 죽은 자 가운데서 먼저 나신 분(5절). 죄인들을 위해 십자가에 죽으시고 부활하신 주님이시다(제사장적 사명). **마28:7; 골1:18**

㉤ 우리를 사랑하사 그의 피로 우리 죄에서 해방을 주신 분(5절).

예수님이 십자가에서 흘리신 피의 효력이다.

마26:28; 엡1:7; 히9:14; 계7:9, 14

* 피를 흘리신 동기 - 죄인을 사랑하사〈ἀγαπάω ; 아가파오. 현재분사능동태여격남성단수동사〉

* 피의 효력 - 죄에서 해방하심〈λύω ; 뤼오 ; 풀어주다, 깨뜨리다, 파괴하다, 부정과거〉

초림의 주님은 죄인들을 불러 구원하려고 오셨지만 다시 오실 예수님은 그의 피로 죄에서 해방되어 죄와 상관없는 성도들을 데리러 구름타고 오시고(7절), 죄인들을 심판하러 오신다. **히9:26-28**

② 성령으로 말미암아 - 보좌 앞 일곱 영(완전하신 성령님)(4절)

③ 아버지 하나님을 위하여(6절)

* 이 삼위의 하나님께서 성도들의 은혜와 평강의 근원이시며, 요한계시록 원 저자이시다.

(4) 축원의 내용

① 은혜와 평강(5절). **고후1:2; 요이1:3; 벧후1:2**

민6:25-26 여호와는 그의 얼굴을 네게 비추사 은혜 베푸시기를 원하며 / 여호와는 그 얼굴을 네게로 향하여 드사 평강 주시기를 원하노라 할지니라 하라

② 우리를 나라와 제사장으로 삼으심(6절) - 하나님께 나아가는 제사장이다.

벧전 2:9 오직 너희는 택하신 족속이요 왕 같은 제사장들이요 거룩한

나라요 그의 소유가 된 백성이니 이는 너희를 어두운 데서 불러 내어 그의 기이한 빛에 들어가게 하신 이의 아름다운 덕을 선포하게 하려 하심이라

※ 성도의 제사장권–계5:10; 20:6; 벧전2:5; 롬15:16

③ 그에게 영광과 능력이 세세토록 있기를 원한다.(6절)
시29:1; 계4:11; 5:12

6절 – 그의 아버지 하나님을 위하여 우리를 나라와 제사장으로 삼으신 그에게 영광과 능력이 세세토록 있기를 원하노라

우리를 해방하신 목적–우리를 나라와 제사장으로 삼으시려고 예수님의 보혈의 공로로 죄에서 해방된 성도들을 하나님 나라의 제사장으로 삼으신다. 제사장은 거룩한 제사를 드리는 일을 한다. **벧전2:5**
그러므로 신약의 제사장은 하나님께 나아가 신령한 제사를 드리는 성도들이다. 즉 몸을 산 제물로 드리는 영적 예배를 드리는(롬12:1) 거룩한 제사장이다.

* 일곱 교회의 영적 의미
첫째, 요한계시록의 예언인 속히 될 일에 대한 대상 교회이며 **1:1**
둘째, 주님의 다시 오실 사건과 관계된 교회이며 **1:7**
셋째, 계시록의 내용이 [이제 있는 일과 장차 될 일]에 대한 기록이며 **계1:19**
넷째, 첫째 부활 참여 성도가 보편적이며 아시아 7교회만이 아니며 **계20:6**
다섯째, 최후 심판이 인류 전체임을 증거함. **20:10–15**
이상으로 미루어 보아 아시아 7교회는 일차적 의미로는 아시아에 있

던 교회에 대한 직접적인 예언이며 또한 그 교회 안에서 초월적인 장차 될 영적 의미가 있으니 모든 시대 교회를 나타내며 종말론적 시대의 교회 형편과 영적 상태를 나타낸다.

7절 - 볼지어다 구름을 타고 오시리라 각인의 눈이 그를 보겠고 그를 찌른 자도 볼터이요 땅에 있는 모든 족속이 그를 인하여 애곡하리니 그러하리라 아멘

(5) 구름을 타고 오심 - 예수님이 구름타고 오심은 선지자가 예언했고(단7:13), 예수님께서 친히 교훈하셨고(마24:30; 26:64), 바울도 입증한(살전4:17) 사실이다.

욥37:12; 시104:3; 단7:13; 마24:30; 26:64; 행1:9; 살전4:17

예수님이 구름을 타고 강림하신다는 성경해석에 유의할 것은 "구름이 땅에 있는 물의 기화된 수증기로서 바다는 세상이고 물은 말씀을 받은 자들이며 수증기는 성화된 자들이며 수증기의 모임인 구름은 성화된 특수 성도들의 모임체를 상징한다"는 유식한 무지에 빠져 복음을 변질시켜서는 안된다.

이로 인하여 많은 자들이 재림하실 때 예수님이 초림과 같이 땅에서 여인의 태를 통해 믿는 무리들 가운데 온다고 하여 거짓된 집단을 구성하고 있음을 기억하라.

그러나 위의 인용 성경은 구름이 상징적인 영적 의미가 있음을 나타내는데 만왕의 왕 되신 예수님의 [은택]을 묘사했으며(잠16:15), 또한 구름은 운행 수단으로 정확히 표현했으며(욥37:12; 시104:3) 예수님의 강림은 땅에서 보이심이 아니며 하늘에서이며, 하늘에서 오시며(단

7:13; 마24:30; 26:64; 막13:26, 14:62; 눅21:27), 예수님이 땅에서 승천하실 때의(행1:9) 역순이며, 그것은 예언의 성취인 것이다.
행1:10-11

또한 강림하실 주님의 구름 타고 오심에 대한 실증으로 성도들이 구름 속으로 끌어 올려진다는 사실에서 더욱 확실한 것이다. **살전4:17**

① 주님의 공중강림을 인간의 눈으로 본다 - 강림의 주님은 만인이 보는 가운데 공개적으로 오실 것이다. **마24:30; 막13:26; 눅21:27**

② 찌른 자들이 애통함 - 주님 공중강림 이후 닥칠 심판에 대한 불택자들의 두려움. **계6:15-17.** 예수님을 찌른 장본인들의(요19:34, 슥12:10) 영은 음부에서 보게 될 것이다. **눅16:23.** 모든 시대 박해자들의 죽은 영은 음부에서, 목격할 것이며 살아있는(주님이 공중강림하실 때) 자들은 실제로 보게될 것이다. **슥12:10,11-14; 계1:7**

8절 - 주 하나님이 이르시되 나는 알파와 오메가라 이제도 있고 전에도 있었고 장차 올 자요 전능한 자라 하시더라

③ 알파와 오메가로 오심 - 세계역사의 주관자요 역사의 심판자로 오심 **계21:6; 22:13.** 이러한 표현은 주님께서 만물의 창조자시요(근원자) 역사의 주인으로서 심판자이심을 의미한다.

우리 주 성자 하나님은 성도의 구원을 종결하시고, 악을 종결시킬 심판자로서 역사의 시작과 끝을 주관하시는 전능하신 역사의 왕으로 장차 오실 것이다.
기독교 역사관은 일직선적 역사관이다. 역사가 일직선으로 진행되다가

역사의 주인이시며 역사의 왕이신 우리 주 예수님이 오시면 세상은 끝이 된다. **마24:3,14**

3) 저자의 환경과 예수님의 현현(9-20)

밧모섬에 유배되어 있던(A.D.85-86년) 요한은 영광 중에 계신 그리스도의 환상을 보게 되는데, 바로 그분의 지시에 따라 본서를 기록하여 일곱 교회에 보내게 된 것이다.

한편 본문에 묘사되고 있는 그리스도의 모습은 육신을 입고 이 세상에 계실 때의 [비하(卑下)신분]으로서의 모습과는 너무나 판이하게 다르다. 즉 여기에서 그리스도는 교회의 수호자와 세상의 심판자로서 지극히 엄위로운 승귀하신 신적(神的) 모습으로 묘사되고 있다.
우리 주님은 왕 중에 왕의 모습으로 오신다.

그 영광스런 모습으로 고독하고 쓸쓸한 제자에게 나타나신 것이다. 영광의 주님은 복음을 위해 고난 당하고 있는 제자를 외면하시지 않으시고 시련의 현장에 찾아오셔서 용기와 소망을 주시며 장차 될 비밀을 보여 주신 것이다. 할렐루야!

성도의 시련의 현장에 찾아 오셔서 함께 아픔을 나누시고, 고통을 나누시며 감당할 수 없는 고난에서 건져주신다. 사자굴의 현장에 찾아오셔서 다니엘을 건져주시고, 풀무불 현장에 찾아오셔서 사드락과 메삭과 아벳느고를 건져 주신 주님이시다.
마지막 때 쓰나미 같은 세속화가 교회에 도전해 오고, 교회가 조롱을 당하는 수모를 겪고, 주님 오실 때가 가까웠다고 요한계시록의 복음을 전하는 것을 싫어하고 따가운 눈총을 받으며 왕따 당하는 우리 삶의 현장 한 복판에 신랑으로 다시 오실 예수님은 함께 하셔서 용기를 주시고, 위로를 주시며 우리를 격려하고 계신다.

9절 - 나 요한은 너희 형제요 예수의 환난과 나라와 참음에 동참하는 자라 하나님의 말씀과 예수를 증언하였음으로 말미암아 밧모라 하는 섬에 있었더니

(1) 저자의 환경

① 저자의 자기 소개 – 나 요한은 사도 요한이라고 밝히지 않는 것은 수신자들이 그것을 익히 잘 알고 있음을 나타낸다.

② 예수의 환난과 나라와 참음에 동참한 자

롬 8:17 자녀이면 또한 후사 곧 하나님의 후사요 그리스도와 함께 한 후사니 우리가 그와 함께 영광을 받기 위하여 고난도 함께 받아야 될 것이니라. **살후1:4-5**

③ 하나님의 말씀과 예수 그리스도의 증거를 인하여 밧모섬에 유배되어 있다. 밧모섬은 에게해에 있는 작은 섬으로 로마 제국의 유배지로 사용되었다.(로마 황제 제18대 Domitian A.D. 81-96)

밧모섬은 소아시아 서쪽에 있는 섬으로 도데카네스(Dodecanese) 군도의 하나이다. 이름의 뜻은 [송진]으로 남북이 16km, 동서가 10km, 주위가 60km 되는 섬이다. 사도요한은 도미티안 황제 때 이 섬에 유배되어 계시의 동굴에서 18개월 머무는 동안 계시록을 받았다.
지금까지 기념교회가 세워져 있다.(1088년에 폴리스란 수도원을 세움)

10절 - 주의 날에 내가 성령에 감동되어〈γίνομαι ἐν πνεῦμα; 기노마이 엔 퓨뉴마〉 **내 뒤에서 나는 나팔 소리 같은 큰 음성을 들으니** (청취하니)

(2) 본서를 기록하게 된 동기 – 계시받은 장소는 어디이며 어떤 경위를 통해서 계시를 기록하게 되었는가를 밝히고 있다.

① 주의 날에(때) – 안식 후 첫날. 이날에 예수님께서 부활하셨기 때문에, 초대 교회는 안식일인 토요일보다 주일을 더 중요시하게 되었다.〈κυριακός ἡμέρα ; 퀴리아코스 헤메라 ; 주께 속하는 24시〉 안식 후 첫날 **요20:1, 9; 고전16:2; 행20:7**

이 거룩한 주일날에 성령님의 감동으로 나팔 소리 같은 주님의 음성을 듣고 계시록을 기록하게 되었다. 따라서 신부된 성도들은 주일을 잘 지켜야 신랑되신 주님의 음성을 듣는 체험속에 어떠한 시류의 소용돌이 속에서도 오매불망 신망애의 삶을 간증하게 될 것이다.

※ 주일과 안식일의 변증적 해석

호 2:11 내가 그의 모든 희락과 절기와 월삭과 안식일과 모든 명절을 폐하겠고

골 2:16-17 그러므로 먹고 마시는 것과 절기나 초하루나 안식일을 이유로 누구든지 너희를 비판하지 못하게 하라 / 이것들은 장래 일의 그림자이나 몸은 그리스도의 것이니라

히 7:18 전에 있던 계명은 연약하고 무익하므로 폐하고

막 2:28 이러므로 인자는 안식일에도 주인이니라

위의 성경에 의하면 구약시대 4계명의 안식을 포함한 절기, 안식일 등이 복수 개념으로 포함되어 모두 폐하여질 것이 예언되었으며(호 2:11) 구약의 절기나 월삭이나 안식일들은 모두가 그림자이며 실상(몸)은 그리스도라 하였다. **골2:16-17**

그리하여 안식에 관하여 비판하지(판단하다, 논쟁하다, 비난하다) 못하게 하라고 금하신 것은 안식일이나 그림자의 실상은 주님이기 때문이다.

신약성경 히7:18에는 계명(안식일 포함)은 폐하였음이 증거되었고 예수님은 다른 날에도 주인이시며 [안식일]에도 주인이라고(막2:28) 교훈하시므로 다른 날 곧 [주의 첫날]도 주인이심이 분명한 것은 주님이 부활하신 날이기 때문이다.

또한 예언적인 의미로는 천지창조의 첫날이 빛의 날인 것과(창1:3-5) 세상의 빛 되신 예수님께서(요1:3) 빛의 날에 부활하신 것은 놀라운 섭리인 것이다. 그러므로 초대교회 성도들은 매주일 첫날 즉 주일(예수님이 부활하신 날)에 예배와 연보를 행하였다. **고전16:2;히10:25**

일주일 중에 어떤 날이라도 비록 안식일이라도 각각 자기 마음에 확정하며(롬14:5) 중히 여기라고 하신 것이다. **롬14:6**

주님께서 무덤에 육체가 장사되신 날은 안식일이며 그림자이므로 폐하여지고 그가 부활하신 날을 기념하게 되는 것이다. 그러므로 주의 날은 예수님이 부활하신 안식 후 첫날인 것이다.

그러므로 이 주일날은 ㉠ 예수님을 만나는 날이며, ㉡ 주의 음성을 듣는 날이며, ㉢ 신랑 예수님의 위로를 받는 날이다. 마지막 때를 사는 성도들이 이 날을 놓치면 그 주간은 공치는 날이 될 것이다. 그래서 마지막 때는 모이기를 힘쓰라고 하신 것이다.

히 10:25 모이기를 폐하는 어떤 사람들의 습관과 같이 하지 말고 오직 권하여 그날이 가까움을 볼수록 더욱 그리하자

② 성령님에 감동되어(10절) - 성령님에게 감동되어 장차 될 일을 기록하여 일곱 교회에 보내게 된 것이다. [내가 성령에 감동하여]는 성령 안에 있게 되었다는 의미로 단순히 성령을 받았다는 것 이상의 성

령으로 말미암는 황홀한 상태를 나타내는데 자의식을 잃어버린 상태가 아니었음을 기억해야 한다.

삿14:6; 겔3:14; 마22:43; 눅2:27; 행21:4; 계4:2

하나님을 섬기는 신앙 안에서 성경을 깊이 알아가고, 예수님을 깊이 알아가며, 신앙을 더 깊이 세워가는 기독교 신앙에 있어서 성령님의 감동은 생명과 같다.

11절 - 가로되 네가 보는 것을 두루마리에 써서 에베소(인내), **서머나**(몰약), **버가, 모**(혼인하는 곳), **두아디라**(희생), **사데**(남은 물건과 찌꺼기), **빌라 델비아**(형제 사랑), **라오디게아**(의인)등 **일곱 교회헤 보내라 하시기로**

③ 네가 보는 것을 두루마리에 써서 - 우리 주 그리스도의 명령에 의해 기록된 것으로 계시록 말씀에 신적 권위를 나타낸다. 특히 본서에 12번이나 반복되어 강조하고 있다.

계시록 말씀은 하나님의 명령에 의하여 기록되었다.

④ 에베소, 서머나, 버가모, 두아디라, 사데, 빌라델비아, 라오디게아 등 일곱 교회에 보내라 하신다.

이 일곱 교회는 모든 시대 모든 교회를 예표적으로 보여주고 있다.

사도는 박해로 말미암아 밧모섬에 유배되어 있던 어느 주일날에 성령의 감동으로 나팔 소리 같은 주님의 음성을 듣고 계시록을 써서 일곱 교회에 보낸 것이다.

이 성령님의 감동과 조명이 있어야 성령의 감동으로 요한이 기록한 계시록 말씀을 바르게 해석할 수 있음을 알고, 인간 지식적 선입견을 버

리고 성령님의 감동과 조명을 간구하면, 성경을 넘어가지 않으려는 자기장치가 중요하다. **고전4:6**

12절 – 몸을 돌이켜 나에게 말한 음성을 알아 보려고 돌이킬 때에 일곱 금촛대를 보았는데

⑤ 몸을 돌이켜 금촛대를 본다. 요한이 몸을 돌이켜 금촛대를 보았듯이 종말시대를 사는 성도들은 세상으로 향하던 마음을 온전히 주께로 돌이켜야 한다.

세상을 향하여 나가고, 사업주의로 나가고, 자기를 위하여 나가던 자리에서 돌이켜야 신랑 예수님의 음성을 듣고, 신령한 세계를 보고, 계시록 말씀이 열리는 것이다. **왕하17:13; 시119:37; 욘3:10; 행3:19**

(3) 인자로서 계시된 영화로운 예수님의 모습

우리 주 예수 그리스도께서는 일곱 금촛대 사이에 다니시는 분으로 계시되었다. 일곱 금촛대는 교회며(1:20), 교회 사이를 다니심은, 자기 피로 사신 교회를 일곱 별을 통해 다스리시는 주인되심을 나타낸다.
계2:1, 8, 12, 18; 3:1

① 상황 – 몸을 돌이켜 나에게 말한 음성을 알아 보려고 돌이킬 때에 영화로운 주님의 모습을 보게 된다. 따라서 신부된 성도들도 세상을 향하던 마음을 온전히 돌이킬 때 주님을 만나게 된다.
삼상12:21; 렘35:15; 겔18:23,28; 시78:34; 마18:3

② 금촛대를 보게 되었다 – 금촛대는 교회를 상징한다(1:20). 암흑을 밝히는 교회 사명을 상징한다.

금이 귀하고 아름답고 불변함 같이 주님의 몸인 교회는 주님의 보호로 말미암아 귀하고 아름답고 불변하는 신부된 교회의 속성이 있다.

세상을 향하던 우리의 마음을 돌이켜 교회를 향하여 나가게 될 때에 귀하고 아름답게 단장한 신부로서 신랑되신 주님을 만나게 될 것이다.

*일곱 금촛대의 영적 의미

금촛대 : **계1:12, 20; 2:1; 출25:31, 32, 33, 34, 35; 39:26, 35; 30:27, 31:8; 35:14; 37:17, 18, 19, 20, 21. 39회**

출 25:32 가지 여섯을 등잔대 곁에서 나오게 하되 다른 세 가지는 이쪽으로 나오고 다른 세 가지는 저쪽으로 나오게 하며

(25:33, 35; 37:18, 19, 21; 민8:4)

위의 계시에 의하여 해석하면 구약성경의 성막이나 성전 등대의 영적 의미는 지성소가 하늘의 모형이며 성소가 땅의 모형일 때 일곱 금촛대들은 일곱 교회 또는 전세계 교회를 상징한다

*금에 대한 영적 의미 - 성경에는 믿음과 금이 비교되었으며(벧전1:7), 그 귀중성에서 강조비교 되었으며 또한 하나님의 은사로서 금이 달란트로 비유되었으며(마25:15) 하나님의 교회 용사들에 대한 상징적 표현(딤2:20)으로 금이 상징화 되어 있다.

또한 구약의 출애굽기의 성막 성구들은 일반적으로 금으로 되어 있는데 그것은 또 다른 상징으로 하나님의 신성, 거룩성, 불변성, 가치성 등의 의미를 나타내며 면류관과 관계하여 영광의 가치성도 나타내주고 있다.**(출25:31; 계1:12, 20)**

13절 - 촛대 사이에 인자 같은 이가 발에 끌리는 옷을 입고 가슴에 금띠를 띠고

③ 인자 같은 이 – 성경에 인자란 용어가 200번이나 사용되었으며 그 중에는 사람을 인자로 표현하기도 하고(시8:4; 58:1; 80:17) 또한 사명자 선지자 에스겔을 하나님이 호칭하실 때 43회나 사용하셨고 또한 메시야에 대한 예언으로 사용되었으며(단7:13; 10:1) 초림하신 예수님에 관하여 자신이 사용하신 것이 82회이며, 스데반과(행7:56) 히브리서 기자와(히2:6) 계1:13 등 각각 1회씩 나타났는데 이상의 증거로 미루어 보아 [인자같은 이]는 [부활승천하시고 다시 오실 예수님]이시다.

④ 발에 끌리는 옷 – 출39:41; 28:2, 4; 31:10; 35:19; 39:1. 이상의 계시에 의하여 [옷]은 직분과 관계 있으며 특히 제사장직 직무와 관계되어 있음으로 그리스도적 사명 중에 예수님의 제사장 되심을 나타낸다.

⑤ 가슴에 금띠를 띠고 – 여기에 띠는 허리에 맨 것이 아니고 가슴에 띠고 있는데 이것은 특별히 왕이나 통치자의 표시이므로(마16:28; 고전15:25; 계19:16; 마28:18) 성경에 의하면 예수님께서는 만왕의 왕으로서 심판권을 포함한 통치권을 가지신 왕이시므로 허리에 금띠를 띤 것은 예수님의 메시야사역 가운데 왕의 직분에 관한 것이라고 해석된다. **단10:5–6**

14절 – 그의 머리와 털의 희기가 흰 양털 같고 눈 같으며 그의 눈은 불꽃 같고

⑥ 흰 양털과 눈 같은 – [눈]도 흰 물체로서 [흰] 색깔의 영적 의미를 확인하는 것으로 예수님의 성품이 나타난 것이다. **사1:18**

성경의 흰 색깔은 영광의 변화를 상징하며(마17:2; 눅9:29), 풍요로운 결실을 상징하며(요4:35), 영화의 면류관을 상징하며(잠16:31), 아름다움을 상징하며(잠20:29), 장수를 상징하며(잠16:31; 사46:4), 속죄 또는 무죄함과 결백, 순결함과 거룩함을 나타내며(사1:18), 완전 성결을 상징함으로 예수님의 무죄하심을 상징한다.(요일3:5; 벧전2:22; 히4:15)

⑦ 눈은 불꽃 같고 - 성경에 불꽃은 죄에 대하여 형벌하시는 하나님을 상징하는데(사10:17; 29:6) 예수님의 눈은 전지하시며(시139:7-9; 암9:1-4; 눅5:4; 잠15:3) 전지하시고 감찰하시는 주 예수님이 심판자이심을 나타내 주는 것이다(시66:7; 139:16; 잠5:21).
또한 눈이 밝음은 지혜를 상징한다(전2:14).
그리고 정결함을 상징하는(합1:13) 깊은 의미를 나타낸다.

15절 - 그의 발은 풀무불에 단련한 빛난 주석 같고 그의 음성은 많은 물 소리와 같으며

⑧ 풀무불에 연단한 빛난 주석 같은 발 - 사22:5; 25:10; 계14:20;시108:13, 빛난 주석은 심판을 상징하며 [풀무에 연단한] 것은 의로움과 권세 있는 힘을 상징하고 [발]은 원수나 대적을 심판하심을 상징하며 정복자 되시고 의로운 심판자 되시는 주님의 사역을 상징한다.

⑨ 많은 물소리 같은 음성 - 겔1:24; 43:2; 계14:2, 이상의 성경에서 물소리는 전능자의 음성이시며 군대의 소란한 소리와 같은 음성이시며(겔1:24; 43:2) 큰 뇌성 같고 또한 거문고 타는 소리(계14:2)들이다.
종합하면 물소리 같은 주님의 음성은 첫째로 주님의 전능성을 나타내며, 둘째로 형벌하시는 공의의 주님을 나타내며, 셋째로 아름다움을 나타내며 사랑의 음성을 나타내는 것이다.

16절 - 그 오른손에(사랑의 손, 보호의 손, 권능의 손) **일곱 별이 있고 그의 입**

에서 좌우에 날선 검이 나오고 그 얼굴은 해가 힘있게 비치는 것 같더라

⑩ 좌우에 날선 검 – 히4:12; 계2:12; 엡6:17; 계19:15 이상의 성경에 근거하여 주님의 입에서 나온 양날 가진 군도는 성령의 검인 곧 하나님의 말씀이며, 주님이 원수를 공의로 형벌하실 때 말씀을 통하여 하심을 나타낸다. **요1:1**

⑪ 해가 힘있게 비치는 – 시84:11; 신33:14; 마17:2; 시27:1; 요9:5; 12:46; 요1:14; 엡5:9

이상의 성경에서 여호와 하나님은 해이시며(시84:11), 은혜와 영광을 나타내시며, 태양은 결실을 상징하고(신33:14), 예수님이 변형되신 얼굴로서(마17:2; 요9:5; 12:46), 햇빛은 생명의 능력을 상징하고(시27:1; 요1:4), 주님께서 해와 같은 얼굴로 표현된 것은 주님 자신의 모든 착함과 의로우심과 모든 진실하심을 나타내는(엡5:9) 것이다.

주님은 이렇게 존귀하고 영광스럽고 위엄하신 모습으로 다시 오실 것이다. 이 모습은 변화산에서 베드로와 야고보와 그리고 요한이 체험했던 것이다. **벧후1:16-18**

4) 위로와 사명(17-20)

엄위하신 주님의 영광 앞에 죽은 자 같이 된 요한에게 오른손을 얹으시고 두려워 말라고 말씀하시며 보는(see) 일을 다 기록하라고 말씀하셨다.

17절 - 내가 볼 때에 그의 발 앞에 엎드러져 죽은 자 같이 되매 그가 오른손을 내게(요한) **얹고 이르시되 두려워하지 말라 나는 처음이요 마지막이니**

(1) 두려워 말라.

① 주님께서는 처음이요 나중이며, 산 자이시기 때문이다. – 주님께서는 처음이요 나중이신 분으로 과거에는 창조의 그리스도이셨으며, 종말에는 만물을 하나님께서 예정하신 종국으로 끌고가 성취할 역사의 심판권자이시며 주인이시다.

18절 – 곧 살아있는자라 내가 전에 죽었었노라 이제 세세토록 살아 있어 사망과 음부의(불신불택자의 영이 2차 부활을 대기하는 영계의 한장소) **열쇠를 가졌노니**

② 주님은 죽으셨으나 다시 사셨기 때문이다.(18절) – 주님께서 죽으셨다는 사실은 그리스도께서 인간의 가장 비극적인 상태를 경험하셨음을 보여주는 것이다. 우리 주님을 제외하고는 그 어떤 인간도 죽음을 정복할 수가 없다.

마20:19; 고후13:4; 빌2:8; 고전15:12; 고전6:14

③ 주님께서 사망과 음부의 열쇠를 가지셨기 때문이다(17,18). – 주님께서는 그의 모든 대적들을 패배시키고, 사단과 그의 사자들이 영원히 패주할 때까지 변치 않으실 것이다.

롬6:9; 고전15:55–56; 딤후1:10; 계20:14

우리 주님께서 사망과 음부의 열쇠를 가지셨다는 사실은 모든 인간의 운명이 그의 손에 달려있다는 사실을 강조하는 것이다.

19절 – 그러므로 네가(요한) **본 것과 지금 있는 일과 장차 될 일을 기록하라**

(2) 요한의 사명 : 네가 본 것과 지금 있는 일과 장차 될 일을 기록하는

것이다. 계시록 말씀의 구조를 요약한 내용으로 네가 본 것은 인간 저자가 현재 보고 있는 환상(1장), 지금 있는 일은 7교회의 형편(2, 3장), 그리고 장차 될 일은 다가올 미래에 대한 사건들(4장 이하)을 나타낸다.

20절 – 네가(요한) **본 것은 내 오른손의 일곱 별의 비밀**〈μυστήριον ; 뮈스테리온 ; 비밀, 신비〉**과**(1:16) **또 일곱 금촛대라 일곱 별은**(1:16) **일곱 교회의 사자요 일곱 촛대는 일곱 교회니라**

① 네가 본 것 – 예수님 오른 손의 일곱 별과 일곱 금촛대에 관한 계시 내용이다.

㉠ 일곱 별 – 일곱 교회의 사자를 의미한다. 여기서 사자는 영계의 일꾼 천사 사자가 아니라 육계의 일꾼 인간 사자이다.

계 22:16 나 예수는 교회들을 위하여 내 사자를 보내어 이것들을 너희에게 증언하게 하였노라 나는 다윗의 뿌리요 자손이니 곧 광명한 새벽 별이라 하시더라

㉡ 일곱 촛대 – 일곱 교회를 의미한다.

계 2:7 귀 있는 자는 성령이 교회들에게 하시는 말씀을 들을지어다

② 일곱 금촛대의 – 촛대가 교회와 관계되는 것은 계시록에 5회이며 이 촛대는 〈λυχνία ;뤼크니아〉로서 등대(마5:15; 막4:21; 눅8:16)로서 구약성경 성막 등대로 27회나 사용되었으며, 히9:2에도 등대로 사용되므로서 7촛대는 7등대이며 이는 구약 성막 안에 있는 7가지 등대의 예표된 모형이라고 할 수 있다.

그러므로 성막 안에 이미 세상 모든 교회의 모형이 7이였음은 7촛대가 7교회의 모형으로 상징되었으므로 아시아의 7교회는 아시아 7교회를 포함하고 모형적으로 전세계 교회를 예표하는 것으로 해석해야 한다.

그 이유는

첫째, 구약 성막의 모형과 대조됨으로,

둘째, 예수님은 소아시아에만 있는 주님이 아니시므로,

셋째, 주님의 강림과 심판형벌이 소아시아에만 국한되지 않기 때문에,

넷째, 계7:9; 14:1-3의 구속함 받은 성도는 아시아 7교회 교인만이 아니기 때문이다.

그러므로 7교회에 속한 현대교회의 조명을 받게 된다.

2장 4교회에 보내신 사랑의 복음

이 2장 3장에 등장하는 이들 일곱 교회는 지방적으로는, 여러 교회를 대표함과 동시에, 초월적으로도 각 시대의 교회를 예표하는 것이다.

1) 에베소 교회에 보내신 사랑의 편지(2:1-7)

'에베소'는 항구 도시로서 소아시아 모든 교역로의 중심지인 로마제국의 아시아주 최대의 도시였다. 그래서 이 도시는 '아시아의 시장이며 문명의 빛'이라는 별칭을 얻기도 하였다. 또한 에베소가 교통의 요지였던 만큼 이곳은 이교의 중심지이기도 하였다.
다산의 여신 아데미 신전(고대 세계의 7대 불가사의)에서 여신숭배 때는 여사제의 매춘, 마술, 신비종교, 황제숭배 등 우상숭배의 본거지가 된 도시였다. 결국 부도덕과 향락, 퇴폐의 도시로 몰락해 갔다

신약에서 세 번이나 언급이 된 교회는, 일곱 교회 중 에베소 교회가 유일한 교회이다. 사도 바울이 3차 전도 여행 때에 여기에 3년을 머물면서 복음을 전하고 교회를 세웠다. **행 18:18 – 19:41**
64년 바울이 순교한 뒤에는 사도 요한(John)이 뒤를 이어 이 지역에서 목회하면서 복음 전파에 힘썼으나, 갈수록 초대교회의 모습을 잃어버리고 타락하여 지금은 폐허가 되어 유적만 많이 남아 있는데, 지금도 계속 발굴되고 있다.

1절 – 에베소(인내) **교회의 사자에게 편지하라**(〈γράφω〉그라포;새기다, 기록하다, 쓰다) **오른손에 일곱 별을 붙잡고 일곱 금 촛대 사이를 거니시는 이가 이르시되**

(1) 주님의 모습 : 일곱 별을 붙잡고 일곱 金촛대 사이를 거니시는 분

– 에베소 교회에 나타나신 예수님은 교회에 위로며 소망이시며 보호가 되시는데, 사랑과 보호의 손으로 목자를 붙드시는 분이시며, 성도의 모임인 교회를 두루 살피시며 섭리하시는 분으로 나타나셔서 에베소 교회를 권면하시고 칭찬하시며 경고하시는 것이다. **행20:28**

2절 – 내가 네 행위와 수고와 네 인내를 알고 또 악한 자들을 용납하지 아니한 것과 자칭 사도라 하되 아닌 자들을 시험하여 그 거짓된 네가 것을 드러낸 것과

(2) 칭찬

① 행위, 수고, 인내를 칭찬하심(信望愛 신앙)

살전1:3; 창29:20; 요14:15; 롬5:3; 8:24, 25; 12:12; 고전13:13

② 악한 자들을 용납지 아니함.

롬16:17–18; 벧후2:1–3; 엡4:14; 마7:23

③ 거짓 사도를(자칭사도) 분별하여 배격(마7:23; 고후11:13–15; 갈1:7; 엡4:4; 벧후2:1–3; 요일2:21,22; 계2:20–21). 에베소 교회는 악한 자들의 윤리적 악행을 용납지 아니하였고 자칭 사도들의 그릇된 가르침도 잘 분별하여 그들에게 미혹되지 않았다.

도덕적 부패와 거짓사도(이단)들의 비진리는 말세교회를 부패시키는 사단의 전략이다. **행20:28–31**

3절 – 또 네가 참고 내 이름을 위하여 견디고 게으르지 아니한 것을 아노라

④ 게으르지 아니함(근면성). **딛1:12; 딤전5:13; 잠19:15; 히6:11**

⑤ 주님의 이름을 위하여 참고 견딘 것(인내성)을 칭찬. 눅21:19 마24:13; 롬2:7. 외부로부터 오는 핍박을 참고 견뎌 낸 것을 칭찬하신다.

4절 - 그러나 너를 책망할 것이 있나니 너의 처음〈프로토스-시작, 먼저〉 **사랑을 버렸느니라**〈아피에미;과거능동태;버리다, 포기하다, 떠나다〉

(3) 책망

처음 사랑을 버림.(렘2:2; 빌3:13-14; 히6:10) 처음 사랑은 신앙생활을 시작할 때 가졌던 주님에 대한 사랑과 애정인데 그 사랑을 버리고, 포기하고 떠나버린 상태이다.

이 사랑은 신성이며 영원한 것인데 이 교회는 신성의 상실로 모든 것을 잃어버리고 아무것도 아닌 무가치로 전락하였음으로 주님이 반대하시며 책망한 것이다.

예수님은 공생애 때 말세징조를 가르쳐 주시면서 "불법이 성하므로 사랑이 식어지리라"고 가르쳐 주셨는데 에베소교회의 이런 현상은 말세교회의 특징이다.

* 첫사랑의 특징

① 순수하다, ② 거짓이 없다, ③ 뜨겁다, ④ 두려움이 없다.

벧전1:22; 딤전1:5; 요일4:18

5절 - 그러므로 어디서(어떤 원인으로) **떨어졌는지를 생각하고 회개하여 처음 행위를 가지라 만일 그리하지 아니하고 회개하지 아니하면 내가 네게**(에베소 교회) **가서 네 촛대**(교회)**를 그 자리에서 옮기리라**

(4) 경고

① 어디서 떨어졌는지를 생각하라(원인을 찾으라). **사1:26; 말4:6**

② 회개하고 처음 행위를 가지라 - 원인을 찾아 돌이켜서 처음 사랑을 회복하라고 권면하신다. **딤전 5:12; 창13:4**

③ 회개하지 아니하면 촛대를 옮긴다 - 결국 그 장소나 환경에서 성도의 모임인 교회를 없애버리고 다른 곳에서 생명 사역을 위하여 성도를 옮길 것이라는 예고인 것이다.

6절 - 오직 네게 이것이 있으니 〈ἔχω ; 에코; 붙잡다, 소유하다, 간직하다, 보관하다, 동반하다〉 **네가 니골라 당의 행위를 미워하는도다 나도 이것을 미워 하노라**〈몹시 싫어하다〉

(5) 권면 : 니골라당의 행위를 미워하는 행위(거짓 진리를 배격)

니골라당 - 당시의 교회를 어지럽히던 이단 중 하나로서, 육체를 무시하고 영만 소중하게 여겼으며, 율법이 전혀 소용없는 것으로 주장하면서 하나님의 은혜 안에 있는 자는 무슨 일을 해도 죄가 되지 않는다는 교리를 퍼뜨리고 다녔다. 이들은 한번 구원 받으면 어떤 행위도 죄가 되지 않는다는 도덕폐기론자들로서 주님도 미워했던 것이다.

7절 - 귀 있는 자는 성령이 교회들에게 하시는 말씀을 들을지어다(주의 깊게 듣고 깨달아) **이기는**〈νικάω;니카오;정복하다, 승리를 거두다〉 **그에게는 내가 하나님의 낙원에 있는 생명나무의 열매를 주어 먹게 하리라**

(6) 약속 - 이기는 자에게 하나님의 낙원에 있는 생명나무 과실을 먹게 한다.

1) 이기는 자는 누구인가?

2장, 3장의 일곱 교회에서 이기는 자는 주님의 책망에서 돌이키는 자를 의미하며, 칭찬듣은 교회의 성도들을 의미한다. 주님께서 책망하시고 책망한 그들에게 권면하시고, 권면을 받아들여 돌이키는 자에게 주님께서 약속하셨기 때문이다.

① 이긴 자라면 대상이 있을 것이다.

성경에는 우리가 이겨야 할 5가지 대상이 있다.
㉠죄(고전15:56-57), ㉡마귀(골2:14-15), ㉢세상(요16:33; 요일2:16), ㉣음부의 권세(마16:18), ㉤죽음(사망, 마28:6; 고전15:55-57)

과연 이런 대상을 어떤 영웅호걸이 이길 수 있겠는가? 오직 사람이신(딤전2:5) 예수님만이 이 5가지 대상을 정복하고 승리하신 이긴 자이다.

한국교회사에 나타난 이단의 교주들이 자기를 이긴 자라고 신격화 하며 주장해 왔는데, 이는 억지 사탄적 괴변이다. 최근에 신천지 000씨도 자기를 이긴 자라고 주장하고 한국교회를 심각하게 도전해 오고 있는데 해괴망칙한 주장이다.(특히 박태선 아류들)

한국교회사에 나타나 이긴 자라고 호언장담했던 교주들이 죄를 이기지 못해 죄값인 사망 아래 죽어갔다.
000씨도 그의 생전에 회개하지 않고 죽는다면 구원의 기회를 상실하고 지옥에서 슬피울며 이를 갈아야 하는 불쌍한 운명이 될 것이다.

아담 이후 해 아래 사는 어떤 인간도 이긴 자가 될 수 없고 오직 사람이신 우리 주님만이 이기는 자가 된다.
그러므로 예수님을 구주로 믿고 구원받은 성도들만이 예수님의 공로로 이긴 자가 되는 것이다. 할렐루야!

요일 5:4 무릇 하나님께로서 난 자마다 세상을 이기느니라 세상을 이기는 이 승리는 이것이니 우리의 믿음이니라

요일 5:5 예수께서 하나님의 아들이심을 믿는 자가 아니면 세상을 이기는 자가 누구냐

(요일4:4; 고전15:57; 롬8:37; 요16:33; 딤전6:12; 엡3:17)

5대 싸움에서 이기신 예수님의 공로로 이긴 자된 교회 성도들이 책망에서 돌이키면 이긴 자들이 되는 것이다.

정통교회 안에 있으면서도 2, 3장에 이긴 자 = 11장에 두 증인 = 14장에 144,000 = 마지막 때 사명받은 하나님의 종들이라고 해석하면서 자기들만 이긴 자라고 주장하는 분들이 있다. 이것은 성경 전체를 알지 못하고 한 부분을 가지고 자기들에게 적용하는 적용적 오류이다.

요한계시록에서는 이긴 자가 중요한데, 계21:7에는 이긴 자만 천국 유업을 받고 천국에 들어가기 때문이다. 이기는 자가 하나님의 아들이 된다. **계21:7** 그렇기 때문에 이단의 교주들이 자기를 통해 구원받아 천국에 들어 갈 수 있다고 미혹하는 것이다.

계21:7 이기는 자는 이것들을 상속으로 받으리라 나는 그의 하나님이 되고 그는 내 아들이 되리라

오직 천국은 예수 십자가 대속의 공로로 우리를 우리 죄에서 해방해 주신(계1:5) 우리 주님의 이름으로 계21:7의 말씀대로 들어가는 것이지 인간의 능력이나 행위로 들어가는 것이 아니다. 그러므로 요한계시록을 해석할 때 이행득구(以行得求)식으로 해석해서는 절대 안 되는 이유가 여기에 있다. **계7:9–10,14; 14:3**

② 성도가 이기는 방법 – 믿음으로 이긴다. **요일4:4**

그 믿음은 요일5:5에 "예수님을 하나님의 아들로 믿는 믿음"이다. 그러므로 하나님께서 독생성자 예수 그리스도를 세상에 구주로 보내주신 것을 믿는 믿음으로 이기는 것이다.

이것은 이기신 예수님의 공로로 이기는 것을 의미한다.

③ 성도들의 이김에 대한 보증. **요일4:4; 고전15:57; 롬8:37; 요16:33; 딤전6:12; 엡3:17**

2) 이긴 자에 대한 약속 – 하나님의 낙원에 있는 생명나무 과실을 먹게 한다.

① 하나님의 낙원의 위치 – 낙원의 실재에 관한 성경의 증거는 사도바울에게서 분명한데 이 세상이 아니며 이 세상하늘이 아니며 셋째 하늘이다(고후12:2). 십자가에 숨진 강도 성도가 부탁할 때에 육체는 땅에 장사될 것이지만 예수님과 함께 낙원에 함께 있을 것을 약속하시므로 무덤이 아니다(눅23:43). 그곳은 아브라함이 있고, 몸이 장사된 나사로가 쉬는 곳으로(눅16:22) 생명나무가 있으며 과실을 주어 먹게 하고, 참된 안식의 삶을 누리게 하시는(계2:7) 영계 장소로, 예수님의 공중강림과 성도의 부활 때에 데리고 오는 대기하는 영계이며 하나님의 통치권하에서 보호받는 영계 하나님의 나라인 것이다.

② 생명나무의 과실 – 어떤 사이비 종파에서는 선악과 나무는 하와이며 생명나무는 아담이라고 주장하는 어리석음을 통해 미혹시키고 있으나 그러한 근거는 허무맹랑한 해석일 뿐이다.

성경에서 생명나무는 에덴동산 중앙에 있으며(창2:19), 생명나무 열매는 영생하게 하는 효력이 있고(창3:22), 이것은 땅에 있었던 것이며, 또한 영원한 천국에 있으며 그 잎이 만국을 소성시키며(계22:2), 히

8:5; 11:3 이 성경에 의하여 육체의 현상이 하나님 나라의 그림자로 실상적 실존이 있는 것으로 생각된다. 그러므로 지상에도 생명나무가 있고 하늘 나라에도 생명나무가 있는 것이다(계2:7).

그러면 땅에서 [생명나무]에 대한 영적 의미 – 첫째 상징은 생명나무는 지혜요(잠3:18), 둘째는 의인의 열매요(잠11:30), 셋째는 소원성취이며(잠13:12), 넷째는 온순한 혀이며(잠15:4), 이상의 성경 외에는 상징으로 쓰여진 바가 없음으로 어떠한 인간에게 적용되어서는 안 된다.

다만 생명나무 과실은 신앙의 승리자에게 주어지는 상급이며 성도들이 천국에 가서 실제 먹고 영생할 열매인 것이다. **계22:2; 창3:22**

그러므로 하나님의 낙원에 있는 생명나무 과실을 주어 먹게하신다는 약속은 영생을 얻게 하는 상징적 표현으로서 영생을 보증해 주는 약속인 것이다(요3:16).

범죄로 상실한 생명나무 과실을 예수님의 공로로 죄에서 해방된 성도들이 천국에 가서 회복될 약속인 것이다. 이 생명과실은

㉠ 처음에 에덴동산에 있었고(창2:9)

㉡ 범죄로 잃었으며(창3:22)

㉢ 영원 천국에서 회복된다(계22:2)

3) 성령이 교회들에게 하시는 말씀의 구체적인 방법

빌립이 구스 내시에게 전도할 때에는 직접 성령님이 말씀하셨고(행8:29), 아가보가 예언할 때에 [성령으로]하였고(행11:28), 바나바와 바울을 선교사로 파송할 때는 [금식할 때 성령님이 가라사대] 말씀하셨고(행13:2), 예언시에 예언자가 [성령이 말씀하시되](행21:11), 하였으며 이러한 성령님의 역사하심 곧 말씀하심은 성도의 영에게 직접 말씀하

시기도 하고(롬8:16), 밝히 말씀하시기도 하고(딤전4:1), 실제로 성령님께서 사명자 속에서 영에게 말씀하시며(마10:20), 직접 가르치시며(눅12:12), 생각나게 하시며(요14:26) 직접 성령님께서 영에게 교육시키시므로 말씀하시는 것이다.

4) 계2:1-7은 에베소 교회에게만 하시는 교훈인가?

2:7절 "귀 있는 자는 성령이 교회들에게 하시는 말씀을 들을지어다…"이 성경에서 '교회들은' 에베소 교회 하나만을 상징하는 것이 아니며 그와 같은 모형의 모든 교회를 포함하는 것이다. 여기에서 현대의 각 교회는 초월적 교훈을 받게 된다.

* 적용적 해석 : 이 교회에 보낸 편지의 초월적 의미를 어떻게 적용하였으며 역사적으로 에베소 교회가 어떻게 성취되었는가 확인하자.

① 에베소 - 사도시대 말엽의 쇠미기(Pocket Bible Hand book by H.H.Halley p 621)- 이런 주장들은 이견이 많고 설혹 주장을 같이 하는 분들도 의견의 차이를 피할 수 없는 견해인데 7교회가 교회사 7시대를 예표하는지에 관하여는 불분명하다.

그러나 7교회 특징을 교회사에 나타난 특징들과 비교하려는 노력은 학구적인 측면에서 긍정적이다.

② 초월적 적용 - 필자는 에베소 교회를 포함한 모든 교회 시대를 초월한 전체 교회의 초월적(예언적) 의미가 있다고 믿는다. 먼저 에베소 교회 자체의 영적 적용은 예언대로 3km 떨어진 지방으로 이전 되었고 현재는 폐허가 되어 교회들이 모두 잔재만 남긴 채 형체가 사라짐으로써 성취되었다.

촛대가 제거 된 것이다(2:5). 이러한 예언은 계2:7 "…성령이 교회들에게 하시는 말씀"과 고전10:6 "이러한 일은 우리의 본보기가 되어"의 근거에 의하여 어느 시대나 세계 교회의 한 유형으로 받아들인다.

③ 종말론적 적용 - 말세의 교회는 에베소 교회의 약점이 막연한 것으로 종말의 예언적 예시요, 예표이다.

2) 서머나 교회에 보내신 사랑의 편지 (2:8-11)

서머나 교회는 종교적으로 전통적 유대인들의 공격과 정치적으로 극심한 황제 숭배의 강요 속에서 심한 어려움을 겪었다. 이로 인해 경제적으로도 심한 빈곤 상태에 처해 있었다. 서머나 교회 감독이었던 초기 순교자 중 가장 유명한 폴리갑 감독을 비롯한 많은 성도들이 이를 반대하다가 순교를 당했다. 서머나 교회 감독 폴리갑과 말한 바 있는 [에이레나이오스]는 폴리갑은 요한에게서 감독에 임명이 되었다고 했다.

그러나 이런 엄청난 핍박 속에서도 그리스도께 죽도록 충성한 서머나 교회에게, 주님께서 생명의 면류관을 약속하시면서 칭찬하셨다. 서머나는 지금까지 번영을 누리는 일곱 도시 가운데 유일한 도시이다.

8절 - 서머나(몰약) 교회의 사자에게 편지하라 처음이며 마지막이요 죽었다가 살아나신 이가 이르시되

(1) 주님의 모습 - 처음이요 나중이요 죽었다 살아나신 이.

처음이요 나중이라는 표현은 시작과 마침이 주님 손에 달려있다는 의미로서 주님이 역사의 주인이듯, 또한 주님은 교회의 주인이시다.

죄인들을 위하여 십자가에서 대속의 죽임을 당하시고 장사 지낸 바 되셨다가 죽은 자들 가운데서 살아나신 주님으로서 십자가에 흘리신 피 값으로 교회를 세운 분이시다. 바로 그 주님께서 교회 주인이시다.

마16:8; 골2:10; 엡1:22; 행20:28; 딤전3:15

죽었다가 살아나신 부활과 생명되시는 주님의 모습이다. 죽음을 다스리시고, 죽은 자를 영원히 부활시키시는 주님이시다. 바로 이 주님이 환난과 핍박 당하는 서머나 교회에 위로와 소망이 되신다.

9절 - 내가 네 환난과 궁핍을 알거니와 실상은 네가 부요한 자니라 자칭 유대인이라 하는 자들의 비방도 알거니와 실상은 유대인이 아니요 사탄의 회당이라

(2) 칭찬 - 부요한 자. 믿음의 부요, 영적인 부요를 의미한다. **약2:5; 벧전1:4; 고후6:10**

주님께서는 서머나 교회의 사자가 육신적으로는 환난과 궁핍 가운데 가난한 상태에 있는 것을 아시고 실상은 부요한 자(약2:5; 벧전1:4)라고 칭찬하셨다. 표면적으로 유대인이지만 본질은 사단의 회당(살전2:15) 즉 사단의 조종을 받아 사단의 하수인 노릇하는 무리들의 훼방을 받으며 환난과 궁핍 속에 처해 있었다.

10절 - 너는 장차 받을 고난을 두려워하지 말라 볼지어다 마귀가 장차 너희 가운데에서 몇 사람을 옥에 던져 시험을 받게 하리니 너희가 십일 동안 환난을 받으리라 네가 죽도록 충성하라 그리하면 내가 생명의 관을 네게 주리라

(3) 권면 - ① 고난을 두려워 말라

고난의 내용 : 마귀가 장차 너희 가운데 몇 사람을 옥에 던져 시험을 받게 한다. **행8:3(대하16:6; 렘37:15; 마11:2; 행5:18, 12:3-4,1; 행16:23; 고후11:23; 히11:36)**

* 십일 동안 - 문자적으로 10일 동안인지는 성경의 확실한 근거가 없으나 문자적으로 받아들이는 것이 자연스런 해석이다. 서머나 교회에게 닥칠 환난으로서 10일 간의 박해이든지 혹은 상징적으로든지 어떤

제한된 기간을 의미한다고 본다.

결국 성도들이 당하는 핍박과 환난은 지나가는 한 과정에 불과하다. 그러므로 성도들은 핍박과 고난 속에서도 인내와 충성을 다해야 한다.

* 마귀의 실존과 사탄과의 관계 - 계20:2(막1:13; 마4:1) 마귀는 곧 사탄이다 마귀의 실존에 관하여는 겔28:14-15; 28:16, 17; 유1:6; 사14:12-14; 계12:9에 근원부터 확인할 수 있다

② 죽도록 충성하라 – 직분 맡은 자의 추구할 일은 어떤 경우에도 충성이다.

민12:7; 느9:8; 히3:6; 딤전1:12; 3:11; 시102:6; 고전4:2, 계2:10

③ 생명의 면류관을 주리라 – 죽기까지 참된 믿음을 지키고 충성하는 자에게 생명의 면류관이 주어진다. 천국에서 누리는 가장 영광스러운 상급이다. **벧전5:4; 딤후4:8; 계4:4,10; 19:12**

* 면류관을 받는 조건

㉠ **잠4:8–9** 예수님을 높이고 품을 때 - 영화로운 면류관

㉡ **시28:5** 남은 백성에게 - 영화로운 면류관이 되어 주심

㉢ **빌4:1** 주 안에 서 있는 자 - 바울의 면류관

㉣ **약1:12** 시험을 참는 자 - 생명의 면류관

㉤ **딤후4:7–8** 선한 싸움, 달려갈 길, 믿음을 지킬 때 - 의의 면류관

㉥ **벧전5:2–4** 양무리들의 본이 되는 자 - 시들지 않는 영광의 면류관

㉦ **계2:10** 죽도록 충성하는 자 - 생명의 면류관

11절 - 귀 있는 자는 성령이 교회들에게 하시는 말씀을 들을지어다 이기는

자는 둘째 사망의 해를 받지 아니하리라

(4) 약속 - 둘째 사망의 해를 당하지 않게 한다.

① 성령님은 모든 시대 모든 교회들에게 말씀하십니다. 그러므로 온 우주 교회는 진리의 말씀으로 역사하시는 성령님의 음성에 귀를 기울여야 한다. 이것이 칭찬 듣는 신앙의 비결이다.

요16:13; 요일5:7; 요일4:6; 요3:10; 히3:7, 15; 4:7

② 둘째 사망이란? **마10:28; 히9:27; 약2:26; 계20:14,15; 19:20; 20:6; 마25:41; 막9:43,48**

마10:28 몸은 죽여도(1차사망) 영혼은 능히 죽이지(2차사망) 못하는 자들을 두려워하지 말고 오직 몸과(1차사망) 영혼을 능히 지옥에 멸하실수 있는(2차사망) 자를 두려워하라

둘째 사망의 해를 당하지 않는다는 것은 지옥형벌을 당하지 않는다는 의미이다. **계21:8**

둘째 사망이 해치지 못하고 지배하지 못한다.

* 적용적 해석 - 서머나 교회는 교회사의 7시대 구분 가운데 어느 시대인가?

① 서머나 교회 시대 - 300년간 박해 시대. 이런 주장에 관한 성경적 근거는 불확실하며 특히 교회사 시대의 두 번째라는 성경의 예언해석의 예증이 없는 것이 약점이다. 책망이 없고 칭찬만 받은 서머나 교회는 지금도 존재하고 소아시아 최대 도시이다.

② 초월적 - 서머나 교회가 단수인데 비하여 서머나 교회에 보낸 편지는 [교회들]에게로 [복수]인 점으로 보아 편지를 받는 대상이 초월

적임을 발견하게 된다. 그러므로 종말론적 의미 이전에 초월적으로 모든 시대에 서머나 교회와 같은 교회들에게 주시는 교훈으로 받아들인다.

특히 초월적으로 전 교회사에 나타난 고난의 교회로서 책망 없이 칭찬 듣는 교회들을 예표한다.

③ 종말론적 적용 - 이 해석은 신중을 기하여야 할 것이지만 종말이란 것은 선은 없고 이 시대의 교회와 사회가 7교회 안에 있는 모든 책망들은 일들 만연하여 사회의 종말론적 악과 결부되는 시기이므로 이러한 점에서 적용이 되어야 한다. **눅18:8**

3) 버가모 교회에 보내신 서신 (2:12-17)

버가모는 우상 숭배가 극도에 달하고 많은 신전들로 가득찬 도시였다. 버가모 도시 뒤에 높은 언덕은 많은 신전들로 가득차 있었는데 그 중에는 '소테르 데오스(Soter Theos ; σωτήρ θέος) 구세주 하나님이라고도 불리우는, 제우스(Zeus)에 바친 대 신전이 있었고, 건강의 신인 아스클레피우스(Asclepius-뱀으로 상징)를 숭배했다. 고대의 한 저술가는 "온 아시아에서 가장 우상숭배가 성한 곳"이라고 했다.

버가모는 아우구스투스(아구스도 ; Augustus)에게 가장 먼저 신전을 만들어 바친 도시였다. 그리하여 이곳을 본문에서는 '사탄의 위(位)가 있는 데'(13절) 즉 사단의 왕좌가 있는 도시라고까지 일컬었다.

그러나 이렇듯 온통 우상 숭배자들로 둘러쌓여 있던 버가모 교회는 순교자들이 속출함에도 끝까지 우리 구주 예수님을 믿는 믿음을 저버리지 않았기 때문에 주님의 칭찬을 받고 있다.

하지만 우상의 제물을 먹고 이방 신전의 여사제들과 더불어 성적 쾌락에 탐닉하던 시대적 풍조에 물든 몇몇 신자들 때문에 버가모 교회는 주님의 책망을 받고 있기도 하다. 어느 시대를 막론하고, 외부의 핍박에 굳게 대처함은 물론 내부의 타락에도 경각심을 늦추지 않는 교회와 목회자와 성도야말로 주님께서 원하시는 신부된 교회의 모습인 것이다.

12절 - 버가모(혼인하는 곳) **교회의 사자에게 편지하라 좌우에 날선 검을 가지신 이가 이르시되**

(1) 주님의 모습 - 좌우에 날 선 검을 가진 이

좌우에 날 선 검은 말씀의 검이다.

마10:34; 히4:12; 계2:16; 계19:15; 엡6:17

좌우에 날 선 검을 가지신 모습으로 주님께서 버가모 교회에 나타나신 것은 영적인 싸움이 있을 것을 예고한다.(16절) 성도들의 이 영적인 싸움에서 무기는 성령님의 검인 하나님 말씀이다.

마귀와 이 세상과 유혹을 이기는 주의 자녀들의 강력한 무기는 성경이다. 특히 마지막 때는 요한계시록 말씀을 읽고 배우고 무장해야 한다.

13절 - 네가 어디에 사는 지를 내가 아노니 거기는 사단의 권좌가 있는 데라 네가 내 이름을 굳게 잡아서 내 충성된 증인 안디바가 너희 가운데 곧 사단이 사는 곳에서 죽임을 당할 때에도 나를 믿는 믿음을〈πίστις ; 피스티스; 진리, 교리를 확신하는〉 **저버리지 아니하였도다**

(2) 칭찬 - 우상숭배의 중심지로서 사탄의 왕좌가 있는 것을 아시는

주님께서 그곳에서 충성된 증인 안디바가 순교하는 이러한 죽음의 위협 속에서도 예수님을 믿는 믿음을 저버리지 아니한 신앙을 칭찬하심.
마16:8; 행3:16; 고후13:5; 계14:2

베드로는 작은 소자 앞에서 믿음을 저버린 뼈아픈 과거가 있다. 먼 훗날 베드로 사도는 “세상에 있는 너희 형제들도 동일한 고난을 당하는 것”을 기억하고 흩어져 고난 당하는 성도들에게 “믿음을 굳게”하라고 권면했던 것처럼(벧전 5:9) 죽음의 위협 속에 있는 성도들에게, 믿음을 굳게하여 지킨 성도들을 칭찬하신다.
계 14:12 성도들의 인내가 여기 있나니 저희는 하나님의 계명과 예수 믿음을 지키는 자니라

① 사탄의 조직에 관하여 –
계20:2; 눅11:18; 계2:13; 12:9; 엡2:2; 고후11:12
② 사탄,마귀의 기원 –
요일1:3; 사40:26; 유1:6; 사14:12-13; 겔28:14, 15, 16, 17
③ 사탄의 사역 범위 – **엡2:2, 12; 고후4:4**
④ 사탄 즉 마귀의 종말 –
요12:31; 14:30; 16:11; 계12:97; 20:10

14절 – 그러나 네게 두어가지 책망할 것이 있나니 거기 네게 발람의 교훈을 지키는 자들이 있도다 발람이 발락을 가르쳐 이스라엘(육적, 혈통적) **자손 앞에 걸림돌을 놓아 우상의 제물을 먹게 하였고 또 행음하게 하였느니라**

(3) 책망 – 발람의 교훈을 지키는 자들을 치리하지 않고 용납한 것을 책망하심. 에베소 교회 사자는 거짓사도들과 악한 자들을 분별하여 치리한 것을 칭찬했지만 버가모 교회 사자는 치리하지 못해 책망을 듣는다.

발람은 광야의 이스라엘 백성들로 하여금 음행과 우상 숭배에 빠지도록 발락에게 꾀를 알려준 미디안의 술사였다(민 22:1-25:18; 31:16). 따라서 '발람의 교훈'이란 당시 버가모 교회의 일부 교인들이 거짓 진리에 빠져 있던 음행하고, 우상숭배 죄악에 빠지도록 미혹한 거짓 진리를 의미한다.

오늘날도 목회자는 성경을 바르게 전하고 바른 교훈을 가르쳐 하나님의 백성들이 성경대로 믿고 성경대로 살아가게 지도해야 한다. 교인들을 바로 가르치고 바로 훈련시키지 않는다면 우리는 주님께 큰 책망을 받을 수밖에 없는 것이다.

15절 - 이와 같이 네게도 니골라당의 교훈을 지키는 자들이 있도다

니골라당의 거짓교훈을 받아들여 지키는 자들을 방조하여 책망을 들은 것이다.
* 발람의 교훈과 범죄 - 민31:16; 벧후2:15; 16,18; 유1:1; 민31:17; 25:1,2,3,9; 25:18; 31:8; 수13:22; 계2:14.
15절의 니골라당의 교훈은 발람의 교훈과 유사함

16절 - 그러므로 회개하라 그리하지 아니하면 내가 네게 속히 가서 내 입의 검으로 그들과 싸우리라

(4) 경고 - 회개하라고 촉구하시고, 회개하지 않으면 좌우에 날선 검으로 주님이 발람의 교훈을 지키는 자들을 직접 상대하신다고 하셔서 검으로 싸운다 하심

교회 안에 우상숭배와 음행을 하는 자들을 용납하는 것은 교회의 목

사가 회개할 죄였다. 교회가 권징을 회피하면 주께서 교인들 중 니골라 당의 교훈을 따르는 자들에게 직접 싸우실 것이다.

직접 싸우심은 심판을 의미한다.

17절 – 귀 있는 자는 성령이 교회들에게 하시는 말씀을 들을지어다 이기는 그에게는 내가 감추었던 만나를 주고 또 흰 돌을 줄터인데 그 돌 위에 새 이름을 기록한 것이 있나니 받는 자 밖에는 그 이름을 알 사람이 없느니라

(5) 약속 – 감추었던 만나와 흰 돌을 주심

① 감추었던 만나

출16:31, 33; 민11:7, 9; 신8:16; 시78:24; 요6:31, 32, 33, 35.

이스라엘 백성들이 광야에서 먹었던 만나는 참 생명을 주시는 예수님의 모형이다. **요6:35.** 그러므로 만나를 주심은 예수님을 믿을 때 주시는 영생을 의미한다. **요6:40, 51**

이스라엘 백성들은 광야에서 만나를 먹고 죽었다. **요6:49.**

그러나 예수님은 하늘에서 내려온 산 떡으로서 이 떡을 먹는 자는 죽지 아니한다 **요6:50.** 이 말씀은 상징인데 예수님을 믿을 때 주시는 영생을 의미한다.

② 흰 돌을 준다. 성경에 돌은 예수님이시다.

마21:42; 눅20:17; 행4:11; 롬9:32–33; 벧전2:4–5, 6, 7

그 돌 위에 새 이름을 기록해 준다. 이것은 흰 돌이신 예수님을 믿고 구원받은 성도들이 하나님의 소유된 백성임을 상징한다. **계14:4中**

그러므로 감추었던 만나를 주고, 흰 돌을 줄터인데 그 돌 위에 새 이름을 기록하다는 의미는 '하나님의 소유된 백성들에게 영생을 약속하심'을 나타낸다. 정확한 해석은 받는 자 외에는 알 수 없음으로 받을 때까지 해석을 보류함이 유익하다.

③ 흰돌의 영적 의미 – 흰돌의 의미를 이해하기 위하여 몇 가지를 이해할 필요가 있다.

첫째로 발람의 교훈이 예표된 니골라당의 교훈을 이기는 자에게 주는 선물이다.

둘째로 사단의 역사를 승리하는 자에게 주는 은혜의 선물이다.

셋째로 믿음을 저버리지 않고 승리한 자들에게 주는 선물이다.

넷째로 흰색의 상징적 의미가 '승리, 평화, 성결, 순결, 의로움' 등이므로 위의 영적 의미가 내포되어 있는 선물이다.

다섯째로 흰 돌은 승리자에게 주는 명예와 영광을 위한 선물이다.

여섯째로 돌로 예수님을 상징하는 곳이 시118:22; 마21:42; 눅20:17; 엡2:20; 벧전2:4, 6, 7, 8 등에 있으나 [조약돌] 적용에 대한 근거가 불분명하며 거치는 돌 되신 주님이 돌을 주셨다는 사실이 중요하다.

일곱째로 흰돌 위에 [새 이름]은 새로운 명성으로 받은 자 외에는 알 수 없으므로 받을 때까지 해석을 보류해야 할 것이다.

* 적용적 해석 *

① 버가모 교회 – 콘스탄틴 황제로부터 로마 교황까지의 제국시대. 이 교회사에 적용적 해석은 지나간 사실을 맞추어 나가는데 이견이 많음으로 특별한 의미가 없다.

② 초월적 – 계2:12-16까지 버가모 교회 사실을 편지로 사자인 목자에게 전하는 것이나 17절을 결론지으면서 '교회들에게' 성령께서 말씀하시므로 초대 이후 모든 시대의 교회 유형 중에 하나로 받아들여

야 한다.

③ 종말론적 적용 - 종말에서는 버가모 교회의 발람의 죄악인 니골라당의 교훈이 편만함으로 종말이 오게 될 것이고 그것이 사단이 주님을 대적하는 방편이 될 것이다. **눅18:8**

4) 두아디라 교회에 보내신 사랑의 편지 (2:18-29)

두아디라의 옛이름은 페로피아(pelopria)였고 현재는 아킷살(akhissar)이라 부른다. 버가모와 사데 사이에 위치한 조그마한 공업도시로 요한계시록에 소개된 일곱 도시 중에서 가장 작고 보잘 것 없는 도시이다.

하지만 이 도시는 소아시아의 수도격인 버가모로 들어가는 길목에 위치했기 때문에 로마군 수비대가 주둔해 있었다. 염색 공장, 많은 조합으로도 유명했던 곳이다.

그래서 이 도시의 주민도 직공들과 상인들, 그리고 군인 등 여러 부류로 구성되었고 이 때문에 두아디라 교회의 회원들은 거의가 이방인들로 이루어져 있었다.

빌립보에서 개종한 자주빛 옷감 장사 루디아(행16:14)도 이곳 출신이다. 처음 알렉산더 대왕에 의해 헬라의 성읍이 되었다가 B.C.190년경 로마의 식민지가 되었다.

태양의 신 '제우스'(Zeus)의 아들 '아폴로'(Apollo)의 신당이 있었으며, 이 '아폴로'가 두아디라의 주신으로 숭배를 받았다. 그 외에도 '아데미'(Artemis)와 '삼바다'(Sambatha) 등의 신전이 있었다.

교회의 기원에 대해서는 분명치 않으나 서머나와 버가모의 경우처럼 바울이 에베소 체재 중에 전도한 것으로 추측된다. 혹은 루디아의 전도로 세워졌을 것이라고 추측된다. 여하튼 바울의 영향을 받았다. 2세기

중엽에 금욕적 신비주의인 몬타누스파(Montanism)의 중심지이기도 했던 도시이다.

18절 – 두아디라(희생) **교회 사자에게 편지하라 그 눈이 불꽃 같고 그 발이 빛난 주석과 같은 하나님의 아들이 이르시되**〈레고;현재능동태직설법 3인칭 단수동사;명령하다〉

(1) 주님의 모습 – 눈이 불꽃 같고 발이 빛난 주석과 같은 하나님 아들의 모습이다.

① 빛난 주석과 같은 발 – **계1:15; 시47:3; 74:3; 슥14:3; 엡1:22**

성경에 예수님의 발은 피정복자에 대하여 정복자의 승리의 발을 상징하며, 주석은 심판의 상징이며, 공의로운 심판이며 불의가 없는 거룩한 심판을 상징한다. 그러므로 발이 빛난 주석 같은 것은 '정복자 되신 공의의 심판자' 되심을 상징한다.

② 눈이 불꽃 같고 – 사10:17은 이스라엘의 거룩한 자는 불꽃이라 했으며, 사29:6에는 하나님은 불꽃으로 징벌한다고 했으며, 잠15:3은 하나님의 눈은 전지하심으로 전지하시며 세상을 감찰하시는 심판자 되신 예수님이시다. 그러므로 그 앞에서 아무것도 숨길 수 없다.

두아디라 교회에 나타나신 주님 앞에서 아무 것도 숨길 수 없는 불꽃 같은 전지하신 통찰력을 가지시고, 빛난 주석과 같은 발로 원수를 밟고 악을 정복하시는 심판자의 모습으로 나타났다.

③ 하나님의 아들 – 요한계시록에서 처음 나타나는 하나님의 아들은 그리스도의 신성을 나타내는 표현으로서 진리와 거짓을 분별하시고 판단하시는 통찰력과 심판자의 권위를 지닌 우리 주 예수 그리스도를 의미한다. 이러한 표현은 당시 소아시아 지방에 여러 가지 우상들이 많

이 있는데 참 하나님의 아들은 우리 주 예수 그리스도라는 점을 교훈하고 있다. **행9:20, 요일4:15; 5:12**

19절 - 내가 네 사업과 사랑과 믿음과 섬김과 인내를 아노니 네 나중 행위가 처음 것보다 많도다

(2) 칭찬

① 사업에 관하여 - **잠22:29; 롬14:20; 딤전6:18**

딤전 6:18 선을 행하고 선한 사업을 많이 하고 나누어 주기를 좋아하며 너그러운 자가 되게 하라

② 사랑에 관하여 - **고전 13장**

고전 13:1 내가 사람의 방언과 천사의 말을 할지라도 사랑이 없으면 소리나는 구리와 울리는 꽹과리가 되고

고전 13:2 내가 예언하는 능이 있어 모든 비밀과 모든 지식을 알고 또 산을 옮길만한 모든 믿음이 있을지라도 사랑이 없으면 내가 아무 것도 아니요

③ 믿음에 관하여 - **롬10:17; 엡2:8; 히11:6; 요일5:4; 고전 13:13; 16:13; 고후1:24**

롬 10:17 그러므로 믿음은 들음에서 나며 들음은 그리스도의 말씀으로 말미암았느니라

히 11:6 믿음이 없이는 하나님을 기쁘시게 못하나니 하나님께 나아가는 자는 반드시 그가 계신 것과 또한 그가 자기를 찾는 자들에게 상 주시는 이심을 믿어야 할지니라

④ 섬김에 관하여 - **마20:26; 27:55; 눅2:37; 4:8; 8:3; 롬 15:25; 히6:10**

마 20:26 너희 중에는 그렇지 않아야 하나니 너희 중에 누구든지 크고자 하는 자는 너희를 섬기는 자가 되고

눅 2:37 과부가 되고 팔십사세가 되었더라 이 사람이 성전을 떠나지 아니하고 주야로 금식하며 기도함으로 섬기더니

⑤ 인내에 관하여 – **눅8:15; 살후1:4; 히10:36; 약1:3, 4; 계14:12**

눅 8:15 좋은 땅에 있다는 것은 착하고 좋은 마음으로 말씀을 듣고 지키어 인내로 결실하는 자니라

히 10:36 너희에게 인내가 필요함은 너희가 하나님의 뜻을 행한 후에 약속을 받기 위함이라

약 1:4 인내를 온전히 이루라 이는 너희로 온전하고 구비하여 조금도 부족함이 없게 하려 함이라

⑥ 나중 행위가 처음 것 보다 많은 것을 칭찬 하심.

살후1:3; 벧후3:18; 잠4:18

20절 – 그러나 네게 책망할 일이 있노라 자칭 선지자라는 여자 이세벨을 네가 용납함이니 그가 내 종들을 가르쳐 꾀어 행음하게 하고 우상의 제물을 먹게 하는도다

(3) 책망 – 자칭 여선지자 이세벨을 용납

이세벨은 누구인가? – 이 도시는 웅장한 아데미 신전으로 유명했는데 이세벨은 아데미를 숭배하는 여사제였다. 이 자칭 여선지자가 교회에 침투하여 방종한 행위를 가르치고, 자기의 가르침은 계시(영감)받은 것이라 주장하며 거짓을 가르쳤다.

이 여자는 엘리야 선지자가 활동하던 시대의 사악한 왕 아합의 아내로서(왕상16:31) 가증한 아스다롯 숭배를 이스라엘에 강요하고 퍼뜨렸

다. 두아디라 교회에 침투하여 그러한 악한 행위와 거짓을 가르쳐 아데미 숭배와 음행을 조장하기 때문에 '이세벨'이라고 불렀다.

그런데 두아디라 교회의 사자가 이 이세벨의 가르침을 용납하여 성경의 순수성과 교회의 순결성을 상실했기 때문에 책망하시며, 그 눈이 불꽃 같고, 그 발은 단련한 빛난 주석 같은 전지전능하신 심판자로 나타나셔서 책망하고 계신 것이다.

① 예수님의 종들을 거짓 진리로 가르쳐 꾀어 행음하게 함.

왕하9:22; 겔23:27; 미1:7; 계14:8; 17:2

② 우상의 제물을 먹게 한다.

행15:29; 고전8:1, 4, 7, 10, 28; 딤전1:4-5

딤전 1:4-5 신화와 끝없는 족보에 몰두하지 말게 하려 함이라 이런 것은 믿음 안에 있는 하나님의 경륜을 이룸보다 도리어 변론을 내는 것이라 / 이 교훈의 목적은 청결한 마음과 선한 양심과 거짓이 없는 믿음으로 나는 사랑이거늘

결국 두아디라 교회는 이세벨의 거짓 진리에 미혹되어 성경 진리에 인간의 이론을 섞은 혼합주의 결과로 행음하고, 우상제물을 먹고 진리의 순수성과 교회의 순결성(거룩성)을 상실한 종말시대 교회의 한 전형이라고 할 수 있다.(교회부패의 한 단면)

마지막 때의 교회의 특성은 진리의 순수성과 교회의 순결성을 상실한 교회, 또는 교회사자들의 열매가 나타나는데 영분별력이 없어 거짓선지자(이단)들을 배척하지 못하고 받아들이는 혼합주의에 빠지게 된다는 사실이다.(20절)

21절 - 또 내가 그에게 회개할 기회를 주었으되 자기의 음행을(매춘행위,

우상숭배 계17:2) **회개하고자 하지 아니하는도다**

(4) 경고

① 회개할 기회를 주었는데 행음을 회개하지 않는다.

롬9:22; 계9:20-21; 17:2

롬 2:4-5 혹 네가 하나님의 인자하심이 너를 인도하여 회개하게 하심을 알지 못하여 그의 인자하심과 용납하심과 길이 참으심의 풍성함을 멸시하느냐 / 다만 네 고집과 회개하지아니한 마음을 따라 진노의 날 곧 하나님의 의로우신 판단이 나타나는 그 날에 임할 진노를 네게 쌓는도다

22절 - 볼지어다 내가 그(이세벨)**를 침상에 던질터이요 또 그로 더불어 간음하는**(간음행위. 우상숭배) **자들도 만일 그 행위를 회개치 아니하면 큰 환난 가운데 던지고**

② 이세벨을 침상에 던지겠다 - 병상을 가리킨다.

하나님은 범죄하는 자기 백성을 질병으로 징계하신다.

왕하 1:4 그러므로 여호와의 말씀이 네가 올라간 침상에서 내려오지 못할지라 네가 반드시 죽으리라 하셨다 하라 엘리야가 이에 가니라(난간에서 떨어져 병들자 신하를 보내 에그론의 신 바알세붑에게 신탁을 구하러 가는 아합의 아들 아하시야에게 하시는 말씀)

삼하4:11; 겔16:40,41; 막6:55; 눅5:18

③ 큰 환난 가운데 던지겠다.

삼상 5:9 그것을 옮겨간 후에 여호와의 손이 심히 큰 환난을 그 성읍에 더하사 성읍 사람들의 작은 자와 큰 자를 다 쳐서 독한 종기가 나게 하신지라.

신31:17; 삼상5:11; 잠21:12; 롬2:9; 살후1:6; 계19:2

23절 - 또 내가 사망으로 그의 자녀(이세벨)**를 죽이리니 모든 교회가 나는**(예수님) **사람의 뜻과 마음을 살피는 자인 줄 알지라 내가**(예수님) **너희 각 사람의 행위대로 갚아주리라**

④ 사망으로 자녀를 죽이겠다 - 이세벨이 음행으로 낳은 자녀 또는 이세벨의 교훈을 받은 영적 자녀들이다.

* 사망의 원인 - **잠11:19, 21:16; 롬6:23; 8:6; 약1:15**

잠 11:19 공의를 굳게 지키는 자는 생명에 이르고 악을 따르는 자는 사망에 이르느니라

잠 21:16 명철의 길을 떠난 사람은 사망의 회중에 거하리라

⑤ 경고 하시는 예수님은

㉠ 사람을 감찰하시는 하나님 - **출4:31; 시10:4, 33:13, 15; 잠15:3, 21:12**

출 4:31 백성이 믿으며 여호와께서 이스라엘 자손을 찾으시고 그들의 고난을 살피셨다 함을 듣고 머리 숙여 경배하였더라

㉡ 행위대로 보응하시는 하나님 - **시28:4; 시62:12; 살후1:2-6; 히10:30; 계19:2; 갈6:7; 고후9:6**

시 62:12 주여 인자함은 주께 속하오니 주께서 각 사람이 행한대로 갚으심이니이다

24절 - 두아디라에 남아있어 이 교훈을 받지 아니하고 소위 사탄의 깊은 것을 알지 못하는 너희에게 말하노니 다른 짐으로 너희에게 지울 것이 없노라

(5) 권면

① 이세벨의 교훈을 받지 아니하고 사탄의 깊은 것을 알지 못하는 교인들에게 다른 짐을 지우지 않으심.

㉠ 이세벨의 교훈을 받지 아니함 – 이 교회의 사자는 자칭 선지자 이세벨을 용납하여 주님으로부터 책망을 들었지만 일부 성도들은 이세벨의 가르침을 거부하고 자기가 믿고 고백하는 하나님 말씀 성경만을 고수하는 순수한 성도들이었다.

고후11:3, 13, 14, 15; 살후2:9, 10, 11, 12

㉡ 사탄의 깊은 것 – **대상21:1; 욥1:9; 슥3:1; 마16:23; 막1:13; 4:15; 눅22:3, 21; 행5:3; 고후2:1; 11:14, 15; 살전2:18; 벧전5:8,9**

㉢ 다른 짐을 지울 것이 없다 – 이들은 순수한 성도들로서 사탄의 깊은 흉계에 물들지 아니한 남은 성도들, 이들에게 다른 짐을 지울 수 없었다.

25절 – 다만 너희에게(교회) **있는 것을 내가**(예수님) **올 때까지 굳게 잡으라**(힘써 단단히 붙들라)

② 네게 있는 것 – 두아디라 교회가 칭찬들은 내용.

계 2:19 내가 네 사업과 사랑과 믿음과 섬김과 인내를 아노니 네 나중 행위가 처음 것보다 많도다

계 2:24 두아디라에 남아 있어 이 교훈을 받지 아니하고 소위 사단의 깊은 것을 알지 못하는 너희에게 말하노니 다른 짐으로 너희에게 지울 것이 없노라

③ 내가 올 때까지 굳게 잡으라

㉠ 내가 올 때까지 – **요14:3; 행1:11; 살전4:16; 히10:37;**

벧후3:10; 계1:7

㉡ 굳게 잡으라-〈κρατέω;크라테오〉: 힘을 쓰다, 간직하다, 지니다. 그러므로 두아디라 교회가 칭찬들은 내용을 주님이 다시 오실 때까지 힘을 써 간직하고 있으라는 주님의 권면이다.

26절 - 이기는 자와 끝까지 내 일을(에르곤; 노역, 행위, 수고, 일) **지키는 그에게 만국을 다스리는 권세를 주리니**

(6) 약속 - 이기는 자와 끝까지 내 일을 지키는 자에게

① 만국을 다스리는 권세(계12:5; 19:15) - 천년 메시야 왕국에서 왕노릇하는 권세를 뜻한다(계20:6).

27절 - 그가(성도) **철장을 가지고 저희를**(만국) **다스려 질그릇 깨뜨리는 것과 같이 하리라 나도**(예수님) **내 아버지께**(성부) **받은 것이 그러하니라**

② 철장으로 질그릇을 깨뜨리는 것 같이 저희를 다스리게 한다.
철장권세 - 시2:9; 계12:5; 19:15; 계2:27 - [다스려] 〈ποιμαίνω;포이마이노〉로서 정치적인 것이 아니며 육의 세상 통치권이 아니고 예수님에게 있어서 목자와 양의 관계에 대한 용어이므로 마치 철장으로 질그릇을 부수는 것같이 완전한 영적 다스림으로서 목자가 양을 돌보며 치며 먹이며 계속 양식을 공급하여 다스리는 목양권에 관한 것이다. 권세는 은사로서의 재능과 자유함과 영향력과 권위와 특권을 의미하는 영적 권세에 관한 것이다.
이 철장권세를 전매특허인 것같이 자기에게 적용하는 자는 이단이 되려고 계획한 시험에 빠진 자이다.

이 약속은 두아디라 성도의 모임인 교회에 대한 약속이며 또 오고 가는 모든 시대 주님 교회들에게 하신 말씀인 것을 기억할 것이다.

28절 - 내가 또 그에게 새벽 별을 주리라

③ 새벽 별을 주신다 - **계22:16**

다시 오실 예수님은 광명한 새벽 별이시다. 그러므로 새벽 별을 주심은 휴거때 만남을 보증하시는 것이다. **요14:1-3,살전4:16-17**

29절 - 귀 있는 자는 성령이 교회들에게(복수) 하시는 말씀을 들을지어다

* 적용적 해석 *

① 두아디라 교회 - 6세기에서 16세기까지 로마 교황시대, 혹은 6세기에서 12세기 교황시대. 그러나 성경적 근거가 없어 신빙성이 없는 주장이다.

② 성경적 적용 - 롬15:4; 계2:29 두아디라 교회에 보낸 복음의 편지는 주님 오실 때까지 모든 교회 즉 두아디라 교회 형편과 같은 초월적 교회에 적용해야 한다.

이유는 현대교회 우리에게 교훈을 주기 위함이며(롬15:4) 두아디라에 보낸 복음 편지 대상이 [교회들]인 복수 대상이므로 분명하다.

3장 교회에 보내신 사랑의 복음

5) 사데 교회에 보내신 사랑의 편지 (3:1-6)

사데는 두아디라 동남쪽 헬루무스 강과 트몰루스 산 사이 언덕 위에 세워진 성읍이였다. B.C. 6세기에는 루디아(Lydia) 왕국의 수도로 세계적인 성읍이었다. 그 후 페르시아, 헬라 제국에 차례로 점령되었고, 결국에는 로마의 속국이 되었다.

A.D.17년 대지진으로 파괴되었다가 티벨리우스 황제의 면세등 원조에 의하여 36년에 복구되었다. 염직 공업이 발달하여 사치와 부도덕의 도시였으며. 이는 사데 교회가 도덕적으로 타락하는 원인이 되기도 하였다. 이 도시의 주신이며 거대한 성전에서 숭배한 구벨레(Cybele)는 부도덕의 여신이었다. 현재 이곳은 완전한 폐허로 남아 있다.

한편 '사데 교회'의 기원은 분명치 않으나 2세기에 이르러 유명한 변증가이며 주석가였던 멜리토(Melito)가 사데 교회의 감독이 됨으로 그 명성은 소아시아 지방 사방에 알려졌다.

그러나 그 도시의 퇴폐 풍조가 교회에 까지 밀려와 안일과 부도덕으로 부패한 명목적 교회로 전락하고 말았다.

1절 - 사데(남은 물건과 찌꺼기) **교회 사자에게 편지하라 하나님의 일곱 영과 일곱 별을 가지신 이가 가라사대 내가**(예수님) **네**(사데교회) **행위를 아노니 네가 살았다 하는 이름은 가졌으나 죽은 자로다**

(1) 주님의 모습 - 하나님의 일곱 영과 일곱 별을 가지신 모습으로 나타나셨다.

① 하나님의 일곱 영(1:4 [일곱 영의 영적의미] 주석 참조), 일곱은

완전 수로 성령님의 완전하신 사역을 나타낸다.

② 일곱 별을 가지심 – 일곱 교회의 사자를 일컫는다(1:20). 그리고 [가졌다]는 말은 [붙잡다, 간직하다, 소유하다, 동반하다] 뜻이다.

그러므로 우리 주님께서 하나님의 성령과 교회사자를 통해 역사하시며 교회를 보호하시며 교회의 실상을 감찰하시는 심판자이심을 의미한다.

③ 그러므로 사데 교회 사자의 행위를 다 아시고 통찰하신다.(2:18 불꽃 같은 눈, 단2:22)

(2) 책망 – 사데 교회 사자는 칭찬이 없고 책망만 받게 된다. 이 교회는 외부의 박해도 유대인의 훼방도 없었다.

그리고 이단의 침투도 없었다. 그러므로 이러한 환경속에서 안일과 타성에 젖어 세속화 되기 쉬웠다.

① 살았다는 이름은 가졌으나 죽은 자다 – [살았다는 이름을 가졌으나] 이러한 표현은 매우 활동적이고 명성이 있다는 뜻이다. 외형적으로는 살아있는 것 같이 매우 활동적이고 명성이 뛰어난 목회자였으나 영적로는 죽은 상태로서 부요한 도시의 영향을 받아 부와 번영으로 인한 사치와 향락에 취해 깊은 영적인 잠을 자고있는 모습이다.(2절)

그래서 믿음의 행위가 없는 상태이다.

따라서 활동적이고 많은 사람에게 알려졌다는 것이 한 개인이나 단체가 건강하다는 표준은 아니라는 사실이다. 이방 종교인들이나 이단자들도 얼마나 활동적이고 열심인가? 그러므로 활동적인 것이 건강하고, 진리의 표준이 아니라는 것을 알아야 한다. 무엇을 위한 열심이냐, 활동적인 내용이 무엇인가 하는 것이 중요하다.

여기[죽은 자]는 ⟨νεκρός;네크로스⟩로서 기본어 시체(nrkus;네퀴스)라는 말에서 유래한 [죽은]의 의미다.
그래서 신앙적으로는 아무런 행동이 없는 죽은 상태이다. **약2:22, 26**

이러한 원어의 의미로 볼 때 [죽은 자]라는 표현은 상징적인 차원의 의미라기 보다는 실제 죽은 영적상태를 나타내는 표현으로 이해함이 옳다고 본다. 이유는 주님의 지적처럼 역사적으로 사데 교회는 부패해 없어지고 폐허만 남아 있기 때문이다.

*성경에서 말하는 죽은 자의 의미

① 찬양이 죽은 자. **시115:17**

② 미신행위 하는 자. **사8:19**

③ 영(인간의 영)이 죽은 자. **마8:22;눅9:60**

④ 잠자는 자는 자. **엡5:14**

⑤ 양심이 죽은 자. **히9:14**

⑥ 믿음이 죽은 자. **약2:17**

⑦ 일락을 좋아하는 자. **딤전5:6**

이러한 죽은 상태는 외형적으로는 교회 형태를 띠고 있으나 실제 생명이 없는 교회(명목상의 교회, 교인)이다.

2절 - 너는 일깨어(사망의 잠에서 깨어나) **그 남은 바 죽게 된 것을 굳건하게 하라 내 하나님 앞에 네 행위의 온전한 것을 찾지 못하였노니**

② 하나님 앞에서 행위의 온전한 것을 찾지 못했다.

여기의 [행함]은 ⟨ἔργον;에르곤⟩으로서 '행위, 수고, 일'이라는 뜻이다. 그러므로 주를 위한(하나님의 일) 수고와 주의 일에 대한 행위를 찾지 못한 것을 의미한다. 그러나 에베소 교회의 사자의 행위와 수고와 인내를 칭찬하셨고(2:2), 두아디라 교회 사자의 사업과 섬김의 행위를 칭찬하시며 이러한 일들을 더 극대화시켜 나가는 행위를 칭찬하신 것이다(2:19). **행20:28; 18:23; 슥11:16; 사56:10; 삼상2:3; 단5:27**

(3) 권면 - 일깨워 그 남은 바 죽게된 것을 굳건하게 하라

① 일깨워라 - 〈γρηγορέω;그레고레오〉의 뜻은 '깨어있다, 정신차리다, 경계하다, 주의하다' 는 의미이다.

그러므로 사데 교회 사자에게 또 교인들에게 사망의 잠에서 깨어나 정신 차리라는 권면이다.

* 관주 응용

① 일깨워야 할 이유. **시13:3; 삼상5:11; 15:32; 삼하22:6; 왕하4:40; 시18:4; 잠7:27; 11:19;13:14; 렘9:21; 롬6:16; 약1:5**

② 그 남은 바 죽게된 것을 굳건하게 하라.

사데 교회와 사자에게 부분적으로 살아있는 것들을 확고하게 하라고 하신다. 사데 교회에 부분적으로 살아있는 것들이 차츰 사라지지 않도록 확고하게 하라고 하신다. 또 남아 있어 죽어가는 자들을 굳건하게 하라고 권면하신다. 이것은 사자들이 해야 할 사역이다. **엡4:11-12; 눅22:32; 행11:23; 14:22; 골1:28; 행20:28; 20:24**

3절 - 그러므로 네가 어떻게 받았으며 어떻게 들었는지 생각하고 지켜 회개하라 만일 일깨지 아니하면 내가 도둑같이 이르리니 어느 때에 네게 이를지 네가 알지 못하리라

(4) 경고

① 어떻게 받았으며 어떻게 들었는지 생각하라. 처음 복음을 듣고 받아들인 때를 생각하고 처음 마음을 가지라는 경고이다.(처음 사랑, 처음 감동, 처음 감격, 처음 기쁨을 회복하기 위해 처음을 생각해 보면 된다.) **신32:7; 시50:22; 눅17:32; 엡2:11; 히3:1**

② 지켜 회개하라. 처음 복음을 받아드릴 때의 자세로 말씀을 지키며 회개하라고 하신다. 처음의 때를 생각하고 회개하는 길이 소생하는 길이다. **시7:12; 롬2:5; 겔18:30; 눅3:3; 행3:19;11:18; 벧후3:9; 눅15:10**

③ 만일 일깨지 아니하면 도둑같이 임하겠다.

만일 사망의 잠에서 깨어나지 아니하면 그 사람에게는 주님은 도둑같이 임하게 될 것이다. 계속 사망의 잠에 매어 있게 된다면 최후의 날 구원의 자리에서 이탈하게 될 것을 경고하는 것이다.

* 도둑같이 임함은 무슨 뜻인가? - **살전5:4, 5, 2, 7**

이상의 성경에 의하면 회개하여 영이 거듭난(요3:3-7) 하나님의 백성은 낮의 아들이며 빛의 아들이며(살전5:5) 회개치 않고 거듭나지 아니한 자들은 밤에 속하여 있으며(엡5:8) 영적으로 잠자는 자들로(살전5:7) 구원얻지 못한 자들이다.

그런데 성도들은 낮에 속하여 빛되신 주님의 강림이 도적같이 이르지 못하며(살전5:4) 불신불택자들에게는 도적 같이 임하는데(살전5:2) 이로 보건대 사데 교회 교인이라는 자들이 구원을 받지 못한 상태에 있음을 지적하고 있는 것이다. 교인들 중 몇 명을 제외한 교인들이 흰 옷을 입지 못한 사실에서 분명하다. **4, 5절; 계7:9, 14**

그런데 이들에게 말씀이 전파되었으며 육적으로는 성도의 무리 같으나 영적으로는 거듭나지 못한 상태임이 분명하여 이것은 종말론적 교회현상을 나타내기도 한다.

[도둑같이 임하여]는 첫째 갑자기 오신다는 의미이며, 둘째는 예고 없이 오신다는 의미이며, 셋째로 밤에 홀연히 오시므로 어둠에 잠자는 불신불택 자들에게는 알 수 없다는 뜻이다.

4절 – 그러나 사데에 그 옷을 더럽히지 아니한 자 몇 명이 네게 있어 흰 옷을 입고 나와 함께 다니리니 그들은 합당한 자인 연고라

(5) 흰 옷 입은 몇 명의 성도를 칭찬하심

① 흰 옷을 더럽히지 않은 자들로서 주님과 함께 다니는 합당한 자라고 칭찬하셨다. 사데 교회 목회자에게서는 온전한 행위를 찾을 수 없었지만 그러나 사데 교회 성도들 가운데 소수의 흰 옷입은 자들이 주님과 함께 동행하는 자들이 있었다.

* 흰 옷 입은 자 – 휴거 준비된 성도들을 상징한다.

계7:9-10,14;시104:2; 사61:3,10; 64:6; 슥3:3, 4; 마17:2; 롬13:14; 골3:12; 계7:14; 16:15; 3:4

흰 옷은 휴거될 때 입는 예복인데 사데 교회에 몇 명의 소수의 성도들이 입고 있었다. 말세 현상 중에 하나는 명목상 교회는 다니지만 흰 옷이 준비되지 않는 상태이다.

흰 옷이 이렇게 중요하기 때문에 한국교회사에 나타난 이단이나 시한부 종말론자들이 겉으로 보이는 흰 옷을 입고 사회적으로 물의를 일으킨 것이다.이러한 영향으로 한국교회가 '흰 옷 입고 주님 만나는 휴거

신앙'을 경솔히 하게 되는데 올무가 되지 않기를 바란다. 이 때 흰 옷은 영적인 옷이며 상징적인 옷이다. 그러므로 실제 흰 옷을 입고 강조하는 무리들은 탈선한 자들이기 때문에 경계해야 한다.

② 주님에게 합당한 자는 흰 옷을 더럽히지 않는 자이다 - 영적으로도 타락한 세상 풍조에 옷을 더럽히지 않고 성적 죄에서도 자기 옷을 더럽히지 않는 자를 나타낸다. **사64:6; 슥3:3-4; 롬13:14**

5절 - 이기는 자는 이와 같이 흰 옷을 입을 것이요 내가 그 이름을 생명 책에서 반드시 흐리지 아니하고 그 이름을 내 아버지 앞과 그 천사들 앞에서 시인하리라

(6) 약속

① 흰 옷을 입을 것이요 - 예수님의 보혈에 씻음받은 옷으로서 휴거 때 입는 예복이다. **계7:9**

계7장 9절-17절까지는 [아무도 능히 셀 수 없는 큰 무리가 흰 옷을 입고 천상 하나님의 보좌와 어린 양 앞에 서서 자기들을 구원하신 하나님과 어린 양에게 경배하는 모습이다.]

이러한 증거로 [흰 옷을 입을 것]이라는 의미는 구속(몸의 구속으로 휴거 때 살전4:16-17, 고전15:51-52)의 날까지(엡4:30) 구원을 보증하고 있음을 의미한다.

② 이름을 생명책에서 흐리지 않겠다. 구원의 보증 빌4:3; 계21:27; 20:12(20:15,13,8; 17:8)

생명책에 한번 기록된 이름이 지워질 수 있음을 의미하는 것이 아니라 지워지지 않도록 보증하고 있음을 의미한다. 그러므로 영적인 호적인 생명책에 한번 기록되면 절대 지워지지 않는다.
단12:1; 계20:15; 고전5:5

그러므로 한번 기록된 이름에 대한 영생구원이 보증되고 있음을 의미한다. 따라서 주님은 영생구원이 보증되어 있는 사데교회 사자와 성도들에게 책망에서 돌이키라고 권면하시면서 영생의 약속을 상기시키고 있는 것이다. **요3:16-18**

③ 하나님 앞에서 시인하겠다. - 성부와 천사들과 하늘의 총회(히12:23) 앞에서 시인해 주신다고 하신다.

이기는 자는 사람들 앞에서 예수님을 구주로 시인하는 자들이며, 시인하는 자들은 구원받은 자들이며, 그들의 구원을 보증하고 하늘총회 앞에서 시인해 줌으로서 천국입성을 보증해 주신 것이다. 그러므로 사데교회에 약속은 여러 각도에서 성도들의 구원이 확실하게 보증되어 있으므로 회개할 것을 촉구하신 것이다.

결과적으로 사데 교회의 이기는 자들이 휴거되어 천국에 들어가 영생을 누리게 할 것을 약속하신 것이다.

6절 - 귀 있는 자는 성령이 교회들에게 하시는 말씀(교리)을 들을지어다

* 적용적 해석 *
사데 교회 - 12세기에서 16세기까지 교황시대 혹은 종교 개혁시대로부터 메도디스트주의 흥기(興起)까지

* 영적해석 *
위의 교회사적 적용은 그럴듯하지만 성경적 근거가 없고 불분명하다. 그러나 롬15:4과 계3:6의 '교회들'에 의하여 해석되어야 하며 교회

사 전반에 걸쳐 그 시대 시대마다 같은 유형의 교회가 있어 적용되어야 하며, 한 교회 안에도 그러한 요소가 있음으로 현존하는 교회는 하나님의 말씀으로 받아들인다.

6) 빌라델비아 교회에 보내신 사랑의 편지(3:7-13)

빌라델비아의 도시는 사데 동남쪽 약 50km 코가미스 계곡에 접한 소도시였다. 이 도시는 B.C. 2세기경 버가모 왕조의 '앗탈루스 Ⅱ세'(Attalus Ⅱ)가 건립하여 형에 대한 사랑의 표시로 빌라델비아(형을 사랑하는 자)로 명명하였다.

이 도시는 질 좋은 포도주로 유명했었고, 유대인구가 다수를 이루고 있었다. 무시아, 루디아, 브루기아로 이어지는 무역로의 교차점에 위치한 '동방의 관문'으로 상업의 요충지였다.

빌라델비아 교회의 정확한 기원은 알 수 없다. 교회의 위치는 지금 터키령의 '알라 셀'(Allah Shehr ; 하나님의 도시)에 해당되는데 지금도 그곳에는 수천의 신자들이 있다.

7절 - 빌라델비아(형제사랑) **교회의 사자에게 편지하라 거룩하고 진실하사 다윗의 열쇠를 가지신 이 곧 열면 닫을 사람이 없고 닫으면 열 사람이 없는 그가 이르시되**

(1) 주님의 모습 - 거룩하고 진실하사 다윗의 열쇠를 가지신 모습으로 현현하셨다.

① 다윗의 열쇠 - **사22:22; 계3:7; 사22:24; 마1:1; 마22:42; 눅1:32; 롬1:3**

이상의 성경에 의하면 첫째 다윗의 가문과 관계된 혈통에 관계되어 있으며(사22:22; 롬1:3), 둘째로는 최고의 권위와 관계되어 있으며(눅

1:32), 셋째로 왕으로서 다윗 왕의 왕권과 관계되어 있으며(눅1:32), 넷째로 다윗 왕의 왕위와 관계되어 있다. **눅1:32;마22:42;1:1**

이상의 증거에 의하여 예수님께서 만왕의 왕이 되시며 예언의 성취자로서 빌라델비아 교회에 나타나셨다. 바로 이러한 증거는 예수님이 전능하신 섭리자로서 교회를 다스리시고 인류를 통치하시는 만왕의 왕으로서 위엄과 권위, 엄위의 왕이심을 나타낸다.

궁극적으로 천지와(마28:18) 만물과(엡1:22) 음부를(계1:18) 통치하는 주권을 나타낸다.

② 열면 닫을 사람이 없고 닫으면 열 사람이 없는 유일한 절대권세를 가지신 역사의 주인으로서 만왕의 왕이시며, 萬主의 主(딤전6:15; 계17:114;19:16)이심을 나타낸다.

하나님나라 왕국의 통치권을 주장하시는 분이다.

8절 - 볼지어다 내가 네 앞에 열린 문을 두었으되 능히 닫을 사람이 없으리라 내가 네 행위를 아노니 네가 작은 능력을 가지고서도 내 말을 지키며 내 이름을 배반하지(거절하가나, 반대하거나, 포기하지) **아니하였도다**

(2) 칭찬

① 열린 문을 두었다. - 영.육간의 문이나 천국에 들어가는 구원의 문을 나타낸다. **약5:9; 시100:4; 141:3; 렘22:2; 미7:5; 말3:10; 마25:10; 요10:2; 고전16:9; 고후2:12; 창28:17; 계4:1**

*성경에 나타난 문 :

① 하늘에 문 **창28:17; 말3:10** ② 회막 문 **출29:4;33:9**
③ 여호와의 문 **시118:20** ④ 입술의 문 **시141:3;미7:5**
⑤ 소망의 문 **호2:15** ⑥ 좁은 문 **마7:13;눅13:24**
⑦ 천국 문 **마23:13** ⑧ 양의 문 **요10:7,9**

⑨ 복음의 문 **고후2:12** ⑩ 전도할 문 **골4:3**
⑪ 열린 문 **계3:8;4:1** ⑫ 열두 진주 문 **계21:21**
성경에 나타난 이러한 문들을 적용할 수 있다.

② 작은 능력을 가지고도 예수님의 말씀을 지켰다. – 신분, 지위, 자산등 외적 능력이 작은데도 예수님 말씀을 듣고 인내로 지켰다.(눅 8:15)
계1:3; 눅11:28; 계22:7; 시119:158; 마13:23; 딤전4:5; 렘15:16

③ 예수님의 이름을 배반하지 아니하였다. **딤전5:8; 시10:3;55:20; 호13:16; 습1:6; 딛1:14; 딤후4:7; 계2:13**

9절 – 보라 사탄의 회당 곧 자칭 유대인이라 하나 그렇지 아니하고 거짓말 하는 자들 중에서 몇을 네게 주어 그들로 와서 네 발 앞에 절하게 하고 내가 너를 사랑하는 줄을 알게 하리라

(3) 권면

① 거짓말 하는 자들이 와서 네게 절하게 하겠다. 이들은 사탄의 회당(모임,장소)이였으며, 자칭 유대인들로서 거짓말 하는 자들이 돌아와 굴복하게 하실 것이라고 권면하신다. **사60:14;슥8:22**

*거짓말 하는 자들 – **대하18:22,21; 왕상22:23; 딤전4:2; 잠26:28; 시5:6; 요일1:6; 요일2:4, 22**

대하18:21-22 그가 이르되 내가 나가서 거짓말 하는 영이 되어 그 모든 선지자의 입에 있겠나이다 여호와께서 으르시되 너는 꾀겠고 또 이루리라 나가서 그리하라 하셨은즉 / 이제 보소서 여호와께서 거짓말하는 영을 왕의 이 모든 선지자들의 입에 넣으셨고 또

여호와께서 왕에게 대하여 재앙을 를 말씀하셨나이다 하니

② 내가 너를 사랑하는 줄 알게 하리라. 주님께서 피로 세우신 교회와 그 교회에 보내주신 주의 사자를 사랑하시는 줄을 알게할 것이다. **계1:5; 요13:1; 렘31:3**

10절 – 네가 나의 인내의 말씀을 지켰은즉(굳게 잡고 지켜 유지 보존함) **내가 또한 너를 지켜 시험의 때를 면하게 하리니 이는 장차 온 세상에 임하여 땅에 거하는 자들을 시험할 때라**

③ 너를 지켜 시험의 때를 면하게 하리라. "인내의 말씀을 지켰기 때문에"는 구원받은 조건이 아니라 구원받았기 때문에 하나님의 자녀로서 내주하신 성령님이 성도들의 연약함을 도우심으로(롬8:26) 인내의 말씀을 지키는 것이다.

④ 온 세상에 임하여 땅에 거하는 자들을 시험하는 때를 면하게 하신다. 여기 시험의 때는 역사적으로 로마제국의 말발굽 아래에서 당하는 환난이다. 또한 예언적으로는 온 세상에 임하는 시험의 때로서 요한계시록에 적용하면 장차 다가올 7년 심판대환난을 의미한다. 이 시험의 때를 들어가기 전에 들어가지 않도록 면하게 해주신다. 그러므로 교회는 환난 전 휴거이다. **슥13:9; 단12:10, 1; 마24:21**

11절 – 내가 속히 오리니 네가 가진 것을 굳게 잡아 아무나 네 면류관을 빼앗지 못하게 하라

⑤ 네가 가진 것을 굳게 잡으라 – 주님은 속히 오시겠다고 하시면서 빌라델비아 교회의 목회자와 성도들이 주님께 칭찬들었던 내용들을 굳게 잡으라고 권면하신다.

여기 [굳게 잡다]라는 희랍어 동사는 〈κρατέω;크라테오〉로서 그 뜻은 '힘을 쓰다, 붙잡다, 간직하다'라는 뜻이다. 그러므로 칭찬들었던 내용들을 힘을 써 붙잡고 간직하라는 의미이다. **계2:13, 25**

⑥ 네 면류관을 빼앗지 못하게 하라 - 이제까지 교회가 지켜온 믿음을 더욱 지속적으로 공고히 해야 함을 권면하고 있다. 면류관을 빼앗기지 않기 위해서는 절제해야 하며, 법대로 경기해야 하며, 시험을 참아야 하며, 고난을 두려워 말고 지속적으로 죽도록 충성해야 한다.
고전9:25; 딤후2:5; 약1:12; 계2:10

* 관주응용 적용 * ① 인내의 말씀 -
눅8:15; 롬5:3; 15:4; 살후1:4; 3:5; 약1:3, 4; 히10:36

눅 8:15 좋은 땅에 있다는 것은 착하고 좋은 마음으로 말씀을 듣고 지키어 인내로 결실하는 자니라

② 시험의 때 - **딤전6:9; 벧전1:6; 고전10:13; 막14:38; 눅4:13; 11:4; 22:28; 약1:2; 1:12; 벧후2:9**

딤전 6:9 부하려 하는 자들은 시험과 올무와 여러 가지 어리석고 해로운 욕심에 떨어지나니 곧 사람으로 파멸과 멸망에 빠지게 하는 것이라

③ 성도에게 주실 면류관의 종류 - **욥29:14; 시132:18; 잠4:9;14:18;14:24;16:31;17:6**

이상의 면류관은 영원하지 못하며(잠27:24) ㉠고전9:25; 빌4:1 성도인 면류관, ㉡살전2:19 자랑의 면류관, ㉢딤후4:8 의의 면류관, ㉣약1:12; 계2:20 생명의 면류관, ㉤계12:1 별 면류관, ㉥계12:3;19:12 일곱 면류관, ㉦벧전5:4 영광의 면류관, ㉧계4:4;14:14 금 면류관 등이 있다. 이러한 면류관은 천국에서 누리는 최상급의 상급

으로서 주님을 사모하는 모든 자에게 예비되어 있다.

12절 – 이기는 자는 내 하나님의 성전에 기둥이 되게 하리니 그가 결코 나가지 아니하리라 내가 하나님의 이름과 하나님의 성 곧 하늘에서 내 하나님께로부터 내려오는 새 예루살렘의 이름과 나의(예수님) **새 이름을 그이**(기둥 같은 성도) **위에 기록하리라**

(5) 약속

① 내 하나님의 성전에 기둥이 되게 함.

천상 성전에 기둥이 되면 결코 다시 나가지 않는 은총으로서 영생구원과 천국에서 영광을 누리는 약속이다.

② 하나님의 이름과 새 예루살렘의 이름과 나의 새 이름을 이긴 자 위에 기록해 주겠다는 약속이다.

㉠ 성부 하나님의 이름–성경에 이름이 나온 것은 없다.

㉡ 하나님의 성은 하나님께로부터 내려오는 새 예루살렘 성으로서 천국을 상징한다. **계21:9–10**

㉢ 나의 새 이름은 약속하고 계신 예수님의 이름이다.

이런 상징적인 이름들이 예수님의 보혈의 공로로 구원받은 칭찬듣고 있는 빌라델비아 교회 성도들에게 새겨지는 것은 그들이 하나님의 소유된 백성이며. 어린 양의 소속인 것을 의미한다.

계14:1, 3, 4下; 벧전2:9

* [하나님의 '이름'], [새 예루살렘의 '이름'], [나의 새 '이름'] 등 이러한 표현 중에 [이름]은 희랍어 〈ὄνομα;오노마〉라는 용어로 그 의미는 '이

름, 불리우다, 증명'의 뜻으로 성격과 권위를 나타내는 명사 단수이다.

그러므로 하나님의 자녀됨과 어린 양의 신부됨을 예수님 권위로 증명하며 이름을 불러준다는 의미이다.

* [그 위에 기록]함은 무엇인가 - **렘17:1; 잠3: 3;6:21;7:3; 롬2:15**

여기 [기록하다]는 희랍어 동사는 〈γράφω ;그라포〉로서 기본동사로 [새기다]라는 뜻이다. 그러므로 기록한다는 것은 하나님의 이름을 기둥 같은 성도의 마음에 새긴다는 뜻으로 이해할 수 있으며 받는 자 밖에는 알 수 없는 영적인 기록인 것이다.

13절 - 귀 있는 자는 성령이 교회들에게 하시는 말씀을 들을지어다

* 적용적 해석 *

① 빌라델비아 교회 - 프로테스탄트 종교 개혁시대 혹은 19세기 선교시대 혹은 환희에 넘치는 교회라고 한다.

② 적용적 해석 - **고전10:11; 롬15:4**

고전 10:11 그들에게 일어난 이런 일은 본보기가 되고 또한 말세를 만난 우리를 깨우치기 위하여 기록되었느니라

롬 15:4 무엇이든지 전에 기록한 바는 우리의 교훈을 위하여 기록된 것이니 우리로 하여금 인내로 또는 성경의 위로로 소망을 가지게 함이니라

7) 라오디게아 교회에 보내신 사랑의 편지(3:14-22)

라오디게아는 빌라델비아 남동쪽으로 64km 떨어진 프리기아 지방에 있다. 빌라델비아에서 서쪽으로 161km에 에베소가 있다.

라오디게아는 주전 3세기에 셀루시드 왕 안티오쿠스 2세에 의해서 세워졌다. 그의 아내가 라오디스이며 그 이름을 딴 것이다. 라오디게아

는 은행 중심지이고, 섬유 산업, 검은색 모직이 유명했다.

라오디게아는 일곱 도시 중에서 가장 부유한 도시였다. 안약을 제조하는 의과대학이 유명했다. 라오디게아는 로마와 동방을 잇는 두 주요 무역로가 만나는 지점에 위치해 있었다. 해안에 있는 에베소에서 아시아 내륙으로 이어지는 주 도로와 버가모의 주 도로에서 지중해에 이르는 길이 라오디게아를 통과했다.

빌라델비아와 사데를 강타했던 A.D.17년의 지진은 라오디게아도 무너뜨렸다. 다른 도시들이 로마에서 재건 비용을 지원받은 반면에 라오디게아는 자기 힘으로 재건할 만큼 재정이 넉넉했다.

라오디게아는 급수가 원할하지 못했다. 그래서 10km 길이의 수도관을 통해 남쪽으로부터 물을 끌어와 도시에 공급했다. 따라서 라오디게아에 도착할 때 즈음에는 그 물이 미지근해 있었습니다. 이 지역은 석회질이 많은 온천지대이므로 수도관을 통과하면서 물맛이 변질되어 사용할 수 없게 된 것이다.
이 도시는 황제 숭배의 중심지였을 뿐만 아니라 아스클레리우스(치유의 신)와 제우스 신(신들의 수상) 숭배의 중심지이기도 했다.

이 도시에는 유대인들이 많이 살았다.

14절 - 라오디게아(미지근한, 미온적인) **교회의 사자에게 편지하라 아멘이시요 충성되고 참된 증인이시요 하나님의 창조의 근본이신 이가 이르시되**

(1) 예수님의 모습

① 아멘이시오 : 〈ἀμήν;아멘〉 굳건히, 믿을 수 있는, 확실히, 진실

로, 그렇게 되옵소서(감탄사)
고후 1:20 하나님의 약속은 얼마든지 그리스도 안에서 예가 되니 그런즉 그로 말미암아 우리가 아멘 하여 하나님께 영광을 돌리게 되느니라

② 충성되고 : 〈πιστός;피스토스〉 (대상이) 믿을 만한, (주제가) 신실한, 믿는, 신뢰하는, 확신하는, 진실한

민 12:7 내 종 모세와는 그렇지 아니하니 그는 내 온 집에 충성됨이라
히 3:2 그는 자기를 세우신 이에게 신실 하시기를 모세가 하나님의 온 집에서 한 것과 같이 하셨으니(5,6; 계1:5)

③ 참된 증인이시오 : 〈μάρτυς;마르튀스〉 증거, 순교자, 기록. (계1:5; 벧전5:1; 고전15:15; 살전2:10; 행22:15)

아멘이시오 충성되고 참된 증인의 모습은 진실하고 참되신 하나님의 약속에 대한 참된 증인의 모습이다.

④ 하나님의 창조의 근본이신 이 - 위의 성경구절이 이단 자들에 의하여 예수님이 하나님의 창조의 근본이라 하므로 근본을 '시작'이라 해석하여 예수님은 수석으로 피조된 자이며 전능하신 하나님은 아니라고 궤변하므로서 삼위일체 되신 주님의 하나님 되심을 부인하므로 유의해야 한다.

그러면 어떤 의미인가 - 골1:15, 17, 18; 계1:5에 '먼저 나신'은 〈πρωτότοκος; 프로토토코스〉로서 '먼저 태어남'이란 의미인데 성경에는 맏 아들로 롬8:29; 히1:6; 눅2:7, 애굽에서 장자를 멸할 때에 히11:28; 12:23(하늘의 장자들)에게 사용되었으며, '나오니, 낳기 까지'로서 마1:25에 같은 용어로 사용되었다.

이상의 사용된 용어의 경우를 확인하면
첫째, 모든 만물과 비교하여 사용되었으며(골1:15)
둘째, 죽은 자들 가운데서 먼저 나심을 나타내며(골1:18; 계1:5)
셋째, 특별히 예수님의 섭리적인 용어이며(롬8:29; 히1:6; 눅2:7)
넷째, '먼저 나심'은 창조되었다는 의미로 사용된 곳이 없다.
다섯째, 처음 낳거나 처음 창조된 것으로 사용된 곳이 없다.
여섯째, 다음 성경의 증거대로 예수님은 하나님이시므로(요20:28; 롬9:5; 요일5:20; 신6:4) 창조되었다고 해석하는 것은 성자 하나님의 피창조를 주장하는 것이다.
일곱째, 요1:1과 같이 태초에 말씀으로 하나님과 함께 하셨다.

그러므로 [먼저 나신]은 죽은 자 가운데서 먼저 나심이며(골1:18; 계1:5) 계3:1의 [하나님의 창조의 근본]은 하나님의 [창조의 근본]이 아니라 [하나님의 창조의] 근본으로 예수님께서 하나님의 모든 창조의 시작이신 창조주가 되심을 설명하는 것이다. **골1:17; 요1:2-3**

15절 - 내가 네 행위를 아노니 네가 차지도 아니하고 뜨겁지도 아니하도다 네가 차든지 뜨겁든지 하기를 원하노라

(2) 책망 - 이 교회는 사데 교회와 같이 칭찬은 없고 주님이 자신의 모습을 계시하신 후 바로 책망하신다.

16절 - 네가 이같이 미지근하여 뜨겁지도 아니하고 차지도 아니하니 내 입에서 너를 토하여 버리리라(뱉으리라)

① 차든지 뜨겁든지 하라 - 의미는 무엇인가?

계3:15은 19절과 [행위 (수고 ,일; ἔργον)] 의하여 해석되어야 하는데 [찬 것]은 죄와 관계하여 회개함을 의미하며 [뜨겁다]는 것은 [열심을 내라]는 의미인 것이다.

이 두 조건들은 언제나 성도들의 모임인 교회가 구비해야 할 조건이다.

라오디게아 교회는 죄도 자백치 않고 열심도 내지 않고 치부한 세상적 재산 자랑만 하였던 것이다. **계3:19**(잠26:13-15; 겔36:25; 시51:2; 요일1:9; 약5:16; 행19:18; 단9:4,20; 골4:13; 벧전1:22; 히6:11)

17절 - 네가 말하기를 나는 부자라 부요하여 부족한 것이 없다 하나 네 곤고한 것과 가련한 것과 가난한 것과 눈 먼 것과 벌거벗은 것을 알지 못하는 도다(인식하지 못하며 알아차리지도 못하는도다)

② [나는 부자라 부요하여 부족한 것이 없다]고 세상적인 부요만 자랑하고 있는 상태를 책망하심.(단11:2; 눅6:24; 12:21; 시104:24; 롬9:23; 11:33; 골2:22; 약2:5;계2:9)

매우 부유했던 이 도시의 여건에 따라 그 라오디게아 교회 역시 물질적으로 아주 풍족했다. 따라서 그들은 눈으로 볼 수 있고 돈으로 살 수 있는 것들이, 눈에 보이지 않는 영원한 것들보다 훨씬 더 가치있다고 생각했다. 결국 이 교회사자는 세상적 가치를 추구하는 영적으로 가난한 자기의 상태를 알지 못하는 목회자였다.

③ 곤고한(ταλαίπωρος;탈라이포로스 ; 영속적인 시련, 즉 불행한, 곤고한) 것과 가련한 (ἐλεεινός ; 엘레에이노스 ; 측은한, 불쌍한). 세상적인 부요 때문에 그 교회가 직면하고 있는 영적으로 가련한 상태.

④ 가난한 것-믿음이 가난한 상태 **눅12:4; 롬11:33**

⑤ 눈 먼 것-영적인 소경 상태. **요9:40, 41**

⑥ 벌거벗은 것-흰 옷을 입지 못한 영적인 벌거벗은 수치의 상태이다. **계3:4; 7:9, 14;16:15**
이것은 휴거준비가 안된 심각한 상태이다.**롬7:24; 에1:5; 롬2:9; 마5:3; 사42:19; 요9:40, 41; 창3:7**

(3) 경고 - 내 입에서 너를 토하여 버리리라. 역겨운 음식을 토해버린 것처럼 미지근한 영적 상태를 내친다고 경고하신다. 토하여 내는 이유 - 레18:28; 20:22 [더럽히거나](레18:28) 하나님의 모든 법도와 규례를 지키지 아니할 때에 토하여 냄을 받는 것이다.(레20:22) 토하여 냄을 당하는 것은 이방 땅에서 유린당하는 것을 의미함으로 심각한 형벌이나 징계인 것이다.(바벨론 포로)

18절 - 내가 너를(라오디게아) **권하노니 내게서 불로 연단한 금을 사서 부요하게 하고 흰 옷을 사서 입어 벌거벗은 수치를 보이지 않게 하고 안약을 사서 눈에 발라 보게 하라**

(4) 권면

① 불로 연단한 금을 사서 부요하게 하라-시련과 고난의 연단을 통해(벧전1:7;잠17:3) 믿음에 부요하라고 하심 **(눅12:21; 롬11:33; 골2:2; 약2:5; 사48:10; 렘9:7; 슥13:9; 약1:12, 3, 4)**

② 흰 옷을 사서 입으라. - 구속의 옷. 어린 양의 피에 옷을 씻어 희게 한 옷이다. 계7:14; 요일1:7. 이 교회의 사자는 죄 용서도 받지 못하고, 구원도 의심스러운 상태에 있다. 우리가 하나 기억해야 할 일이 있는데 교회 나온다고, 직분을 받았다고, 목회를 한다고 다 구원받

았다고 볼 수 없다는 사실이다. 가룟유다, 시몬(행8장), 한국 교회사적으로는 전도관 박태선씨가 좋은 예가 될 것이다. 그래서 흰 옷을 입지 못함은 아직 구원받지 못한 상태에 있으므로 휴거준비가 안된 상태이다. 이 흰 옷은 공중에서 주님을 만나는 휴거 때 입는 예복과 같다. **계 7:9–10,14.**(사61:10; 64:6; 슥4:3; 창3:31; 갈3:27; 롬13:14)

③ 벌거벗은 수치를 보이지 않게 하라 – 흰 옷을 입어야 수치를 보이지 않는 상태가 된다. **계16:15**
어린 양의 보혈의 공로로 죄를 씻음받지 못한 상태에 있기 때문에 벌거벗은 수치를 보이는 것으로 묘사하고 있다.

④ 안약을 사서 눈에 발라 보게 하라 – **욥10:4;11:20; 시19:8; 전2:14; 사43:8; 엡:18; 잠3:7–8**
성경말씀은 영적인 안약이다 **시19:7.** 마지막 때는 요한계시록 말씀이 안약이다 계1:3;22:10. 마지막 때에 읽고 들어야 할 말씀이기 때문에 계시록 말씀은 우리 영혼의 눈을 치료하는 안약이다. 이 안약을 발라 눈을 떠야 시대의 징조를 보고, 신랑 예수님이 오실 때가 가까왔음을 깨닫고 주님 만날 준비하는 믿음의 삶을 살 수 있다.

19절 – 무릇 내가 사랑하는 자를 책망하여 징계하노니 그러므로 네가 열심을 내라 회개하라

⑤ 열심을 내라. **사9:7; 사59:17; 요2:17; 행18:25**
롬 12:11 부지런하여 게으르지 말고 열심을 품고 주를 섬기라
딛 2:14 그가 우리를 대신하여 자신을 주심은 모든 불법에서 우리를 속량하시고 우리를 깨끗하게 하사 선한 일을 열심히 하는 자기 백성이 되게 하려 하심이라

⑥ 회개하라 – 미지근한 상태에서 회개하고 돌아서라.〈μετανοέω ;메타노에오〉'생각하다, 재고하다, 뉘우치다, 마음을 바꾸다'

히 6:1 그러므로 우리가 그리스도 도의 초보를 버리고 죽은 행실을 회개함 과 하나님께 대한 신앙과 **계2:5; 행11:18**

우리 주님은 사랑하는 자의 잘못을 방관하지 않으시고 사랑 어린 책망과 징계로 인도하신다. **히12:5-11**

이제 라오디게아 교회 사자와 성도들은 주님의 사랑의 권면을 수용하고 열심도 없고 회개함도 없는 미지근한 상태에서 돌아서야 한다.

20절 – 볼지어다 내가 문 밖에 서서 두드리노니 누구든지 내 음성을 듣고 문을 열면 내가 그에게로 들어가 그로 더불어 먹고 그는 나와 더불어 먹으리라

⑦ 내 음성을 들으라. 양의 생명은 목자의 음성을 듣는 것이다. 구원으로 인도하시는 목자이다. 이 목자의 음성을 듣고 따라갈 때에 구원의 문으로 들어갈 수 있다. 주님은 사데 교회처럼 구원도 의심스러운 이 교회에 목자에게 음성을 들으라고 말씀하시는 것이다.(욥37:2; 창3:8; 출19:19; 겔1:24; 요3:29; 요5:25; 요10:4, 27; 계1:10)

마지막 때는 거짓 선지자, 거짓 사도들이 나타나 예수이름으로 많은 인간의 이론을 복음으로 가장해서 다른 복음을 전하는 시대이다. 세상의 과학적이고 논리적인 사람의 소리가 난무하는 시대이다. 그러므로 구원받은 성도들은 우리를 구원하신 목자의 음성, 속히 오실 우리 신랑 예수님의 말씀에 귀를 기울이지 않으면 안되는 시대임을 깨닫고 기도와 말씀의 두 날개로 비상해야 한다.

⑧ 문을 열어라.

문이란 무엇인가? - **행16:14; 행14:27; 시118:19**

행 16:14 두아디라 시의 자색옷감 장사로서 하나님을 섬기는 루디아라 하는 한 여자가 말을 듣고 있을 때 주께서 그 마음을 열어 바울의 말을 청종하게 하신지라

마음의 문이 열려야 말씀이 들어오고, 말씀은 빛이기 때문에 말씀이 들어 와야 내 영혼의 어둠이 사라지고, 시대의 징조를 보며 주님 만날 준비하는 믿음으로 살아갈 수 있다.

시119:15; 사8:20; 요122:36; 잠4:19

마음의 문이 열려야 하늘 문이 열리고 하늘이 열려야 사도요한처럼 곧 오실 주님을 볼 수 있다. **눅3:21, 22**

21절 - 이기는 그에게는 내가 내 보좌(천년 메시야 왕국의)**에 함께 앉게 하여 주기를 내가 이기고 아버지 보좌에 함께 앉은 것과 같이 하리라**

(5) 주님의 약속 - 주님 보좌에 함께 앉게하여 주심. **시89:14; 마19:28; 계20:4**

이 약속은 천년 메시야 왕국때 주님과 더불어 왕노릇할 것에 대한 약속이다. **계5:10;20:4-6; 눅22:28-30; 롬8:17; 딤후2:12**

이 약속은 주님이 구속사를 성취하시고 승천하여 하나님 우편에 앉으신 것 같은(막16:19) 축복이다.

22절 - 귀 있는 자들은 성령이 교회들에게 하시는 말씀을 들을지어다

* 적용적 해석 라오디게아 교회 - 현대로부터 주님 재림 때까지

* 적용적 해석 – **계3:22; 롬15:4; 고전10:6; 고전10:11**

계 3:22 귀 있는 자는 성령이 교회들에게 하시는 말씀을 들을지어다
롬 15:4 무엇이든지 전에 기록한 바는 우리의 교훈을 위하여 기록된 것이니 우리로 하여금 인내로 또는 성경의 위로로 소망을 가지게 함이니라
고전 10:6 이러한 일은 우리의 본보기가 되어 우리로 하여금 그들이 악을 즐겨 한 것 같이 즐겨하는 자가 되지 않게 하려 함이니
고전 10:11 그들에게 일어난 이런 일은 본보기가 되고 또한 말세를 만난 우리를 깨우치기 위하여 기록되었느니라

4장 영광의 천국보좌와 제합창

이후에 될 인류역사를 주관하시는 천상본부의 모습과 역사의 주인이신 왕의 모습을 계시해 주고 있다.

4장 이후 장차 될 사건들은 왕이 주관하시는 역사적인 일들로 반드시 분명하게 확실히 이루어질 사건임을 확증해 주시는 의미이다.

1) 보좌에 앉으신 성부(4:1-3)

영계의 광경을 요한이 성령님의 감동으로 보고 있다.

1절 – (요한이 감동된 영적 상태)**이 일 후에**(일곱 별의 비밀과 일곱 금촛대 계시 1절 - 후에 - 다음의 계시 광경을 보여주실 때 사용, 7:1,9;15:5;18:1;19:1) **내가 보니 하늘에 열린 문이 있는데 내가 들은 바 처음에 내게**(1:1-3:22의 계시사건을 보여주신 주님)**말하던 나팔 소리 같은 그 음성이 이르되 이리로 올라오라** (일시적인 동작을 나타내는 부.과.명.능.2.단.동사이다. 이 경우 교회가 올라가는 것이 아니라 요한에게 일시적인 행동이 명령된 것이며 요한은 2절에 올라가지 않고 성령님의 감동을 받고 보좌를 보게 된다) **이 후에 마땅히** (계4:2;2 이하 22:5까지 전체를 의미) **일어날 일들을 내가 네게 보이리라**(미래능동태 3인칭단수동사. 미래적인 사건을 보여 주겠다는 뜻이다) **하시더라**

(1) 하늘에 열린 문 : [장차 일어날 일]을 창세 전에 계획하신 왕의 뜻대로 섭리하실 준비가 완료되었음을 하늘문을 열어 보여주신 것이다. 하늘은 본서에 단수로 52회, 복수로 1회 사용되었는데 하나님의 거하시는 영원한 처소를 상징적으로 나타내고 있다.

다가올 미래의 사건들은 비밀과 같은 것이기 때문에 하늘문을 열어 보여 주시지 않으면 알 수가 없다. 하늘문을 열어 요한에게 장차 될 계시의 사건들을 보여 주신 것은 택자들에게 미리 징조를 주시고 대비하게 하시는 하나님의 사랑의 마음이다.

① 환상을 본 때 : 이 일 후에. 2장, 3장의 일곱 교회 서신사건 이후에. 이런 표현들은 본서에 5회 나온다. 계4:1;7:1;7:9;18:1;19:1 등 이런 의미는 요한계시록 말씀이 장차(미래) 될 일로서 순서적 사건이라는 것을 나타낸다. 계9:13;11:14 이 말씀에 의하여 분명하다.

② 환상을 보여준 목적 - 이 후에 마땅히 될 일. 이 후에 될 일은 절대 주권자로서 보좌에 앉으신 왕의 의지에 따라 반드시 일어날 다가올 미래의 사건들이다. 요한은 우연적이고 막연한 사건들에 대하여 기록한 것이 아니고 필연적으로 일어날 미래사건들에 대하여 보고 기록하고 있다.

그러므로 계1:14:1 인용된 성경이 계시록으로 하여금 예언서(계1:3;22:7, 10, 18, 19)로 확증하는 표현으로 계시록의 7교회 뿐만 아니라 7교회는 모든 교회사에 나타날 예언적 교회이며 4:1 이하도 앞으로 성취될 예언을 의미하고 있다.

③ 내가 보니 - 요한이 감동된 영적 상태에서 보고 있음을 의미한다. 천상으로 올라간 것이 아니라 성령님의 감동으로 눈이 열리고 귀가 열려 하늘에 열린 광경을 듣고, 보고 기록하고 있는 것이다.

④ 열린 문에서 처음 자기에게 말씀하시던 나팔소리 같은 음성을 들었다. 이 음성은 주의 날에 밧모섬에서 성령님의 감동으로 들었던 나팔소리 같은 음성이었다 **계1:9-10.** 이것은 네 본 것과 이제 있는 일의 사건을 보여주신 분이, 4장 이후 장차 될 일을 보여 주신 주체, 미래 역사를 이끌어 갈 주체가 동일한 분인 것을 나타난다.

⑤ 음성의 내용은 '이리 올라 오라'는 소리였다.(1절 본문 주해 참고) 처음 음성은 '이제 있는 일'(1:19)로서 7교회에 본 것을 써서 보내라는 음성이 있었고, 본절의 음성은 '장차 될 일'을 보여 주시는 음성이었다.

4장의 이슈 교회의 영광스런 휴거의 근거를 요한이 들은 "이리 올라 오라"는 음성에 근거를 두고 말하지만 이것은 해석을 잘못한 부분이다.

그 이유는 사도요한 개인에게 일시적인 행동이 명령된 원어의 문법(본절 의미해석 참고)에서 분명하고 또 한가지 사실은 부활과 변화의 신령체(예수님의 부활의 상태)로 휴거되는(들림) 것인데, 요한은 지금 감동받아 육체는 밧모섬에 있고 올라갔다면(올라가지 않고 영안이 열려 보고 있지만, 휴거를 주장하는 분들의 문자적 이해대로) 영이 올라간 것인데 이러한 상태의 휴거는 성경의 근거가 없을 뿐만 아니라, 많은 인간적 이론을 추론할 수 있는 아주 위험한 발상이 되는 것이다.

영으로 올라가는 것이기 때문에 몇 번씩 휴거를 말할 수 있게 되는 것이다. 휴거나 변화, 부활의 의미를 영으로 말하게 됨으로 휴거(부활, 변화)의 개념을 왜곡시킬 위험성이 농후한 것이다.

그러므로 본 구절이 4장의 교회휴거의 근거가 되는 본문이 아니다.

오해가 없기를 바란다.

2절 - 내가 곧 성령에 감동되었더니 보라 하늘에(단수) 보좌를(단수) 베풀었고 그 보좌 위에 앉으신 이가 있는데

(2) 보좌에 앉으신 왕의 모습

① 요한은 성령님의 감동으로 보좌에 앉으신 이의 모습을 본다. (사 6:1) 이 보좌는 성도들의 신앙고백인 사도신경 안에 언급된 성부 하나

님의 보좌이다.

이 보좌에 앉아 계신 왕께서 과거역사를 다스려 오셨고 미래역사 즉 장차 될 일을 섭리하실 우리 하나님 아버지이시다.

역사의 알파와 오메가 되신 왕이시다. 현재도 보좌에 앉으셔서 역사를 주관하시는 하나님께서 장차 될 대 종말에 있을 최종적 심판 역시 그 보좌 위에서 주관하실 것임을 분명히 계시하는 것이다.

* 감동신앙 – 마지막 때의 진정한 예수신앙은 육감적인 요란한 모습이 아니라 진지하게 예언의 말씀을 읽고 들을 때, 성령님이 교회들에게 또한 성도들에게 들려주시는 말씀을 지키는 것이다.**창41:38; 출35:34; 스1:5; 눅2:27; 계1:10**

② 보좌의 특징 : 영광의 보좌 **마25:31**, 통치의 보좌 **눅22:30**, 위엄의 보좌, **히8:1**, 영원한 보좌 **히1:8**; **시45:6**, 은혜의 보좌, 거룩한 보좌 **시47:8**, 견고한 보좌 **시93:2**, 영화로운 보좌 **렘17:12**, 흰 보좌 **계20:11**. 이 보좌는 성부 하나님의 보좌이다.

3절 – 앉으신 이의(보좌에 앉으신이) **모양이 벽옥**(영광, 거룩함, 영원불변, 순결성)**과 홍보석**(공의) **같고 또 무지개**(약속)**가 있어 보좌에 둘렸는데 그 모양이 녹보석**(자비, 은혜) **같더라**

③ 보좌에 앉으신 이의 모양 – 여기 [모양]이라는 헬라어 용어는 〈ὅρασις;오라시스〉로서 [영감된 모습]을 의미한다. 이러한 원어의 의미가 주는 교훈은 감동신앙의 중요성을 증거해 주고 있다. 마지막 때 세속화와 혼합주의와 그리고 도덕적 부패로 교회들이 흔들리고 있을 때, 감동신앙으로 영감된(영이신) 하나님과 교제 안에서만, 세상에 좌

우되지 않는 기름준비된 사도요한 같은 정결한 신부들이 될 수 있다.

㉠ 성부 하나님의 모습은 보석의 이미지로 설명되고 있다. 벽옥 모습, 홍보석 모습, 녹보석 모습(본문에 단어의미 참고)
가장 영광스러운 하나님께서 진정한 경배와 경외의 대상이 되심을 가르쳐 준다. (겔1:26-28)

㉡ 무지개가 보좌에 둘려있다 - 무지개는 성경 언약의 불변성, 신실성을 상징한다. 우리의 왕이신 하나님의 모습은 영원불멸하시며 공의롭고 자비로우시며 그리고 약속에 신실하신 모습을 보여 주신다. 하나님은 언약에 신실하신 분이시다. 그러므로 하님께서 무질서 하게 일하지 않으시고 백성들과 언약을 맺으시고 그 언약대로 반드시 이루어 가신다.

그러므로 장차 될 일은 반드시, 속히 될 일이다.(언약의 신실성, 불변성) 이제 우리를 데리러 오신다는 주님의 약속을 가슴에 새기며 소망 중에 인내하며 우리의 달려 갈 사명의 길을 힘있게 경주해야 한다.
(롬5:3-4; 행24:15; 딤후4:7; 행20:4)

4절 - 또 보좌에 둘려 이십사 보좌들이 있고 그 보좌들 위에 이십사 장로들이 흰 옷(계7:9,13;3:4)**을 입고 머리에 금관을 쓰고 앉았더라**

(3) 24보좌에 앉은 장로들의 모습

24장로는 24보좌에 앉아 있는데 왕 같은 제사장의 권세를 의미(벧전 2:9)하고, 온 땅에서 구속함 받은 성도들을 대표한다. 이스라엘의 12지파(계21:14), 신약의 12사도(계21:14)로서 구원받은 성도들의 대표이다. **계7:9**

막연한 천상적 실존이 아니라 24장로들은 흰 옷을 입고 금관을 쓰고 앉아 있기 때문이다. 흰 옷과 면류관은 지상에서 구원받은 성도들이 입는 옷이고, 지상에서 충성한 성도들의 상급이기 때문에 천상적 실존들과는 관계가 없다.

① 흰 옷을 입고 - 롬13:14(예수 그리스도의 옷); 사61:3(찬송의 옷),10(구원의 옷); 계7:14(어린 양의 피에 씻은 옷.계7:9,13;3:4=흰옷)

② [금]의 영적의미 - 시19:9-10(여호와를 경외하는 도,119:127) 주의 계명); 잠16:16(지혜를 얻는 것); 딤후2:20(그릇); 벧전1:7(시련의 불로 연단된 믿음)

* 관주응용

① 면류관의 의미 : 〈στέφανος ;스테파노스〉로서 "화관"이란 의미인데 영광과 영예의 상징으로 다시오실 우리 주님이 최후 승리자에게 주는 면류관이다(벧전1:7).

벧전 1:7 너희 믿음의 확실함은 불로 연단하여도 없어질 금보다 더 귀하여 예수 그리스도께서 나타나실 때에 칭찬과 영광과 존귀를 얻게 할 것이니라

② 면류관을 받는 조건들 - 잠4:8-9(그를 높이고 품을 때); 14:18(지식이 면류관); 사28:5(남은 백성); 빌4:1(주안에 서 있는 자); 딤후4:7-8(선한 싸움,달려갈 길, 믿음을 지킴); 약1:12(시험을 참는 자); 벧전5:2-4(하나님의 양 무리를 치는 자); 계2:10(죽도록 충성하는 자)

5절 - 보좌(단)로부터 번개와 음성과 우렛소리가 나고 보좌 앞에 켠 등불 일곱이 있으니 이는 하나님의 일곱 영이라

(4) 보좌로부터 번개, 음성과 보좌 앞 7등불 켠 것을 보게 된다.

① 단수 보좌로부터 번개와 음성과 우렛소리가 나고 – 이것은 하나님의 심판의 도구(시18:12–14; 삼하22:15; 시144:6)이며, 징벌의 도구이다.(욥36:30–31)

㉠ 번개 의미 – 렘10:13(비를 내리게); 삼하22:15(번개로 파하심); 시18:14(=),97:4(세계를 비춤); 144:6(대적을 흩으심); 슥9:14; 계8:5;11:19 하나님의 심판을 상징.

㉡ 음성에 관한 영해 – 신4:36(교훈하시는 음성); 삼하22:14 (지존자의 음성); 욥37:4(위엄의 음성); 시18:13(지존자의 음성); 요10:3(양이 듣는 음성); 계12:10(하늘에 큰 음성)

㉢ 뇌성에 관한 영해 – 출9:23(하나님께서 뇌성과 우박을 애굽 땅에 보냄); 삼하22:14(여호와가 뇌성을 발하심); 시81:7(뇌성의 은은한 곳에서 응답); 계14:2(거문고 타는자들의 거문고 타는 것 같은)

이런 광경들은 하나님이 임재하실 때 나타나는 현상으로 하나님의 위엄과 능력을 상징한다.

② 하나님의 일곱 등불 켠 것이 있는데 이는 하나님의 일곱 영이라 – 계1:4;4:5;5:6; 딤3:6; 출25:31,32; 민8:2; 슥4:2 이상의 성경에 의하면 '일곱 영'은 구약 성막 안에 있던 등대의 등불이 한 줄기에서 6가지 등불빛을 내므로 7등불이 된다. 사 11:2

이와 같이 상징된 것은 성령님의 완전하신 사역과 거룩하신 사역과 심판적 사역(막3:29; 마12:31; 눅12:10), 구원사역(요3:3–7; 고전12:3),전도사역(요15:26; 롬15:18; 고전2:4)등 전능사역과 완전사역으로 세상을 조명하시는 보혜사 성령님의 속성을 상징한다.

6절 - 보좌 앞에 수정 같은 유리바다가 있고 보좌 가운데와 보좌 주위에 네 생물이 있는데 앞뒤에 눈들이 가득하더라

2) 보좌 앞에 수정 같은 유리바다가 있고 네 생물이 있음.

(1) 수정 같은 유리바다가 있고 - 장엄하고 아름다운 천국의 광경이다. **겔1:22**

(2) 보좌 주위에 네 생물이 있는데 눈이 가득함 - 네 생물은 영계에서 하나님을 수행하며 수종드는 그룹이요 영물로서 천상실존들이다.
사6:2; 겔1:5-25;10:1-10; 시99:1; 사37:16

상징적으로는 어린 양의 사역을 나타낸다.
앞 뒤에 눈들이 가득한 모습은 네 생물의 무한한 지적 능력과 통찰력을 나타낸다.

7절 - 그 첫째 생물은 사자 같고 그 둘째 생물은 송아지 같고 그 셋째 생물은 얼굴이 사람 같고 그 넷째 생물은 날아가는 독수리 같은데

(3) 네 생물의 모습은 천상실존들이 천국에서 하나님을 섬기는 자세이다 (계4:9;5:14;19:4).
이 모습은 2-3장에서 보여준 혼합주의와 세속화와 도덕적 부패로 오염되어 있는 지상성도들의 자세와는 판이하게 다르다.

① 첫째 생물은 사자 같고 - 용맹성

② 둘째 생물은 송아지 같고 - 헌신, 충성심

③ 셋째 생물은 사람 같고 - 지성

④ 넷째 생물은 날아가는 독수리 같다 - 신속성

* 관주의 응용 -

네 생물에 대한 것은 어떤 특정한 의미해석을 문맥 가운데 하고 있지 아니함으로 해석이 어려운 것이나 분명한 것은 영적 의미가 있다는 것이다.

① 네 생물의 계시적 증거 - **겔1:10; 10:14-15,20; 계4:7**

생물들은 천상에서 여호와를 호위하는 영적 실존이다(시99:1; 사37:16).

② 네 생물의 사역 - **겔1:12; 계4:8,9; 5:10; 6:1; 19:4**

겔 1:12 영이 어떤 쪽으로 가면 그 생물들도 그대로 가되 돌이키지 아니하고 일제히 앞으로 곧게 행하며

계 19:4 또 이십사 장로와 네 생물이 엎드려 보좌에 앉으신 하나님께 경배하여 이르되 아멘 할렐루야 하니

③ 어린 양과 장로와 천상성도와의 관계 - **계 5:6, 8, 11, 15:7**

계 5:6 내가 또 보니 보좌와 네 생물과 장로들 사이에 한 어린 양이 서있는데 일찍이 죽임을 당한 것 같더라 그에게 일곱 뿔과 일곱 눈이 있으니 이 눈은 온 땅에 보내 심을 받은 하나님의 일곱 영이더라

계 5:8 그 두루마리를 취하시매 네 생물과 이십 사 장로들이 그 어린 양 앞에 엎드려 각각 거문고와 향이 가득한 금 대접을 가졌으니 이 향은 성도의 기도들이라

④ 생물과 그룹과의 관계 - **겔10;20; 출25:20; 시18:20;80:1; 겔10:8;28:14; 히9:5**

겔10:20 그것은 내가 그발 강가에서 보던 이스라엘 하나님 아래에 있던 생물이라 그들이 그룹인 줄을 내가 아니라

출25:20 그룹들은 그 날개를 높이 펴서 그 날개로 속죄소를 덮으며 그 얼굴을 서로 대하여 속죄소를 향하게 하고

* 영적 해석 *

① 첫째 사자의 – **창49:9; 시7:2;22:13; 잠20:2; 암3:8; 계5:5**

창 49:9 유다는 사자 새끼로다 내 아들아 너는 움킨 것을 찢고 올라갔도다 그가 엎드리고 웅크림이 수사자 같고 암사자 같으니 누가 그를 범할 수 있으랴. 죄로 파괴하고 사탄을 멸하신 사자같은 모습.

② 송아지의 영적 의미 – **레4:20;9:2; 고전9:9; 출22:30; 민7:29; 15:3**(속죄 희생제물)

레 4:20 그 송아지를 속죄제의 수송아지에게 한 것같이 할지며 제사장이 그것으로 회중을 위하여 속죄한즉 그들이 사함을 받으리라

③ 사람에 관한 영적 의미 – **단10:16; 마8:20; 20:28(행7:56)**

단 10:16 인자와 같은 이가 있어 내 입술을 만진지라 내가 곧 입을 열어 내 앞에 서있는 자에게 말하여 이르되 내 주여 이 환상으로 말미암아 근심이 내게 더하므로 내가 힘이 없어졌나이다

④ 독수리의 영적의미 – **출19:4; 신32:11**

출 19:4 내가 애굽 사람에게 어떻게 행하였음과 내가 어떻게 독수리 날개로 너희를 업어 내게로 인도하였음을 너희가 보았느니라

* 적용적 해석 – 전통적인 4생물에 관한 교훈은 해석보다는 적용적 의미 적용에 치중해 왔다. 구체적으로 설명한다면 사자 모양의 생물은 마태복음에 나타난 다윗의 사자의 왕통으로 초림하신 왕 되신 예수님의 모습으로, 둘째 생물인 송아지는 마가복음에 나타난 속죄의 희생으로 십자가에 달리신 예수님의 모습으로, 셋째 생물인 사람모양은 누가복음에 나타난 인자 되신 예수님을 상징하고, 넷째 생물인 독수리는 요한복음에 나타난 그의 택하신 백성을 양육하시는 선지자 되심의 모습

으로 적용하는 예이다.

그러나 이러한 적용은 해석으로 타당한 이유가 불확실하나 유익한 적용인 것은 사실이다.

본 필자의 견해로는 4생물은 요한의 눈에 보여진 것으로 영적 의미가 내포되어 있음으로 4형상으로 표현된 것이며 실제로는 영계에서 하나님을 수행하며 수종드는 그룹 영물이 실존하는 것이며(겔5:14), 이 4생물은 천상에서 하나님을 봉사하는 모습에서(8절) 각각 예수님의 사역을 나타내는 상징이며 실존들인 것이다.

8절 - 네 생물은 각각 여섯 날개를 가졌고 그 안과 주위에 눈이 가득하더라 그들이(4생물) **밤낮 쉬지 않고 이르기를 거룩하다 거룩하다 거룩하다 주 하나님 곧 전능하신 이여 전에도 계셨고 이제도 계시고 장차 오실**〈ἔρχομαι ;엘코마이오다, 나타나다, 동반하다〉 **이시라 하고** (살전4:16-17)

⑤ 네 생물의 모습 : 각각 여섯 날개가 있고 그 안과 주위에 눈이 가득한 모습이다.

여섯 날개가 있고, 안과 주위에 눈이 가득한 모습이었다.

첫째, 여섯 날개는 제한 없이 온 세상을 날 수 있는 기능으로 장차 오실 우리 주님의 편재성과 보호성을 나타내며(시18:10; 삼하22:11; 시17:8;139:9; 룻2:12; 사8:8)

둘째, 안과 주위에 눈이 가득함은 - 안과 주위는 영적 세상과 육적 세상을 상징하며, 눈이 가득함은 통찰력으로서 장차 오실 우리 주님이 영계와 육계를 섭리하시는 전능자이심을 상징한다.(8절)

그러므로 여섯 날개가 있고 안과 주위에 눈이 가득한 4생물의 모습에서 육계와 영계의 온세상을 섭리하시는 만주의 주, 만왕의 왕, 심판의 주로서 편재하시고 전능하신 주님의 장차 오심의 사역을 나타낸다.

⑥ 네 생물의 사역

㉠ 밤 낮 쉬지 않음 - 성실하고 신실하게 하나님을 섬긴다. 7교회의 지상성도들과 대조되는 자세이다.

㉡ 거룩하신 주 하나님을 찬양한다. - 전능하신 역사의 주인이요 역사의 왕으로서 장차 오실 거룩하신 성자 주 하나님을 찬양한다.(1:8 해석 참조)

9절 - 그 생물들이 보좌에 앉으사 세세토록(영원히 끝없이) **살아계시는 이에게**(하나님) **영광과 존귀와 감사를 돌릴 때에**

㉢ 찬양의 내용 - 영원히 끝없이 사시는 성부 하나님께 영광과 존귀와 감사를 돌렸다. 이것은 피조물들의 마땅한 본분이다.

특히 계시록에서는 하나님의 택한 백성은 어떤 경우에도 하나님께 영광을 돌리는 모습으로 나타나고, 멸망자들은 영광을 돌리지 아니하는 모습으로 나타난다. (계11:13; 16:9)

10절 - 이십사 장로들이 보좌에 앉으신 이 앞에 엎드려 세세토록 살아계시는 이에게 경배하고 자기의 관을 보좌 앞에 던지며 가로되

3) 24장로들의 경배

(1) 24장로들의 자세

① 엎드려 세세에 사시는 하나님께 경배하고(경배의 대상) - 엎

드려 경배하는 자세는 만물의 으뜸으로 지음받은 하나님의 형상을 닮은 인간만이 가질 수 있는 경외의 표현이다. 이로서 피조인간됨을 고백하는 것이다. 그런데 인간이 경배의 대상이 된다는 것은 타락의 극치를 보이고 영적 음행의 깊이를 보이는 것이며, 배도의 모습이다.(롬 1:21,23; 살후2:3-4)

② 면류관을 보좌에 던짐은, 구원의 궁극적 목적은 하나님의 영광에 있음을 의미하고 있다. 그러므로 구원받은 하나님의 자녀들이 찬양으로 하나님께 영광을 돌리고 영계의 모든 피조물도 경배로 하나님께 영광돌리는 광경을 4장에서 강조하여 계시하고 있다.(11절 상)

11절 - 우리(24장로 포함 모든 성도) **주 하나님이여 영광과 존귀와 능력을 받으시는 것이 합당하오니 주께서 만물을 지으신 지라 만물이 주의 뜻대로 있었고 또 지으심을 받았나이다 하더라**

③ 만물을 지으신 하나님 : 영광과 존귀와 능력을 받으시기에 합당하신 주 하나님은 만물을 지으신 분이시다. 친히 손으로 지으신 피조세계를 유지 보존하시는 섭리자이시다. 우리가 이 절대 지존자 앞에 설 때 면류관을 보좌에 던질 수밖에 없는 이유가 여기에 있다.

*만물창조 - **창1:1; 시51:10;102:18;104:30; 사40:26**
(40:28;41:20;42:5;45:8); 암4:13; 요1:3; 골1:16; 사43:15)

4장의 키워드-보좌에 좌정하신 하나님은 역사의 주인이시며, 역사의 왕으로서 진정한 경배의 대상임을 교훈한다. 천국에서 펼쳐지는 네 생물들의 천상경배와 천상예배 광경이 대표적 모습이다.

5장 성부의 오른손에 일곱 인봉된 책

보좌에 앉으신 이의 오른손에 일곱 인봉된 책이 있고 인을 떼어 펼치기에 합당한 분이 없어 요한이 울고 있을 때 유다지파 사자 다윗의 뿌리시며, 이긴 자이신 어린 양이(요1:29,36) 인을 뗄 것이라는 한 장로의 음성을 듣고, 보좌와 네 생물과 장로들 사이에 선 그 어린 양을 보는 영화로운 광경이 기록되어 있다.

1) 성부의 오른손에 일곱 인봉된 책(1-4)

1절 - 내가 보매 보좌에 앉으신 이의(성부 하나님) **오른손에 두루마리** 〈 βιβλίον ;비블리온 ;두루마리 책. 단수〉**가 있으니 안팎으로 썼고 일곱 인으로 봉하였더라**

(1) 인봉된 책 : 이 인봉이 떼어지고 이 책이 열려야 7인, 7나팔, 7대접의 장차 될 사건들이 펼쳐지게 된다. 그런데 이 책을 펼치기에 합당하신 분은 역사의 알파와 오메가이신 역사의 왕, 어린 양 외에는 없다.

성경은 일관성 있게 [구원얻을 만한 다른 이름을 우리에게 주신 일이 없다]고 증거하고 있다. 어린 양 예수님만이 인류 구속의 종결자이시다.

요한계시록은 성경66권 중 마지막 책으로 인류구속의 결론을 내려주는 측면이 있다. 이스라엘이 완악한 동안 이방인들의 구원받은 총수의 구속의(행13:46,48; 롬11:26) 종결과 이방인들이 구원받는 동안 완악했던 이스라엘의 구속을 결론 내려주는 구속종결의 계시이다.

① 성부 하나님의 오른손에 들려 있다.

② 책이 인봉되어 있다. – 이 책에 기록된대로 장차 될 미래의 사건들이 전개될 것이다. 하나님은 택자를 구원하고 악인들을 심판하는데 문서화된 분명한 근거에 따라 구원과 심판을 베푸시는 공의의 하나님이시다. 그러므로 어떤 인간도, 피조물도 핑계할 수 없는 것이다.
요15;22; 롬1:20,2:1

③ 7인으로 봉해져 있다 – 아무나 공개할 수 없는 비밀이다. 하늘과 땅 어디에도 봉해진 책을 공개할 수 있는 적임자는 없다.

2절 – 또 보매 힘있는 천사가 큰 음성으로 외치기를 누가 그 두루마리를 펴며 그 인을 떼기에 합당하냐(적합한 자) **하나**

(2) 천사의 선언 – 힘있고 큰 음성으로 외친다. 이는 천사들이나 권세자들이나 현재 일이나 장래 일이나 능력이나 높음이나 깊음이나 우주 안에 있는 모든 피조물이 들어야 할 선언이다.

① 누가 두루마리를 펴며, 누가 인을 떼기에 합당한 자냐 – 하나님은 직접 인을 뗄 수도 있으시지만 이 두루마리를 펼칠 중보자를 원하신다.

3절 – 하늘 위에나 땅 위에나 땅 아래에 능히 그 두루마리를 펴거나 보거나 할 자가 없더라

② 누가 두루마리를 볼 수 있냐 – 적임자

③ 하늘 위에나 땅 위에나 땅 아래도 적합한 자가 없다 – 오직 우리 주 어린 양 외에는 인간의 구원을 종결할 자가 없음을 증거하고 있다.

4절 – 그 두루마리를 펴거나 보거나 하기에 합당한 자가 보이지 아니 하기로 내가 (요한) **크게 울었더니**〈κλαίω ;클라이오 ;흐느껴울다〉

(3) 요한이 흐느껴 울었다 - 이 일곱 인봉된 두루마리를 펴거나 보거나 하기에 적임자가 보이지 않아 흐느껴 울고 있는 것이다.

이 두루마리를 열어야 장차 될 일이 펼쳐지고 속죄함받은 성도들의 몸의 구속이 종결되고 악인들의 심판이 종결되기 때문이다.

2) 어린 양의 두루마리 인수하심과 만물들의 영광의 찬양과 경배(5:5-14)

5절 - 장로 중에 한 사람이 내게 말하되 울지 말라 유대 지파의 사자 다윗의 뿌리가 이겼으니 그 두루마리와 그 일곱 인을 떼시리라 하더라

(1) 어린 양이 두루마리를 인수하심(5-7)

① 장로의 대답 - 장로 중에 하나가 요한에게 울지 말라고 권면하면서 인을 떼시기에 적합자를 소개한다.

㉠ 유대지파 사자 다윗의 뿌리. 12지파 중 유다지파 출신으로 구약예언 성취자를 나타낸다.**창49:9; 사11:1**

㉡ 이겼다 - 이긴 것은 부정과거 시제로 단번으로 결정적 승리를 의미한다. 십자가에서 죽으시고, 부활을 통한 우리 주님의 영원한 승리를 나타낸다. **계3:21;2:26,27; 엡1:22;요16:33**

*성경에서 이겨야 할 5대 대상

① 죄 **고전15:56-57.** ② 마귀 **골2:14-15.**

③ 세상 **요16:33; 요일2:16.** ④ 음부의 권세 **마16:18.**

⑤ 사망 **마28:6; 고전15:15-57.**

이 다섯 가지 대상을 이겨야 이긴 자가 되어 하나님의 오른손에 있는 인봉된 책을 뗄 수 있다. 신천지에서는 이씨가 인을 떼는 자라고 왜곡하고 있지만 해아래 어떤 인간도 죄 하나 이길 수 없는 죄인에 불과하다.

6절 - 내가 또 보니 보좌와 네 생물과 장로들 사이에 한 어린 양이 서있는데 일찍이 죽임을 당한 것 같더라 일곱 뿔과 일곱 눈이 있으니 이 눈들은 온 땅에 보내심을 받은 하나님의 일곱 영이더라

㉢ 책을 펴고, 일곱 인봉 뗄 자의 자격 - 유대지파의 사자, 다윗의 뿌리, 이긴 자, 죽임을 당한 자, 일곱 뿔 가진 자, 일곱 눈을 가지신 자이다. (일곱 뿔은 어린 양의 완전한 능력과 권세 상징)
*뿔의 의미 - **시18:2; 75:5, 10; 눅1:69; 시132:17**

② 일곱 눈은 하나님의 일곱 영이다 : 성령님의 속성과 사역성. 계 4:5 주해 참고

7절 - 그 어린 양이 나아와서 보좌에 앉으신 이의 오른손에서 두루마리를 취하시니라

③ 어린 양이 두루마리를 인수하심 - 어린 양이 나아가 두루마리를 완전히 취하셨다. 이는 어린 양이 심판권을 인수하신 사실(요 5:22,27;17:2; 행10:42; 딤후4:1)과 세상에 대한 심판 준비가 완료되었다는 것을 나타낸다.

이제 어린 양은 만민의 심판자(히12:23)로서 4장 이후부터 펼쳐지는 교회의 진로를 종결하고, 죄악세상을 심판으로 종결하실 주체로서 장차 될 일을 주관하신다.

8절 - 그 두루마리를 취하시매 네 생물과 이십사 장로들이 그 어린 양 앞에 엎드려 각각 거문고와 향이 가득한 금 대접을 가졌으니 이 향은 성도들의 기도들이라

(2) 만물의 영광과 찬양과 경배(8-14)

어린 양이 두루마리를 취하심으로 천상에서 네 생물과 24장로들이 어린 양에게 찬양과 경배를 드린다.

이것은 어린 양이 찬양 받으실 하나님이심을 의미한다. **롬9:5**

① 네 생물과 24장로들의 찬양의 자세

㉠ 어린 양 앞에 - 경배의 대상 9-10절.

유일무이한 대상이다. 인봉을 떼기에 합당하신 어린 양, 죽임을 당하신 어린 양, 피로 사 주신 어린 양, 나라와 제사장 삼아주신 어린 양, 땅에서 왕노릇하게 하신 어린 양이 유일무이한 경배의 대상이다.

㉡ 엎드려 〈πίπτω ;핍토〉로서 [마주치다]라는 의미로 우리에게 필요한 모든 은총을 베푸시는 어린 양의 발 앞에 네 생물과 장로들이 엎드림은 경외와 겸허를 나타내는 피조물의 자세이다.

이 자세로만이 예배드려야 됨을 가르쳐 주고 있다. 예배는 영적으로 주님과 마주침이다. 따라서 오늘의 교회들의 예배자세를 돌아보아야 한다.

㉢ 거문고를 가지고 - 악기로 찬양한다.

㉣ 향이 가득한 금대접을 가지고 - 향은 성도들의 기도로서 충만한 기도생활의 연속선상에서 경배해야 함을 가르쳐 준다.

우리의 삶 속에 기도가 빠지면 모든 생활신앙에 향기가 다 날아가버린 것과 같은 것이다.

* 이 [성도들의 기도]는 – 천상 영계의 상황 속에서 보여 주는 사건으로 이 기도는 지상의 환난 전에 생존한 성도들의 기도이다. **계8:3,4**

9절 – 그들이 새 노래를 불러 이르되 두루마리를 가지시고 그 인봉을 떼시기에 합당하시도 다 일찍이 죽음을 당하사 각 족속과 방언과 백성과 나라들 가운데서 사람들을 피로 사서 하나님께 드리시고(죽임 당하신 목적)

ⓜ 새 노래의 내용 – 두루마리를 가지시고 인봉을 떼시기에 합당하심을, 일찍 죽음을 당하심을, 온세상에서 사람들을 피로 사서 하나님께 드리신 어린 양의 구속사 사역을 노래하는 내용이다.

계시록에 자주 언급되고 있는 천상에서 찬양은 어린 양이 중심이며, 그의 십자가 구속사역이 중심이다.(계7:9~10; 5:12) 이 흐름대로 일관성 있게 균형있는 요한계시록 해석을 해야 한다.

10절 – 그들로 우리 하나님 앞에서 나라와 제사장을 삼으셨으니 그들이(성도들) **땅에서 왕 노릇 하리로다 하더라**

ⓑ 새노래로 노래할 이유 – 온 땅에서 구속한 성도들을 하나님 앞에서 나라와 제사장을 삼으셨기 때문이다. 하나님의 제사장은 땅에서 왕노릇하게 되는데 첫째 부활에 참여한 성도들이 천년세계에서 누리는 복인 것이다. **(계20:6;5:10;1:6; 눅22:29–30. 관주응용 참고)**

* 관주

① 성도의 왕권 – **고전15:25; 딤후2:12; 계20:4; 계22:5; 벧전2:9; 딤전6:15; 계2:16; 계5:10**

② 제사장권 – **히10:21(7:20,17,21),2:17** (3:1;4:14;

15:5,26,27;9:11); 벧전2:5,9; 계1:6(5:10;20:6)

③ 피로 사서 - 엡1:7; 2:13; 골1:14,20; 히9:12

11절 - 내가 또 보고 들으매 보좌와 생물들과 장로들을 둘러 선 많은 천사의 음성이 있으니 그 수가 만만이요 천천이라

③ 천사들의 찬양 - 보좌와 생물들과 장로들을 둘러선 만만이요 천천인 많은 천사들이 찬양을 한다.

우리 주님은 생물과 장로들 뿐만 아니라 만만이요 천천인 천사들에게서도 찬양받으시기에 합당한 분이시다.

12절 - 큰 음성으로 이르되 죽임을 당하신 어린 양은 능력과 부와 지혜와 힘과 존귀와 영광과 찬송을 받으시기에 합당하도다 하더라

㉠ 천사들의 찬양 대상 - 죽임을 당하신 어린 양.

㉡ 찬양이유 - 능력과 부와 지혜와 힘과 존귀와 영광과 찬송을 받으시기 합당하시기 때문에 영계의 피조물인 천사도 찬양한다.

㉢ 자세 - 큰 음성으로 찬양한다. 이는 힘을 다하는 자세이다. **계12:10;14:7;19:1**

㉣ 찬양 주제 - 어린 양의 능력과 부, 지혜, 힘, 존귀, 영광, 찬송 받으시기에 합당함이 찬양의 주제이다.

이는 어린 양이 만주의 주로서 심판권을 행사하시는 절대 권세자이시기에 7중주로 표현한 것이며, 궁극적으로 찬송받으실 하나님이심을 증거하는 것이다. **시69:34**

13절 - 내가 또 들으니 하늘 위에와 땅 아래와 바다 위에와 또 그 가운데 모든 피조물이 이르되 보좌에 앉으신 이와 어린 양에게 찬송과 존귀와 영광과

권능을 세세토록 돌릴지어다 하니

④ 만물들의 찬양 - 하늘 위에와 땅 아래와 바다 위에와 모든 만물이 또 찬양한다.

㉠ 만물들의 찬양의 대상 - 보좌에 앉으신 성부와 어린 양에게

㉡ 찬송과 존귀와 영광과 능력을 세세토록 돌려야 하기 때문이다. 만물들도 성부 하나님과 성자 하나님이 심판권을 행사하시는 절대권세자이심을 4중주로 표현한 것이며, 궁극적으로 찬송받으실 성삼위 하나님이심을 증거하는 것이다.(시69:34)

14절 - 네 생물이 이르되 아멘(그렇게 되옵소서) **하고 장로들은 엎드려 경배하더라**

⑤ 네 생물과 장로들의 화답 - 네 생물들은 아멘으로 화답한다. 대오케스트라와 같은 장엄한 찬양에 네 생물들이 아멘으로 화답하자, 24장로들은 엎으려 경배함으로 화답하고 있다. 실은 모든 피조물의 화답은 아멘 뿐이요, 엎드려 경배하는 일뿐이다. 역사의 왕 섭리자 하나님의 뜻이 이루어지기 위하여 순종뿐인 것이다.

이렇게 천상에서의 장엄한 찬양의 대드라마가 막을 내리고 6장에서 드디어 어린 양이 인을 떼심으로(6:1) 반드시 장차 될 미래의 사건들이 펼쳐지게 되는 것이다.

6장 6인 개봉 사건
(7인봉한 책의 개봉과 지상과 영계의 사건 6:1-8:6)

(6인봉 사건은 순교자 수를 포함한 성도들의 수를 채우기 위한 목적이 (6:11;7:9; 롬9:25) 있다.

대부분 6장부터서 7대환난으로 보는 견해가 지배적인데 성경적 근거는 없다. 만약 6장부터 대환난으로 보게될 때 몇가지 문제가 있다.

첫째, 순교자들이 대환난에 들어가는 모순이 생긴다.
하나님의 말씀과 예수그리스도의 증거를 인하여 목베임을 받은 순교자들이 부활되지 않고 대환난이 시작되는 것은 큰 모순이 아닐 수 없다. 그래서 교회가 환난을 통과하고 20:4-6에서 첫째 부활하는 것으로 합리화하기도 하고, 환난 중 부활이 몇번씩 있는 것으로 해석을 하게된다.

둘째, 성경에는 성도의 부활인 첫째 부활 계20:6(다른 각도에서 표현은 생명부활(단수)요5:29, 의인의 부활(단수)행24:15)과 악인들의 부활인 둘째(단수)사망(단수) 계20:14(다른 각도에서는 심판의 부활 요5:29, 악인의 부활 행20:15. 악인들도 백보좌 심판을 위해 부활한다)이 있다.

따라서 이러한 단수의 부활인 성경교훈에 모순되는 해석을 하게 된다. (첫째 부활 시기에 대해서는 20:4-6, 7:9-14 해설 참고)

그러면 6장을 어떻게 이해할 것인가? 6:1에 근거하여 인봉사건은 5장에서 인봉된 책을 어린 양이 인수받아 그 인봉된 책을 6장에서 떼시는 흐름이기 때문에 어린 양의 사역으로 보아야 한다. 6:1에 요한이 보고 있는데 [어린 양이 7인 중에 하나를 떼시는] 이 표현에서 분명하다.

성경은 혼란스럽게 기록된 것이 아니다. 질서의 하나님께서 4장에서 미래역사를 성취해 나아갈 본부와 같은 천국보좌에 앉아 계신 왕을 보여 주시고, 5장에서 그 성부 하나님 오른손에 인봉된 책을 떼어서 책을 펴시기에 합당한 분이 어린 양이심을 조명해 주시고, 6장에서 바로 그 어린 양이 그 인을 떼심으로 7:17까지 어린 양이 인봉떼시는 사역이 계속되고 있음을 증거하고 있다.

이러한 계시의 순서에 의해서 인봉사건 하나하나의 사건을 이해해야 혼동되지 않고 질서있게 요한계시록이 풀리게 되는 것이다.

이와 같은 기본이해가 없이 자기 종말론 신학적 선입견으로 6장부터 대환난으로 설정하게 되면 계시록은 혼란스럽고 풀리지 않게 된다.

따라서 6장 이해가 계시록 해석의 중요한 관건이라 할 수 있다. 따라서 4말 사건은 대환난의 사건을 보여 주는 것도 아니며, 대환난 때 있을 사건을 샘플로 보여 주는 것도 아니다.

분명한 것은 계시록에서 7년 심판 대환난의 시작은 9장 6째 나팔 사건부터 1260일인 3년반이 시작되고 있음을 규명해 놓고 있기 때문이다(9:13-11:13).

9장13절에 6째 천사가 나팔을 불어 그 사건이 시작되면서 11:15에 7째 천사가 나팔을 붐을 언급하므로 15절 전까지가 1260일인 전3년반 기간이다. 이 기간이 11:3에 1260일으로 언급되어 있다.

그러므로 6장의 4말 사건은 대환난의 사건이 아니다. 이유는 지금 6장은 어린 양의 인떼시는 사역으로 7년 대환난과 아무런 관계가 없다. 그러므로 이런 분석없이 선입견으로 4말 사건을 대환난의 사건으로 본다면 이와 같은 혼동이 어디있으며 어떻게 계시록이 풀리겠는가.

이제 자기의 선입견을 내려 놓고 성경의 인도를 받기로 하자.

4말 사건의 바른 이해는 6:1과 마24에 근거를 두고 이해하여야 한다. 이유는 예수님께서 마24장(막13장,눅21)에서 종말에 사건들을 예언하시고 그 예언성취의 사건으로 4말 사건을 6장에서 어린 양이신 당신이 인을 떼서 보여 주신 것이다.

이 근거는 6장 첫째인 흰 말 사건은 만국에 복음이 전파된 영적으로 승리한 복음이며, 둘째인 붉은 말 사건부터서 본문자체에서 말의 의미를 해석해 주고 있는데 땅에 화평이 제거되고 서로 죽이는 사건이다.

셋째인 검은 말 사건은 기근이다. 넷째인 청황색 말은 전쟁으로 인한 사망, 흉년을 의미한다. 이 사건들은 예수님께서 마24:4-14에서 예언하신 종말의 징조들인 것이다. 따라서 이 징조들이 수평적으로 간헐적으로 일어나는 징조적 예언 사건이라면 인봉 때의 4말 징조는 심도있게 세계적, 우주적으로 일어나는 환난적(7년 대환난이 아님)인 의미가 있다.

따라서 이 4말 징조의 의미는 예수님 공중임재 직전에 있을 사건으로서 5째 인을 떼는 목적으로 순교자 수를 채우고 다른 각도에서는 이방인의 구원받은 총수를 채우는(롬11:25) 방편이 될 것이며, 이렇게 구원의 총수가 채워지면 6째인(귀족들의 환난)을 떼시므로 마24:29-30 인자의 징조가 나타나고 그리고 난 다음, 마24:31 천사를 사방에 보내 택자를 끌어 모은다.

그 결과가 계7:9-10에 천상 보좌와 어린 양 앞에 나타난 흰옷 입은 큰 무리인 것이다. 이것이 바로 어린 양의 인봉사역의 클라이막스로서 성도를 공중으로 [끌어올려](살전4:16-17)는 휴거 사건이다. 이 휴거 사건이 다른 각도에서는 알곡 성도를 끌어올려 천국 곳간에 모아 들이려고 추수 때인 세상 끝에 추수꾼이 천사를 사방에 보내 택자를 불러 모으는 사건이다. **마24:31; 막13:27**

여기 끌어올려진(휴거) 성도들은 5째 인을 뗄 때에 등장한 순교자 수와 이스라엘이 더러 완악한 기간동안 구원받은 이방인 성도의 구원의 총수 **롬11:11,25.** (교회시대 구원받은 유대인도 포함)를 합한 온 땅에서 구속함을 받은 셀 수 없는 큰무리인 성도들인 것이다. **계7:9**

다시 한 번 반복하지만 7장은 어린 양의 인봉떼는 사역의 클라이막스로 교회시대 구속함 받은 성도들을 휴거시키는 사건이다. 이 사건이 7장에 막을 내리고 8장부터 7째 인봉이 시작되는데 특별한 사건이 일어나는 것이 아니라 7나팔이 예비되면서 바로 첫째 나팔 사건이 계속 전개된다.

그러므로 인봉떼는 사건은 어린 양의 사역이기 때문에 직접 떼시고 나팔재앙 사건부터는 형벌 수단을 천사들에 넘겨 집행하신다.
계8:2, 7

정리하면 인봉사건은 어린 양의 사역이며, 4말사건은 마24장의 예언적 징조가 4말사건으로 성취되는 사건이며, 6장의 인봉사건은 악인들을 심판하시면서 또 한편으로는 이방인 성도의 수를 채우시는 방편이 되는 사건이다. 그래서 7:14절의 큰 환난은 이런 의미의 6인봉 환난이 되는 것이다. 큰 환난이란 표현 때문에 막연하게 선입견적으로 7년 대환난으로 보면 계시록이 풀리지 않고 혼란스러워진다. (7:14절 해설참고)

1) 첫째 인을 떼심과 사건(6:1-2)

성도와 관계 - 지상의 성도들이 아직 남아 있다.

1절 - 내가 보매(사도요한이 본 사건이다) **어린 양이 일곱 인 중의 하나를 떼시는데 그 때에 내가 들으니 네 생물 중에 하나가 우렛소리와 같이**

말하되 오라 하기로

요한이 본 사건으로서, 어린 양의 인 떼시는 사건은 그 어떤 피조물도 뗄 수 없는 종말의 비밀을 어린 양 자신이 여심으로 자기 피로 세운 교회의 구원을 종결하시고, 어린 양 자신이 심판을 주관하시는 주체이심을 나타낸다.

2절 - 이에 내가 보니 흰(승리) **말이 있는데 그 탄 자가 활을 가졌고 면류관을 받고 나아가서 이기고**〈현재분사능 동태주격남성단수동사〉 **또 이기려고**〈νικάω;니카오; 부정과거능동태가정법 3인칭단수〉 **하더라**

(1) 흰 말의 의미 : 영적으로 승리한 복음이다.

마24:13-14; 막13:10의 주님의 예언이 첫째 흰 말 사건에서 이루어진 것이다.

흰 말을 해석하려고 하면 아래의 계시를 명심해야 할 것이다.

첫째, 계시록의 사건이 예언의 말씀임을 기억해야 한다. **계1:3, 19;22:7, 10, 18**

둘째, 성경말씀을 비교하여 말의 사명을 확인해야 한다. **슥6:2-3, 4, 5, 8** 전쟁.

셋째, 말들은 하나님의 주권적인 사역을 위하여 쓰임받고 있다. **계6:1, 3-4**

넷째, 첫째 인과 셋째 인과 다섯째 인과 일곱째 인봉사건은 한결같이 성도와 관계되어 있음을 기억할 것이다.

다섯째, 6째 인봉 사건은 성도들의 수를 채우기 위한 목적이 있다. **계6:11; 7:9**

여섯째, 지상에 아직 성도들이 있음을 기억해야 한다.

일곱째, 인봉비밀 개봉은 반드시 형벌적인 것은 아니며 둘째 인과 넷째 인과 여섯째 인이 형벌적이므로 해석에 유의해야 한다.

3-4, 7-8, 12-17

여덟째, 말은 평화와 관계된 상징이 아니며 언제나 전쟁과 관계되어 있다. **나3:2; 합1:8, 9**

이런 여러 가지 이유에 의하여 계속적인 승리를 위하고 이미 면류관을 받은 것으로 보아 탄 자의 옷이 어떻든지 그리고 전쟁의 무기인 활은 있으나 화살이 없어도 세계가 당한 피해나 형벌이 없이 점진적으로 이긴 것으로 보아 복음이 온 땅에 증거되어 죽음이나 피흘림이 없는 영적 전쟁에서 승리한 것으로서 복음사역을 의미한다.
마24:13, 14, 5, 24-28; 눅18:8

그것은 다른 인봉사건에 없는 우렛소리 즉 뇌성은 하나님의 임재하심과 형벌 앞에 나타나는 소리이므로(출9:28, 29; 삼하22:14; 시18:13;29:3;81:7; 계4:5;8:5;11:19;14:2;16:18;19:10) 하나님의 형벌에 대한 예고와 전 세계에 전파될 이미 영적으로 승리한 복음에 관계되어 있다.

흰 말에 대한 견해 중에 적그리스도라고 하는 견해가 많은데 흰 말이 적그리스도가 아닌 3가지 이유가 있다.

첫째, 시기에 관한 문제이다. 6장은 적그리스도가 나타날 시기가 아니다. 적그리스도는 후삼년 반에 나타날 실존이기 때문에 흰 말은 적그리스도가 될 수 없다. (적그리스도에 대한 개념이 필요하다)

둘째, 성경에 나타난 말의 사명으로 볼 때 아니다.
슥6:2-3, 4, 5, 8; 나3:2; 합1:8, 9 이상의 성경에서 말은 전쟁과 관계가 있다. 그러므로 흰 말은 물리적 전쟁이 아닌, 영적인 전쟁에서 승리한 복음을 의미한다.

복음에는 하나님의 능력이 롬1:16 있기 때문에 천국복음이 온 세상에 전파되어 그 복음으로 승리한 것을 의미한다.

셋째, 동사의 시상인데 6:2절 본문 동사시상을 참고.

현재분사로 이기고, 부정과거로 이긴 것은 과거부터 현재까지 이기고 이긴 궁극적 승리를 의미하는데 적그리스도는 궁극적으로 이길 실존이 아니고 하나님이 결재하신 후삼년 반동안 시한부적으로 이길 것이 작정된 실존이기 때문에 흰 말에 적용할 수 없다.

그러므로 흰 말은 적그리스도가 될 수 없다. 그런데 그렇게 보는 분들은 상황적으로 13장의 상황을, 다른 각도에서는 후삼년 반의 사건을 6장의 첫째 인봉사건에다 상황적으로 연결시켜 해석하는 것이다.

2) 둘째 인을 떼심과 지상사건(6:3-4)

3절 - 둘째 인을 떼실 때에 내가 들으니 둘째 생물이 말하되 오라 하더니

둘째 인을 떼실 때에- 어린 양이 둘째 인을 떼시는데 이러한 표현은 사건 하나 하나가 순서임을 나타낸다. 인봉 사건이든 혹은 나팔 사건이나 대접사건 중에 하나의 사건 기간이나 한 사건과 한 사건 사이의 기간이 얼마인지 성경은 침묵하고 있으나 순서적으로 진행되고 있다(4장 1절 해설참조). 질서의 하나님께서 장차 될 일을 시간순서적 사건으로 질서있게 계시한 사건이다.

4절 - 이에 다른 붉은 말이 나오더라 그 탄 자가 허락을 받아 땅에서 화평을 제하여 버리며 서로 죽이게 하고 또 큰 칼을 받았더라 (죄악 세상에 대한 형벌)

(2) 붉은 말 : 화평이 제거되고 서로 죽이는 현상으로서 전쟁을 상징

한다. **슥6:2-3; 슥6:5**

이 붉은 말 사건은 마24:6-7절에서 주님이 예언하신 세상 끝에 징조인 전쟁의 사건이 두번째 인봉 붉은 말 사건에서 이뤄진 것을 의미한다.

① 허락을 받아 - 세상의 전쟁도 하나님의 결재없이는 불가능하다.

② 땅에서 화평을 제하여 버림 - 갈등, 불화, 반목, 분쟁, 전쟁을 나타낸다.

③ 큰 칼을 받았더라 - 큰 살육, 분쟁임을 나타낸다.

큰 칼은 살육무기이다 **시78:62.**

*붉은 색의 영적 의미 - **왕하3:22; 욥16:16; 겔23:14; 나2:3; 계12:3; 17:4; 시78:62; 사13:9; 시78:4, 9; 잠15:18; 시120:7; 마10:34;24:12**

왕하 3:22 아침에 모압 사람이 일찍이 일어나서 해가 물에 비치므로 맞은편 물이 붉어 피와 같음을 보고

*위의 해석에서 첫째로 명심할 것은 붉은 말의 붉은 색의 상징은[화평을 제하여 버리며]에 의하여 해석되어야 한다는 점이며 계속하여 서로 죽게 만든다는 점에서 정서와 관계된 죄악세상에 대한 형벌적인 의미를 나타낸다.

둘째는 죄의 경중에 따른 하나님의 형벌은 공정하다는 점이며 6:3-4의 현상은 부분적이나 기독교 2000년사에 기복했으리라는 점이며 종말론적 현상은 위 형벌에 상응한 죄악이 만연한다는 점에 있는 것이다.

3) 셋째 인을 떼심과 지상의 기근 (6:5-6)
(죄에 대한 형벌과 성도들의 보호)

5절 – 셋째 인을 떼실 때에 내가 들으니 셋째 생물이 말하되 오라 하기로 내가 보니 검은 말이 나오는데 그 탄 자가 손에 저울을 가졌더라(인플레이션 현상)

(3) 검은 말 : 심각한 기근 상태로서 극심한 경제공황을 나타낸다. 이 환난(재난)에서 성도와 사명자를 보호하신다.

① 검은 말 – **애5:10** – 흑색은 죄와 기근의 상징이며 죽음, 비참함, 슬픔, 병고 등의 재난을 상징한다.

② 저울 – 흉년의 상징이다 **겔4:10,16–17; 레26:26.**

특별히 기근을 상징하는 근거로 계6:6의 하루 품값에 밀 한 되이며 하루 품값에 보리 석 되라는데서 분명하고 인간들의 빈궁함이 극심하며 극도의 기근이 있음이 분명하다. 이것은 예수님이 예언하신 마지막 때의 징조가 성취됨을 나타낸다. **마24:7;막13:8**

③ 기근이 오는 이유 – **삼하21:1; 시105:16; 렘44:18; 겔14;13; 막13:8**

삼하 21:1 사울가의 피흘린 죄

시 105:16 하나님보다 양식을 더 의뢰하는 불신앙.

렘 44:18 하늘여신에게 분향한 우상숭배 죄악.

겔 14:13 이스라엘의 불법한 죄

6절 – 내가(요한) **네 생물 사이로부터 나는 듯한 음성을 들으니 이르되 한 데나리온에**(당시 노동자의 하루 일당) **밀 한되요 한 데나리온에 보리 석되로다 또 ①감람유와 ②포도주는 ③해치 말라 하더라**

①기름부음받은 사명자 **슥4:11–14**

②주님 피와 연관된 성도들사 **5:1-2; 렘2:21; 요15:1-5.**

③기근때 성도들을 보호-기근 중에 긍휼이다.

④감람유와 포도주의 보호의 의미 - **계18:13; 출27:20; 시23:5; 89:20; 슥4:12,15; 마25:4; 요일2:20,27; 시104:15; 호2:22; 학1:11;2:12; 눅10:34; 잠23:31; 사5:22; 막13:23-25.**

특히 6절 하반절에 [해치]는 〈ἀδικέω;다디케오〉로서 불공평하다, 상하다, 범죄자가 되다, 부당하게 되다, 잘못하다는 의미가 있고 [말라]는 〈μή ;메,~은 아니다〉의 의미로 부정불변사이다. 그러므로 위의 감람유는 기름부음 받은 사명자를 상징하고, 포도주는 주님의 피와 연관된 성도들을 상징함으로 기근의 때에 성도들의 절대보호를 의미한다. 즉 기근재난 중에도 택자들에게 하나님의 긍휼이 있다.

성경에서 감람유와 포도주에 대하여 여러 가지 상징으로 설명이 가능하지만 셋째 인을 떼는 것은 불신불택자에게 형벌과 택자들에 교육적(연단적) 의미가 있는 것이므로(레26:14-17,18-20,21-22,23-26,27-33) 포도주와 감람유는 사치품으로 상류계급의 생활을 의미하는 것으로 해석해서는 안된다. 그 이유는 기근은 죄의 형벌임은 이미 기록한 것과 같기 때문이다.

또 하나는 “해치 말라”라는 것은 향락을 조장하도록 하고 있다고 볼 수 없기 때문이다.

또 곡식 값은 명시되어 있으나 곡식을 먹는 인간은 숨겨져 있는 것으로 보아 포도주와 감람유도 숨겨져 있는 비의가 있다고 보아야 한다.

마치 3년 6개월 가뭄에 많은 선지자들 중에 엘리야(왕상17:8)와 많은 백성들 중에 사렙다 과부의(눅4:26) 경우와 같다. 그리고 숫자3은 하나님의 사랑의 수임을 기억할 필요가 있다.

* 본문의 적용적 해석 : 적용적 해석은 극히 경계해야 하며, 본문해석과 구별해야 한다.

그러면 적용적 해석을 위해 위 성경의 영해표준을 확인하자.

첫째, 5-6절은 셋째 인을 떼신 사건이다.

둘째, 극한 경제공황으로 식물의 가치가 인간 가치보다 더한 상태이다.

셋째, 5-6절에는 인간들이 모두 숨겨져 있다는 사실이다.

넷째, 감람유와 포도주로 범죄치 못하도록 보호령이 내려졌다.

다섯째, 5,6절은 죄에 대한 형벌과 성도의 보호와 관계되어진 상징이다.

여섯째, 표면화된 과제들은 이면적인 것을 포함하여 나타내 줌을 기억해야 한다.

일곱째, 적용에 있어서는 본문의 정확한 이해가 먼저 있어야 한다.

여덟째, 적용은 개인과 가정과 사회와 국가와 전 세계에 적용하되 세계적 종말론적인 현상은 예언된 현상이 전 세계적이 될 때에 한하여 적용되어야 하며, 국가적 종말은 국가적 현상이 전체에 미칠 때에 적용하고 경솔해서는 안된다.

그러므로 개인과 그 사회 그 국가에 관한 형벌적인 적용은 기독교 이천년사에 국부적으로 적용된 것이지만 인류역사의 종말은 전세계에 미치므로 종말론적 징조가 세상에 가득찰 때에 이루어지게 될 것이다.

아홉째, 성경의 계시는 초월적 의미와 제한적 의미가 있는데 초월적 의미는 시간에 예속됨이 없으나 제한적 의미는 종말적인 것이다.

그러므로 5-6절의 예언적 시대에도 포도주와 감람유의 보호정책이 이 세상 군주에 의해 실시되었을 것이며 기근으로 모든 식량을 계량하며 판매하는 역사가 있음을 인정하고 그 사건 속에서 영적 의미를 예시하고 있음을 기억해야 한다.

* 주님의 예언 – **마24:7 처처에 기근과 지진**

* 저울질 하시는 하나님 – **시62:9; 잠11:1; 사40:15; 잠24:12**

* 말씀을 듣지 못한 기근 – **암8:11**

여호와의 말씀을 듣지 못한 기근이다. 마지막 때는 요한계시록 말씀을 듣지 못한 영적 기근 시대이다. 그래서 계시록을 왜곡시켜 도전해오는 이단에게(신천지), 갈급하고 사모하는 많은 교회에 다니는 영혼들이 미혹되어 영혼이 망하는 때이다.(호4:6)

① 영적기근이 오는 이유 – **사55:2; 요6:27; 애5:16.**

② 영적기근이 예방하는 방법 – **마4:4; 계1:3 22:10.**

4) 넷째 인을 떼심과 지상의 사망과 살상 (6:7-8)

7절 – 넷째 인을 떼실 때에(예수님이) **내가**(요한) **넷째 생물의 음성을 들으니 말하되 오라 하기로**

8절 – 내가 보매 청황색 말이 나오는데 그 탄 자의 이름은 사망이니 음부가 그 뒤를 따르더라 저희가 땅 사분의 일의 권세를 얻어 검과 흉년과 사망(온역. 겔14:21, 눅21:11)**과 땅의 짐승들로써 죽이더라**

(4) 청황색 말 – 흉년. 사망. 전쟁. 사상의 급변동(혼합주의)

① 청황색 – 검과 흉년과 사망을 상징. **계6:8**

② 말 – 전쟁이나 사상의 급변동을 상징하는데, [저희가]라는 복수로 표현된 것을 볼 때 말탄 자는 한 존재이나 하나님의 형벌에 참여하는 무리가 있을 것이다(8절), 4분의 1이 – 4대 1방법으로 형벌이 된다.

③ 사망의 방법 - 검:전쟁무기, 흉년:기근, 사망:온역인데 전염병으로 죽음 **겔14:21**, 땅의 짐승:거짓선지자 **계13:11; 겔14:21; 딛1:12,14; 벧후2:12; 유1:10.**

그러므로 말세에는 거짓 선지자들이 뿌리는 비진리(가라지, 쑥)를 먹고 영혼이 죽어가는 시대이다.

혼합주의 진리는 비슷함으로 사람들이 분별을 못하고 따라가다 멸망을 당한다. **마15:14**

청황색말은 전쟁, 흉년, 온역, 혼합주의 사상으로 죽는 재난을 의미하며 마24:9-12의 주님의 예언이 성취되는 사건이다.

* 적용적 해석 - 점점 심도 있고, 확대되고, 종합적인 형벌이 이루어지며 청황색 말은 세계적 사망을 위한 군사적인 형태이므로 종말론적인 현상으로서 청황색으로 나타났다. (세계적인 사망을 위한 군사적 형태)

5) 다섯째 인을 떼심과 순교자들의 호소와 위로 (6:9-11)
(천상에 있는 영들로서 땅에 살아있던 순교자들)

9절 - 다섯째 인을 떼실 때에 내가 보니 하나님의 말씀과 그들이 가진 증거로 말미암아 죽임을 당한 영혼(아직 1차 부활이 없었기 때문에 순교당할 때 육체와 분리된 인간의 영들이 호소)**들이 제단아래 있어**

(1) 순교의 원인 - 하나님의 말씀과 저희 가진 증거로 인하여 순교한 것이다.

① 하나님의 말씀

행 4:29 주여 이제도 저희의 위협함을 굽어보시옵고 또 종들로 하

여금 담대히 하나님의 말씀을 전하게 하여 주시오며. **딤후2:9**

② 저희의 가진 증거

계1:9 나 요한은 너희 형제요 예수의 환난과 나라와 참음에 동참하는 자라 하나님의 말씀과 예수를 증언 하였음으로 말미암아 밧모라 하는 섬에 있었더니 **계20:4**

(2) 순교자들의 호소 장소 - 제단 아래. 여기 제단은 천상의 제단이다. 이유는 저들은 이 땅에서 순교당해 눅16:19-31에 의해 아브라함의 품이라는 영적 세계의 제단 아래에서 호소하고 있다.

* 아브라함의 품은, 한편 강도에게 예수님이 말씀하신 근거에 의해 낙원이다. **눅23:42, 43.** 따라서 믿는 자의 영이 가는 곳은 낙원이라는 영적세계, 불신자의 영이 가는 곳은 음부라는 영적세계이다.(눅16:19-31)

* 영적 해석 - 땅에서 죽임을 당한 "영혼"

창2:7 여호와 하나님이 땅의 흙으로 사람〈육체〉을 지으시고 생기〈ημὔὒ;네샤마, 영〉를 그 코에 불어넣으시니 사람이 생령〈π,ν-;네페쉬, 영혼〉이 되니라

약2:26 영혼〈πνεῦμα;퓨뉴마, 인간의 영〉 없는 몸(육체)이 죽은 것 같이 행함이 없는 믿음은 죽은 것이니라

요 3:6 육으로 난 것은 육(육체)이요 영으로 난 것은 영(인간의 영, 속사람.롬7:22-23)이니

이상의 성경 계시에 의하여 [영혼]은 인간의 [영]을 의미한다. **눅8:55,** 이유는 아직 부활하지 않았기 때문에 순교당할 때 육체와 분리된 실존인 인간의 영이다. **눅16:19-31**

그러므로 9절의 바른 이해는 이렇다. 요한이 본 것은 지상의 일이 아니며 영계의 일로서 일차 부활의 시기가 오지 않고 땅에 죽임을 당하고 천상 영계에서 하나님께 호소하고 있는 것으로 천상의 영(살전4:16-17)들을 땅에 살아 있었던 순교자들의 지상 모습으로 표현하며 영계에서 호소하고 있는 순교자들의 영들의 모습을 본 것이다.(눅16:19-31)

10절 - 큰소리로 불러 이르되 거룩하고 참되신 대주재여 (온 우주만물을 주관하신는 분) **땅에 거하는 자들을 심판하여 우리**(순교자) **피를 갚아 주지 아니하시기를 어느 때까지 하시려 하나이까 하니**

(3) 호소 내용 - 큰 소리로 거룩하고 참되신 대주재께 호소한다.

① 땅에 거하는 자들을 심판해 달라고. 이 심판이 7년 대환난의 성격을 조명해준다. 땅에 거하는 자들은 7년 심판대환난을 통해 심판을 받게 될 것이다. 이렇게 7년 대환난은 땅에 있는 자들을 심판하는 성격이다.

② 우리의 피를 갚아 달라고 - 하나님께 심판을 호소한다. 7년 지상심판을 재촉하는 호소이다. 한편으로는 성도들에게는 격려가 되는 기도이다. 아벨의 피의 호소가 가인을 정죄한 것처럼 저 순교자들의 호소는 하나님의 궁극적 심판을 촉진하게 된다.

이 땅에 거하는 불신불택 악인들은 계16:6;18:24에 증거대로 순교자들의 신원의 호소가 이루어지는 7년 심판대환난 대접재앙으로 심판하신다. **계18:20**

11절 - 각각 그들에게 흰 두루마기를 주시며 이르시되 아직 잠시 동안

〈χρόνο μικρός〉(χρόνο;크로논;시간의 간격,때.기회+μικρός

; 미크론 ; 대격남성 단수형용사 ; 가장작은, 짧은 잠시 동안의 기간을 의미한다. 그러므로 아주 짧은 기간 동안 성도가 거치는 환난(7:14) 중에 순교자의 수가 차기까지의 잠시 동안이다 = 그러므로 이 [잠시 동안]은 6째 인봉 기간에 성도의 순교가 있을 기간으로 잠시 동안이며 7년 대환난이 아니다) **쉬되 저희 동무 종들과 형제들도 자기처럼 죽임을 당하여 그 수가 차기까지 하라 하시더라**

일차 부활의 시기가 오지 않고. 휴거되기 전 땅에서 죽임을 당하고 천상 영계에서 하나님께 호소하고 있는 순교지의 영들이다. **살전4:16-17**

이로 보아 5인봉 사건 이전에 순교자들의 부활이 없었음을 의미하면 이는 곧 교회휴거가 아직 없었음을 의미한다.

(4) 호소의 결과 - 흰 두루마기를 주시며 동무 순교자들의 수가 차기까지 잠시 기다리라고 하신다.

① 각각에게 흰 두루마기를 주심 - 보상과 위로

② 잠시동안 쉬라고 하심 - 순교자 수가 차기까지의 잠시이다. 순교자들이나 성도로서 죽은 것은 잠시 1차 부활을 대기하며 쉬고 있는 중이다(시116:15) (눅16장 거지와 부자)

* 영적해석 *

① 흰 두루마기의 영적의미 - 상급과 보상을 의미, **계22:14;6:11; 갈3:27; 롬13:14; 계7:14**

계22:14 자기 두루마기를 빠는 자들은 복이 있으니 이는 그들이 생명 나무에 나아가며 문들을 통하여 성에 들어갈 권세를 받으려 함이로다

② 아직 잠시 동안 쉬되 - **눅16:23, 25; 히4:10; 마11:28**

이렇게 주님께서 친히 5째인을 떼시며 보여 주시고자 하는 것은 아직

까지 순교자 부활이 없었음을 보여주시고, 6째인을 떼어서 어린 양의 사역이 계속 진행되고 있음을 계시하신다.

6) 여섯째 인을 떼심과 천지의 진동함과 귀족들의 환난

이 6째인은 주님이 예언하신 마24:29-31(막13:24-26)의 사건이 성취되는 의미가 있다. 이는 주님이 구름타고 오시는 공중임재 직전에 일어날 인봉환난 사건이다. **계1:7**

12절 - 내가 보니 여섯째 인을 떼실 때에 큰 지진이 나며 해가 검은 털로 짠 상복(구:총담-털로 두껍게 짠 담요) **같이 검어지고 달은 온통 피 같이 되며**

* 6째 인봉사건을 바르게 이해하기 위해서는 먼저 고려해야 할 문제가 있다. 12-14절의 천체이변을 문자그대로 이해한다면 6장에서 우주는 끝이나야 한다. **벧후3:12**

그런데 6장 이후에 여전히 지상에는 성도들과 함께 불택자들이 살고 있다. 해와 달과 별은 빛나고 하늘은 그대로 있다. (해-계8:12;16:18;19:17. 달-계8:10. 별-계9:1. 하늘-계10:4;12:1,7,8. 산-계16:20). 실제 해,달,별의 이변은 4째 나팔사건 때 일어난다(계8:12).

그래서 6째 인봉사건의 바른 이해는 12절의 [큰 지진]사건과 연관성 속에서 해석해야 된다. 예수님께서 예언하신 세상끝의 징조 중에 '지진' 사건을 예언하셨는데 계시록부터는 큰 지진으로 기록되고 있다.

여기 '큰'은 〈μέγας ; 메가스〉로서 그 의미는 '넓은, 큰소리, 웅장한, 점점크게' 라는 뜻으로 하나의 사건이 크다는 의미 보다 점점 넓어진다는 의미이다.

그러므로 본문에 천체이변의 현상은 태양자체에 손상이 있어 검어진 것이 아니라 큰지진 현상과 연관되어 하늘, 해, 달, 별들에게 일어나는 사건인 것을 알 수 있다.

그래서 태양은 떠 있으나 말털로 두껍게 짠 담요로 가리워 보이지 않는 현상이며, 발광체가 가리워져 빛을 잃었으니 나머지 달과 별, 그리고 하늘도 마찬가지 현상이며(사13:10, 겔32:7), 지각변동으로 산과 섬이 제자리에서 옮기어지는 현상이 나타난 것이다.

이러한 사건은 큰 지진의 영향인데 주님이 오실 때가 가까워 올수록 처처에 지진은(마24:7; 막13:8; 눅21:11) 자주 빈번할텐데 지진 강도가 커서 쓰나미를 동반한 큰 지진이 한 지역이 아니라 지구촌 여기저기에서 동시다발적으로 일어난다고 가상해보자.

예를 들면 일본 석유공업단지가 형성되어 있는 치바현에 일어난 강진으로 정유공장이 불탈 때 일어나는 현상등, 화산이 폭발할 때 일어나는 현상이 지구촌 여기저기서 일어난다면 삽시간에 대기가 오염되어 천체가 가리워져 본문과 같은 현상이 일어나게 될 것이다.

이러한 현상을 눅21:25절에는 "일월 성신에는 징조가 있겠고 땅에서는 민족들이 바다와 파도의 우는 소리를 인하여 혼란한 중에 곤고하리라"라고 기록하고 있다.

이러한 과학적인 조명이 가능한 것은 성경에 근거가 있다.

사 13:10 하늘의 별들과 별 떨기가 그 빛을 내지 아니하며 해가 돋아도 어두우며 달이 그 빛을 비취지 아니할 것이로다

겔 32:7 내가 너를 불 끄듯 할 때에 하늘을 가리워 별로 어둡게 하며 해를 구름으로 가리우며 달로 빛을 발하지 못하게 할 것임이여

해가 돋아도 어두운 현상, 하늘을 가리워서 달과 별이 빛을 내지 못하는 현상은 큰 지진의 영향으로 갑자기 대기가 오염되어 보이지 않는 현상이다.(실례:스모그 현상)

물론 하나님은 전능자이시기 때문에 문자적으로 천체에 이변이 일어날 수 있게 하시는 분이다. 그러나 요한계시록 흐름상 과학적인 조명을 적용해서 이해해야 할 부분이다. 결과적으로 본문에 천체이변은 큰지진의 영향으로 나타나는 현상이다.

(1) 하늘의 권능들이 흔들리는 천체이변. **마24:29**

① 큰 지진이 나며 –세상끝에 나타나는 징조현상.

② 해가 총담같이 검어지고–태양자체가 손상을 입은 것이 아니라 말털로 두껍게 짠 담요로 가리워 보이지 않는 현상이다.

사13:10; 겔32:7; 눅23:44

③ 온 달이 피같이 되며–같은 영향아래에서 나타난 현상을 묵시문학적인 표현이다. **욜2:10,31; 미3:6**

13절 - 하늘의 별 들이 무화과 나무가 대풍에 흔들려 설익은 열매가 떨어지는 것같이 땅에 떨어지며

④ 하늘의 별들이 무화과 나무가 대풍에 흔들려 땅에 떨어진 것같이 떨어지고. **욜3:15; 사13:10; 겔32:7** 실제 떨어진 것이 아니고 큰 지진의 영향으로 안보이는 현상을 나타낸다.

14절 - 하늘은 두루마리가 말리는 것 같이 떠나가고 각 산과 섬이 제자리에서 옮겨지매

⑤ 하늘이 종이 축이 말리는 것같이 떠나가고 – 유대인들의 문화에서 이해를 해야 한다. 두루마리 책을 폈다 놓으면 두르르 말려 가버리듯이 큰 지진의 영향으로 하늘이 보이지 않는 현상을 표현한 것이다.

⑥ 각 산과 섬이 제자리에서 옮겨지는 현상이 나타난다. 위의 사건들과 같은 현상인데 지각 변동으로 인해 가능한 사건이다. 실제 각 섬과 산은 계16:20의 마지막 재앙 7대접 사건 때 문자 그대로 없어진다. 지각변동으로 이러한 현상이 심도있게 진행되다가 마지막 심판때는 실제로 없어질 것이다.

이렇게 주님께서 예언하신 마24:29의 천체이변의 사건이 주님 자신이 떼신 6째 인봉 첫번째 사건에서 성취된 현상을 자세히 기록하고 있다.

15절 – 땅의 임금들과 왕족들과 장군들과 부자들과 강한 자들과 모든 종과 자유인이 굴과 산들의 바위 틈에 숨어

(2) 귀족들의 환난. 마24:30(모든 족속) – 이 사건은 마24:29의 환난 후 사건이 있은 후 모든 족속들이, 다시오실 준비가 되신 어린 양을 영계가 열려 바라보고(눅21:27) 통곡하게 된다(마24:30).

① 모든 귀족들이 굴과 바위 틈에 숨어 어린 양의 진노를 두려워 한다. 6째 인을 뗄 때에 땅에 귀족들이 공중강림하실 준비가 된 영광스런 주님의 모습을 보고 어린 양의 진노를 두려워하게 된다.

16절 – 산들과 바위에게 말하되 우리 위에 떨어져 보좌에 앉으신 이의 얼굴에서와 어린 양의 진노(이방인에 대한 진노=심판형벌)**에서 우리를 가리라**

② 보좌에 앉으신 이의 진노를 두려워 한다. 이것은 마24:30의 주

님이 구름타고 오시는 사건을 목격한 모든 족속들이 두려워 하는 광경이다.

그러면 주님이 구름타고 오시는 사건과 본절의 성부 하나님과 어린 양의 진노는 어떤 연관성이 있는가?

주님이 구름타고 오시는 목적은 약속한대로(요14:1-3) 성도들을 데리러 오시지만, 성도가 올라간 이후 다른 표현으로는 교회가 휴거된 이후 죄악세상은 하나님의 진노요, 어린 양의 진노가 시작되기 때문에 모든 족속들이 이 어린 양의 진노를 인지하고 두려워 하는 것이다.

여기서 흔히 말하는 7년 대환난의 성격이 조명된다.

7년 대환난은 하나님의 진노와 어린 양의 진노로 세상과 악인들을 심판하는 개념이다. 그래서 이 어린 양의 진노에 어린 양의 아내인 교회는 7년 어린 양의 진노를 당하지 않는다고 믿는다.

일반적인 견해는 교회가 환난을 통과한다고 말하지만 성경적 근거가 없는 주관적인 견해이다.

17절 - 그들의 진노의 큰 날이 이르렀으니 누가 능히 서리요 하더라(불신불택자, 악인들의 탄식) **욜2:11; 습1:14-16.**

③ 진노의 큰 날을 피할 수 없음을 외친다. - 진정 저들이 두려워 하는 것은 보좌에 앉으신 이와 어린 양의 진노를 피할 수 없기 때문일 것이다. 7년 심판 대환난은 하나님의 진노로 악인들을 심판하는 기간이다.

15-17절은 마24:30절의 주님의 예언이 성취되는 사건으로서 6째인 봉 두번째 사건에서 구체적으로 기록하고 있다. 하늘에서는 천체의 이변이 일어나고 영계에서는 예수님이 구름타고 오는 징조가 보이고, 그

사건을 인지한 모든 족속들이 곧 닥칠 어린 양의 진노를 두려워하여 탄식하는 모습이 보인다.

계6:12-17을 영적해석이 또한 가능한 부분이 있다. 문자적으로 보면 6장에서 우주는 끝나야 되는데 6장이후에 계속 우주는 존재하기 때문이다.

창3:7-9; 신28:62; 왕하23:5; 유1:13. 이상의 성경에 의하면 해는 부모를 포함한 그 사회 지도자이며, 달은 교회를 상징하며, 해가 검어지는 것은 변질되고 타락함을 나타내며, 달이 피같이 되는 것은 교회의 부패와 변질을 상징하며, 별은 한 자리에서 밤을 비치며 그 사회를 선도하는 인물들로 상징한다.

따라서 적용적으로 해석한다면 세계적으로 지도자들의 몰락과 타락으로 지도자를 잃고 환난을 당하는 것이며, 교회적으로는 충성스런 사명자들이 교회 변질로 타락하는 말세의 현상을 나타낸다.

7장 지상환난의 일시 중단과 천상성도들의 출현

7장을 '중간삽화, 삽입, 괄호, 막간, 중간 계시'라는 표현을 한다. 그러나 필자는 그렇게 볼 아무런 근거가 없기 때문에 동의하지 않는다.

요한계시록의 목적은 [반드시 장차 될 일 계1:19]을 계시해 주신 예언이다. 달리 표현하면 장차 다가올 사건들을 보여 주신 것이다. 그 장차 될 사건은 7인, 7나팔, 7대접 사건이다.

요한계시록을 바르게 해석하기 위해서는 이러한 원리를 따라야 한다. 이 사건들은 서로 연결되어 있다. 7째 인에는 7나팔 사건이, 7째 나팔에는 7대접 사건이 연결되어 있다. 서로 연결되어 있으나 고유한 사건의 순서로 해석해야 된다. 계9:12; 11:14.

그 이유는 장차 될 사건으로서 7인은 그 나름의 고유한 사건이며, 7나팔, 7대접은 나름의 고유한 사건이다. 이 사건들은 섞을 수 없는 사건이다. 7인 안에도 첫째인 사건이 있고 둘째인 사건이 있다… 7나팔 안에도, 7대접 안에도 나름의 고유한 7사건들이 포함되어 있다.

그러므로 7인 사건은 7나팔이 될 수 없으며 7나팔 사건은 7대접 사건이 될 수 없다. 첫째 나팔이 둘째 나팔이 될 수 없다. 첫째 나팔은 첫째 나팔이고 둘째 나팔은 둘째 나팔사건인 것이다.

따라서 장차 7인 사건이 있을 것이고, 그 후에는 7나팔 사건이 있을 것이고 또 그 후에 7대접 사건이 있을 것이고, 그 끝에 예수님께서 성경의 예언을 종결하시려고 왕중의 왕으로 지상에 강림하실 것이다. 그 후에 천년세계가 있을 것이고, 그 후에 백보좌 심판 후 불신자들의 영원한 지옥형벌과 성도들의 영원한 천국이 이어질 것이다.

그러나 7인과 7나팔 사건 사이 기간이 얼마인지, 또 7나팔과 7대 접 사건 사이의 기간을 성경은 침묵하고 있기 때문에 아무도 알 수 없다. 7인 사건, 7나팔 사건, 7대접 사건 속에 있는 각각의 사건과 사건 사이 기간도 아무도 알 수 없다. 안다고 하는 사람은 이단이 되려고 작정한 사람일 것이다.

단 5째 나팔 사건은(첫째화) 5개월로 규명되어 있다.(계9:5)

정리하면 장차 될 일을 계시하신 예언의 특성과 계9:12;11:14 성경에 의하여 7인 7나팔 7대접 사건은 고유한 사건의 순서로 해석해야 한다. 계시록 해석에 가장 기본인 이런 흐름의 틀을 무시하기 때문에 상황적으로 연결하면서 짜집기하는 식의 자의적 주장을 하게 되고, 본문의 의미해석을 무시하고 영적인 해석이나, 상징적 해석이나, 적용적 해석을 하게 됨으로 많은 설이 난무하게 되는 것이다.

예를 들어 7장만 보더라도 6:12에서 주님께서 6째인을 뗀 사건이 진행되어 7:17까지 전개되고, 분명히 8:1에 [7인을 떼어]라고 선을 긋고 있다. 장 수는 6장과 7장이 다르지만 그러나 분명한 것은 6째 인봉 하나의 사건인 것이다. 이 기본적인 원리를 무시하니까 삽입이니, 중간계시니, 막간이니 라는 표현을 하면서 해석의 혼선을 빚고 있는 것이다.

1) 네 바람과 하나님의 인치는 역사 (7:1-3)

이 사건은 6인을 뗀 기간의 사건연속이다. 하나님의 종들의 이마에 인치는 사건이며 인치는 시기까지 전쟁이 중단된다. 이 사건은 마 24:31 천사를 통하여 택하신 자들을 모으는 작업이다.

6째 인은(6:12-17)의 천지가 진동하면서 천체이변이 일어나는 사건과 귀족들이 공중강림하실 어린 양을 보고 그 진노를 두려하는 사건인데 이는 마24:29-30까지 예언이 성취되는 사건이다.

7장 1절부터는 6째인봉사건 연속선상에서 마24:31절의 예언이 성취되는 사건이다. 즉 세상 끝인 추수 때에 추수꾼 천사를 사방에 보내 이방인 구원받은 택자를(행13:48) 모으는 예수님의 사역인데, 이는 계시록적으로 표현할 때 어린 양의 인봉사역인 것이다(계6:1).

어린 양께서 환난의 바람(7년 대환난의 바람(계9:14))을 일시 중단해 놓으시고 천사를 사방에 보내 택자들을 모으는 사역을 하나님의 종들의 이마에 인을 친다는 계시록적인(묵시문학적) 표현을 한 것이다.

그 이유는 3절의 하나님의 종들의 이마에 친 [인]은 구원의 인이 아니기 때문이다. 고후1:22에서 구원을 보증하는 성령님의 인치심은 단수로서 한번 치시는데 여기서 또 구원의 인을 치시는 것은 모순이다.
또한 엡4:30에 성령님의 인치심의 기간을 몸의 구속의(롬8:23) 날까지로 보증하고 있고, 구원을 보증하는 인은 성령님이 치시고 7:3절의 인은 하나님의 인을 천사들이 치는 것으로 인의 성격이 다르다

그러므로 7:1-3의 인치는 사건에서 인은 하나님의 도장인데 하나님의 소유권을 증명하고, 하나님의 소유물을 보호하는 의미로 도장을 찍는 원어의 의미대로 구원받은 택자들을 심판대환난에서 보호하기 위하여 인을 친다는 계시록적 표현을 주님의 예언적 표현으로 한 것이다.

따라서 천사를 사방에 보내 택자를 불러모으는 어린 양의 인봉사역의 과정으로 인봉사역의 과정으로 1절-3절을 해석하여야 한다.

1절 - 이 일 후에(앞에 사건) **내가 네 천사가 땅 네 모퉁이 선 것을 보니**

땅의 사방의 바람을 붙잡아 바람으로 하여금 땅에나 바다에나 각종 나무에 불지 못하게 하더라

(1) 인치는 시기 - 이 일 후. 천체이변이 일어난 후로서 다른 각도에서는 7년 대환난 전 [땅의 사방의 바람(계9:14-15)을 붙잡아 불지 못하게] 한 사건 후이다.

① 땅 네모퉁이 - 동서남북을 의미. 이는 지구 전체를 말하는 것으로 온 세상을 의미한다. 지구가 4각형으로 되었다는 1세기 우주론을 말하는 것이 아니다.

② 땅의 사방 바람 - 바람은 전쟁으로 하나님의 형벌을 상징한다.
사29:6,3; 렘41:36;4:12; 단11:40; 암1:14; 합1:11,6

문맥에서는 9:13부터 시작되는 6째 나팔이며 두번째 화인 7년 대환난의 바람이다. **계9:14-15**
성도가 7:9-14에 천상에 올라가면 8장부터 나팔재앙사건이 시작되는데, 6째 나팔 때 전쟁의 바람을 붙잡은 천사를 놓아 줌으로 전쟁이 일어나 사람 1/3이 죽는 7년 대환난 어린 양의 진노(계6:16)가 있게 된다.

③ 불지 못하게 함은 시한부로 바람을 불지 못하게 하는 하나님의 주권적 섭리를 의미하는 상징이다.
불지 못하게 하는 ㉠이유는 아직 영생주기로 작정된 이방인의 구원받은 총수가 채워지지 않았고(행13:48; 롬1:25), 다른 각도에서는 순교자 수가(계6:11) 채워지지 않았기 때문에 7년 대환난의 바람을 한시적으로 억제해 놓고 있는 상황이다.

㉡ 다른 각도에서는 3절에 인치기까지, 사방에서 택자를 모으기까지

(마24:31) 시한부적으로 바람을 불지 못하게 한 것이다. 최후 7년 대환난 심판을 잠깐 유보하신 것이다.

* 바람의 영적의미 – **전1:6; 사41:16; 57: 13;64:6; 렘4:19, 13:24, 22:22, 49:36; 단7:2; 호8:7;13:15; 슥2:6; 히1:7**

바람은 하나님의 형벌시에 무기의 하나인데 실제로 바람이 불면서 땅에서는 죄악으로 인하여 언제 어디서 일어나는지 알지 못하나 전쟁의 바람으로 형벌의 상징이다. 그리고 형벌에는 천사와 관계되어 있으며 땅의 사방의 바람은 세계적인 전란이며 '불지 못하게 함'은 전쟁을 기한부 억제하는 것을 의미한다.

2절 – 또 보매 다른 천사가(네 천사가 아님) **살아 계신 하나님의 인을** (도장) **가지고 해 돋는 데로부터 올라와서 땅과 바다를 해롭게 할 권세를 얻은 네 천사를 향하여 큰 소리로 외쳐**

(2) 하나님의 인은 무엇인가

첫째 소유권의 표시로, 둘째 약속의 표시로, 셋째 보호와 보증의 표시로 찍는 하나님의 도장이란 뜻이다. 그러므로 여기서 인을 치는 것은 택한 백성들의 소유권과 보호권에 대한 약속의 보증으로 하나님의 인을 쳐 하나님 자신이 친히 보증하고 계시는 것이다.(벧전1:5)

① 살아계신 하나님의 인이다. 그러므로 살아계신 하나님의 인이기 때문에 확실하고 분명하게 끝까지 유효한 보증이 되는 것이다.

② 땅과 바다를 해롭게 할 권세를 얻는 네 천사 – 땅의 사방의 전쟁의 바람을 붙잡은(1절) 네 천사로서 계9:14-15에 결박된 네 천사이다.(세계 인구 1/3이 죽는 세계적인 전쟁을 일으킬 네 천사)

3절 - 으르되 우리가(인치는 천사들) **우리 하나님의 종들의 이마에 인치기까지 땅이나 바다나 나무나**(자연계) **해하지 말라 하더라**

(3) 인침의 대상

① 우리 하나님의 종들이다. 여기 하나님의 종들은 마지막 때 사명받은 특수한 그룹이 아니다. 특별한 그룹으로 보고 문자적 144,000으로 주장하는데 아무런 성경적 근거가 없다. 결론의 책인 계시록의 종결부분에서 하나님의 종에 대한 개념을 정확하게 표현하고 있는데 천국에서는 그 백성들과의 관계를 하나님을 섬기는 종으로 나타내고 있다. **롬6:22; 벧전2:16; 행2:18.**

계22:3에 [그의 종들이 그를 섬기며]라고 증거하고 있다. 22:1-5의 문맥에서 천국에서 종들이 그를 섬기고있다. 그렇다면 특수한 그룹 144,000명만 천국에서 하나님을 섬기는 모순이 생긴다.(22:9, 19:5)

22:5절에 밤이 없고 등불과 햇빛이 쓸데 없는 천국에서 [저희가 세세토록 왕노릇하리라]고 증거하고 있는데 [저희가]는 3절에서 언급한 종들이다. [세세토록]은 무한한 천상시간개념으로서 다른 각도에서는 영생을 의미하기도 한다.

그렇다면 144,000만 영생한다는 논리가 성립되고 144,000명만 천국을 가게 된다는 것이 엄청난 모순이 아닐 수 없다. 그러므로 이 하나님의 종들은 교회시대 구원받은 이방인 성도들이다. 성도들을 성경에서는 하나님의 종으로 언급하고 있다. **롬6:22; 벧2:16; 행2:18**

그러므로 이 하나님의 종들이 구원받은 모든 시대 모든 성도들로서, 이들이 천국에 가서 하나님을 섬기며 영생할 종들이다.

또 본문에 종을 문자 그대로 사명받은 하나님의 종들로 보는 이유 중에 하나는 계22:16의 근거를 둔다. 하지만 이 부분도 잘못 적용한 것이다.

계 22:16 나 예수는 교회들을 위하여 내 사자를 보내어…

본문에 사자는 〈ἄγγελος;앙겔로스 : 사자,천사〉이며 계 7:3의 종은 〈δοῦλος ; 둘로스 ; 종〉으로서 단어가 전혀 다르기 때문에 적용할 수 없다. 종은 종이고, 사자는 사자이기 때문에 본문 3절의 '하나님의 종들을' 마지막 때 사명받은 종들로 보는 것은 오해이다.

이러한 성경적 근거에 의해 본문의 하나님의 종은 분명히 구원받은 모든 성도들을 상징하는 표현이다. 요한계시록에서는 종의 개념을 어떻게 사용하는지 분석해야 되는데, 분석도 하지 않고 선입견을 갖고 보기 때문에 오해한 부분이다.

이렇게 하나님의 인받은 교회시대 구원 받은 모든 성도를 상징하는 하나님의 종들의 144,000이 땅에서 구속함은 얻은 셀 수 없는 큰 무리가 흰 옷을 입고 9절에 천상보좌와 어린 양 앞에 서게 된 것이다.

이는 다른 각도에서 천사를 사방에 보내 이방인 택자들을 모아 천상곳간에 끌어 올리신(휴거) **어린 양의 인봉사역의 클라이막스** 부분이다.

마 24:31 그가 큰 나팔소리와 함께 천사들을 보내리니 그들이 그의 택하신 자들을 하늘 이 끝에서 저 끝까지 사방에서 모으리라

살전 4:16-17 주께서 호령과 천사장의 소리와 하나님의 나팔소리로 친히 하늘로부터 강림하시리니 그리스도 안에서 죽은 자들이 먼저 일어나고 / 그 후에 우리 살아 남은 자도 그들과 함께 구름 속으로 끌어 올려 공중에서 주를 영접하게 하시리니 그리하여 우리가 항상 주와 함께 있으리라

계 7:9-10 이 일 후에(인친 사건) 내가 보니 각 나라와 족속과 백성과

방언에서 아무도 능히 셀 수 없는 큰 무리가 흰 옷을 입고 손에 종려 가지를 들고 보좌 앞과 어린 양 앞에 서서 / 큰 소리로 외쳐 이르되 구원하심이 보좌에 앉으신 우리 하나님과 어린 양에게 있도다 하니

이 셀 수 없는 큰 무리 속에는 ①구원받은 이방인 총수(롬11:26), ②순교자 총수(6:11)가 플러스 되어 있고, 다른 각도에서는 주님의 공중임재 직전까지 예수님 믿고 죽은 성도들과 주님 공중강림 때 살아서 변화된 성도들이다.

주님 공중강림 때 부활변화된 성도들을 1차 부활에 참여한 자들이라고 부르고 부활사건 측면에서는 첫째 부활이라고 한다. 이 첫째 부활이라는 개념을 잘 알고 있어야 계시록을 바르게 이해할 수 있다.

이렇게 성도의 부활은 단수의 첫째 부활로 종결됨으로 성도의 궁극적 최후 승리가 성도 휴거로 마무리 되는 것이다. 할렐루야! (자세한 휴거론은 필자저 [요한계기록 흐름이해] 주제 [휴거론 참조])

이렇게 천상에 나타난 구원받은 무리들을 7:9에서는 셀 수 없는 큰무리라고 기록하고, 14장에서는 땅에서 구속받은 144,000이라는 상징적 표현으로 기록하고 있다.

이렇게 살전4:16-17과 주님의 예언인 마24:31의 말씀을 계7:9-10에 적용하여 성경 장수로는 7장이 교회휴거장이며, 7장대로 표현하면 드디어 천상에 성도가 나타난 것이다. 자세한 내용 7:9절 해설참조.

2) 이스라엘 각 지파의 인치심 (4-8)

4절 - 내가 인침을 받은 자의 수를 들으니(ἤκουσα ;에쿠사;부정과거 능동태 3인칭 단수) **이스라엘 자손의 각 지파 중에서 인침을 받은 자들이 십사만 사천이니**

* 요한이 인 맞은 자의 수를 들었는데 [들으니]라는 동사 시상이 부정과거로, 단수로 들으므로서 7장의 인은 구원의 인이 아님을 증명하고 있다.

5절 - 유다 지파(여호와를 찬송함) **중에 인침을 받은 자가 일만 이천이요르우벤 지파** (아들을 보다) **중에 일만 이천이요 갓 지파**(복음) **중에 일만 이천이요**

6절 - 아셀 지파(복, 운좋은, 행복한) **중에 일만 이천이요 납달리 지파**(씨름)**중에서 일만 이천이요 므낫세**(잊었다) **지파 중에서 일만 이천이요**

7절 - 시므온(듣다) **지파 중에 일만 이천이요 레위**(친함) **지파 중에 일만 이천이요 잇사갈**(고용군, 삯군, 상주심) **지파 중에 일만 이천이요**

8절 - 스블론(후한 상급) **지파 중에 일만 이천이요 요셉**(저는 이길것임) **지파 중에 일만 이천이요 베냐민**(오른손의 아들) **지파 중에 인침을받은자가일만 이천이요**

① 두 종류의 이스라엘의 의미 - **창32:28; 35:10; 눅1:16; 롬9:6; 눅22:30; 엡2:18,19; 롬4:16; 갈3:7, 29; 6:16**

이상의 성경에는 이스라엘은 야곱이며, 이스라엘은 아브라함의 아들이며, 이스라엘은 육신을 따라 난 이스라엘(고전10:18)로 부르는 혈통적으로 아브라함의 후손인 이스라엘이 있고, 하나님의 이스라엘(갈

6:16)이라고 부르는 이방인 성도를 의미하는 영적인 이스라엘이 있다. 이는 믿음으로 아브라함의 아들된 자들이다(갈3:7).

그러므로 이스라엘은 육체를 따른 혈통적인 이스라엘과 이방인으로서 그리스도 예수를 믿음으로 말미암은 아브라함의 자손인 영적 이스라엘이 있다.

② 십사만사천의 의미 - 이에 관하여는 여러 가지 견해가 있어서 정설이 없음으로 극히 경계하며 타당한 이유를 확인해야 한다.

계7:4-9;14:1, 3, 4; 약1:18; 계7:14 이와 같은 성경의 교훈에 의하여 구약 육적 이스라엘 지파의 구원된 자손을 포함하고 이방인 성도를 포함한 영적 이스라엘의 총수(이방인의 구원총수)를 상징한 수이다.

상징 수인 첫째 이유 - 12지파(구약성도 대표) X 12사도(이방인 성도 대표) X 1000(하나님의 내정수)=144,000으로 구원될 성도의 총수이다. **계21:12, 14**

둘째 이유 - 본문 이스라엘 지파의 4가지 특징 때문이다.
이런 이유는 사도 요한이 육적 이스라엘 보다는 영적 이스라엘을 부각시키고자하는 의도를 알 수 있다.

(1) 구약성경에서 일반적으로 야곱의 장자인 르우벤이 먼저 등장하는 것과는 달리(창35:22-26; 신33:5-25) 본문에서는 유다 지파가 가장 먼저 등장한다. 이는 유다 지파에서 메시야가 나신 것을 반영하고 있다. **창49:10; 대상5:2; 히7:13, 14**

(2) 본문에서는 단 지파가 생략되어 있다. 우상 숭배로 인해서 고의적으로 제외되었다**(창49:17; 삿18:18, 19,3 0; 왕상12:29, 30, Clarke)** 만약 육적 이스라엘의 구원받은 수라면 구원받은 사람이 단 지파에서는 하나도 없다면 얼마나 모순인가? (창49:18)

(3) 므낫세와 에브라임이 동시에 등장하지 않고 본문에서 에브라임은 생략되고 대신 요셉이 삽입되어 있다. 이는 에브라임도 단 지파와 마찬가지로 우상 숭배로 인해서 생략되었다고(호4:17), 하지만 조상이 우상숭배를 해도 후손이 회개하고 구원 받을 수 있는 것이 복음사상이다. 그러므로 단, 에브라임 지파가 생략된 것은 육적 이스라엘 보다는 영적인 이스라엘을 강조하고 있다고 보는것이 자연스럽다.

(4) 레위 지파도 들어가 있다. 요셉 지파가 에브라임과 므낫세 지파로 나뉘어 12지파에 들어가고 레위 지파가 12지파에서 빠져 제사장 지파로서 신분이 격상된 것으로 이해하는 것이 일반적인 반면에 본문에서는 레위 지파가 삽입되어 혈통적 제사장 지파가 그리 중요하지 않음을 나타내며 혈통적 이스라엘 지파보다는 영적 이스라엘을 의미하고 있다는 사실이다.

(5) 유다 지파는 인구가 제일 많고 상대적으로 베냐민 지파는 작은데 동일하게 12000명씩이라면 부자연스럽다.

이러한 이유 때문에 사도 요한은 혈통적인 이스라엘 자손보다는 영적인 이스라엘 자손을 부각시키고자 하는 의미가 있다고 본다.

셋째 이유 – 본문의 144,000명이 14:3절에 또 언급되는데 여기서는 땅에서 구속함을 받은 144,000이라고 밝히고 있다. 그렇다면 땅에서 예수님의 대속의 공로로 구속함을 받은 사람들이 문자 그대로 144,000명 밖에 안된다면 이 땅에서 주님의 구속사역을 제한시키는 엄청난 모순이 아닌가? 그래서 이단들이 자기들이 구원받은 144,000이라고 정통성을 내세우는 것이다.

넷째 이유 – 144,000을 14:4 中에서 '사람 가운데서 구속받아 처음 익은 열매' 라고 부르고 있다. 이 처음 익은 열매가 누구인가를 롬8:23에 말하고 있는데 '성령의 처음 익은 열매'는 '우리'라는 서신서를 쓰고 있는 바울을 포함한 로마교인이다. 그렇다면 로마교인으로 상징된 예수님의 보혈의 공로로 구원받은 모든 성도들이 계14:4에 처음 익은 열매로서 14:3;7:4의 144,000으로서 구원받은 총수를 상징하며, 이들은 계7:9에 셀 수 없는 큰 무리로서 구원받은 모든 성도들을 나타낸다.

이렇게 해석해야 7장 전체를 문맥에 의해서 물 흐르듯 자연스럽게 해석이 쉽게 된다.

3) 셀 수 없는 흰 옷 입은 천상 성도들 (9-10)

흰 옷을 입고 주님을 만나 천국에 올라간 수만 성도들의 모습.
(계6:12에서 시작된 6째 인봉을 뗀 사건이 계속진행 중이다.)
(이 사건은 귀로 듣고(4절) 영안으로 보고 있다(9절)).

9절 – 이 일 후에(인을 친사건) **내가 보니**(〈εἶδω;에이돈;부정과거능동태1인칭 단수동사〉로서 과거에 단1회적인 사건이다.) **각 나라와 족속과 백성과 방언에서 아무도 능히 셀 수 없는 큰 무리가 흰 옷을 입고**(〈περιβάλλω;페리발;완료분사중간태 복수〉로 흰옷을 입은 것은 과거(교회시대)의 결과가 현재 진행된 상태이다) **손에 종려 가지를 들고 보좌 앞과 어린 양 앞에 서서**〈ἵστημι;히스테미;완

료분사능동태 주격남성 복수동사〉

* 9절과 같이 드디어 마24:31과 계7:1-8까지 천사를 통해 사방에서 택자를 불러 인을 친 결과 천상보좌 앞에 셀 수 없는 큰 무리들이 나타나게 된 것이다.

성도들 관점에서 보면 살전4:16-17에 약속대로 주님께서 구름타고 공중에 강림하실 때 첫째 부활한 성도와 변화된 성도가 구름 속으로 끌어올려(휴거) 공중에서 주님을 만나 천상으로 인도되어 나타난 것이다. 그러므로 계7:9에다 살전4:16-17을 적용하여 7장이 교회 휴거장이 된다. 할렐루야!

살전4:16-17 주께서 호령과 천사장의 소리와 하나님의 나팔소리로 친히 하늘로부터 강림하시리니 그리스도 안에서 죽은 자들이 먼저 일어나고 / 그후에 우리 살아 남은 자들도 그들과 함께 구름 속으로 끌어 올려 공중에서 주를 영접하게 하시리니 그리하여 우리가 항상 주와 함께 있으리라

본문에 휴거라는 말은 없지만 셀 수 없는 무리들이 천상에 올라간 정황상 휴거 사건을 계7:9-10에 적용하여 계7장을 교회 휴거장이라 한다.

마치 한국교회가 계19장을 주님의 재림장으로 수용하고 있는데, 19장을 아무리 봐도 재림이나, 강림이라는 단어 하나도 안 나온다. 그렇지만 "지상에 강림"하시겠다는 성경의 약속을 19장에 적용하여 19장이 재림장이 되는 것 같은 이치이다.

요한계시록을 해석할 때 휴거를 반드시 해석해 내야 한다. 휴거가 없는 계시록은 없다. 계시록은 성경의 결론이기 때문에 성도의 부활과 변화, 주님의 구름타고 오심에 대한 언약과 불신자들의 심판과 형벌이 해

석되지 않는 것은 바른 해석이 될 수 없다.

그러므로 정통 기독교 종말론에는 반드시 휴거를 적용 해석하는데 견해차이는 있다. 환난을 중심으로 환난 전 휴거냐, 환난 중간 휴거냐, 환난 후 휴거냐, 그 가운데서도 전체 휴거냐, 제한 휴거냐 견해차이는 있지만 반드시 휴거가 적용해석 되어야 한다.

그런데 필자가 연구한 결과 이단일수록 휴거가 없다는 사실을 알게 되었다. 예를 들면 신천지 같은 경우, 박태선 아류들은 휴거가 없다. 휴거는 전능하신 주님의 주권적 역사인데 어떻게 인간교주들이 많은 사람들을 휴거시킬 수 있겠는가?

그래서 이단들은 비유풀이나, 상징으로, 영적으로 성경을 해석함으로 영광스런 성도의 부활.변화 휴거를 폐하고, 인간교주들이 재림주가 되어 지상천국론을 펼치는 것이다.

정통교단에 있으면서도 휴거를 적용 해석하지 못하면 요한계시록 사역을 그만 두어야 한다.

요한계시록은 창세기부터 요한계시록까지 성경전체를 보는 경륜적 시각이 열리지 않으면 바른 해석이 불가능하다. 요한계시록 한부분만 가지고 억지로 해석을 하기 때문에 휴거에 대한 해석을 정확히 할 수 없게 된다.

성도의 단수 부활, 변화를 복수로 해석하고, 단수 휴거를 복수로 해석하기 때문에 혼란스러운 것이다.

한국교회는 '교회의 영광스런 휴거'를 이야기하면 시한부 이단으로 보려는 경향이 있다. 그래서 목회일선에 목회자들이 휴거소망을 설교하지 못하고, 요한계시록 해석에서 확실한 휴거가 해석되지 못하는 것은 한국 교회가 휴거소망을 잃어버리게 되는 원인으로서 참으로 마음 아픈 일이다.

예수님 자신이 언약하시고, 바울이 소망하고, 데살로니가 교회, 로마 교회, 고린도 교회, 에베소 교회가 소망했던 휴거 소망을 한국교회가 회복하기를 바란다. 할렐루야!

이것이 한국교회의 마지막 희망이요 비전이다.

마24:31 그가 큰 나팔소리와 함께 천사들을 보내리니 그들이 그의 택하신 자들을 하늘 이 끝에서 저 끝까지 사방에서 모으리라(막13:27; 눅21:27)

마24:40 그때에 두 사람이 밭에 있으매 한 사람은 데려가고 한 사람은 버려둠을 당할 것이요(눅17:34-35)

마26:64 예수께서 이르시되 네가 말하였느니라 그러나 내가 너희에게 이르노니 이 후에 인자가 권능의 우편에 앉아 있는 것과 하늘 구름을 타고 오는 것을 너희가 보리라 하시니(막14:42)

살전4:16-17 주께서 호령과 천사장의 소리와 하나님의 나팔로 친히 하늘로부터 강림하시리니 그리스도 안에서 죽은 자들이 먼저 일어나고 / 그 후에 우리 살아 남은 자들도 그들과 함께 구름 속으로 끌어올려 공중에서 주를 영접하게 하시리니 그리하여 우리가 항상 주와 함께 있으리라

계1:7 볼지어다 그가 구름을 타고 오시리라 각 사람의 눈이 그를 보겠고 그를 찌른 자들도 볼 것이요 땅에 있는 모든 족속이 그로 말미암아 애곡하리니 그러하리라 아멘

(1) 각 나라와 족속과 백성과 방언에서 - 온 땅(전세계)을 의미한다. 계14:3에는 땅에서. **단6:25**

(2) 아무라도 셀 수 없는 큰 무리 - 전 세계에서, 온세상에서 죄에서 해방된 성도들의 무리 **계1:5下.** (이방인의 구원 받은 총수(롬11:11,25)

(3) 흰 옷 - 예수님의 보혈의 공로로 구원받음을 상징하는 옷이다.(신학적인 표현으로는 칭의의 옷이다.)
계7:14; 벧전1:19; 히13:12; 9:14

(4) 종려가지의 영적의미 - 구원의 표, 즐거움과 승리를 상징한다.
요12:13; 시92:12

(5) 보좌 - 천상보좌로 하나님이 좌정하신 자리이다.
히8:1; 계4:2; 계5:7; 시11:4;103:19; 사66:1;6:1; 렘17:12; 단7:9.
이 영광스런 천국보좌 앞으로 셀 수 없는 큰 무리들이 휴거되어 올라간 것이다. **살전4:16-17; 마24:31.**
이후 주와 함께 영원히 함께 있게 된다. **살전4:17下.**

10절 - 큰 소리로 외쳐 이르되 구원하심이 보좌에 앉으신 우리 하나님 과(성부) **어린 양**(예수님)**에게 있도다 하니**(이렇게 보좌 앞으로 인도 된 휴거된 성도들이 하는 일은 찬양이다.)

(6) 흰 옷 입은 무리들의 찬양 - 구원의 근원. 구원하심이 보좌에 앉으신 우리 하나님과 어린 양에게 있다고 찬양한다.
죄인 구원은 성부 하나님의 창세 전 예정과 성자 하나님의 십자가의 대속적 죽음과 성령 하나님이 적용시키시는 은총으로 완성되는 것이기 때문에 144,000을 해석할 때 주의해야 하며 이행득구식으로 해석한다면 10절의 구원의 근원을 부정하는 모순을 낳게 되는 것이다.
시37:39; 사43:11; 슥9:9; 요1:29.

3) 천사의 경배와 찬양 (11-12)

11절 - 모든 천사가 보좌와 장로들과 네 생물의 주위에 서 있다가 보좌 앞에 엎드려 얼굴을 대고 하나님께 경배하여

(1) 찬송의 무리들 : 모든 천사. 저들이 장로들과 네 생물의 주위에 서 있다가 보좌 앞에 엎드려 얼굴을 대고 하나님께 경배한다. 예배 요소.
계22:9,19:4; 시148:2.

12절 - 이르되 아멘 찬송과 영광과 지혜와 감사와 존귀와 권능과 힘이 우리(천사들) **하나님께 세세토록 있을지어다 아멘 하더라**

(2) 찬송가사 : 아멘 찬송과 영광과 지혜와 감사와 존귀와 능력과 힘이 우리 하나님께 세세토록 있을지어다 아멘하며 찬양한다.

흰 옷 입은 무리들의 찬양이후 모든 천사가 성도들의 찬양을 화답하며 저들을 구원하신 하나님께 찬양과 경배를 드린다. **5:12, 13**

4) 천상의 보상 (13-17)

13절 - 장로 중 하나가 응답하여 나아게(요한) **이르되 이 흰 옷 입은** 〈9절 페리발〉 **자들이 누구며 또 어디서 왔느냐** [왔느뇨] 〈ἔρχομαι; 엘코마이;부정과거 3인칭 복수이므로 마24:31의

주님의 예언이 성취된 것이다〉

(1) 장로의 질문 - 흰 옷 입은 자들이 누구며, 어디서 왔느냐

① 흰 옷 입은 자들이 누구냐 - 나라와 백성과 방언에서(전 세계에서) 구원받은 성도들로서(9절). 어린양의 피에 옷을 씻어 희게 한 자들이다. 예수님의 보혈의 공로로 구원함을 받은 것이다.

씻어 희게 된 동사가 부정과거로서 9절 천상에 올라갈 때 희게 된 것이 아니고 과거에 씻어 희게 된 것을 의미한다. 이러한 문법적 의미는 예수님의 피의 효력이 영원함을 나타내며, 15절에 하나님 보좌 앞에 있는 '그들이' 어린 양의 대속의 결과임을 나타낸다.

② 어디서 왔느냐 - 큰 환난에서 나오는 자들이다.

14절 - 내가 말하기를 주여 당신이 아시나이다 하니 그가(장로) **나에게**(요한)**이르되 이는 큰 환난**(성도의 환난 ; 6째 인봉까지의 환란 ; 7째 인봉사건 전이기 때문이다)**에서 나오는**(엘코메노이-현재분사중간상태남성복수동사 ; 6째 인봉사건 환난으로부터 동반하여 현재 보좌에 나타난 자들이다) **자들인데 어린 양의 피에 그 옷을 씻어 희게 하였느니라**[희게 하였느니라]〈λευκαίνω;류카이노;부정과거능동태3인칭복수〉

(2) 장로의 대답 - 장로의 질문에 요한이 대답을 하지 않고 질문했던 장로에게 대답을 전가한다.

① 어디서 왔느냐 - 큰 환난에서 나오는 자들이다. 여기 큰환난은 7년 대환난이 아니고 성도들이 지나고 있는 인봉환난이다.

큰 환난이 7년 대환난이 아닌 첫째 이유는 계6:12부터 시작된 6째

인봉 환난과 9:13부터 시작되는 대환난은 전혀 환난의 성격이 다르다. (자세한 것은 필자 저 [요한계시록 흐름 이해]의 [말세와 환난] 참고)

본문에 큰 환난이 7년 대환난이 아닌 이유.

첫째, 14절에 [나오는]이라는 동사시상이 [현재분사…]로서 현재진행되고있는 큰 환난에서 나오는 자들인데, 이 의미는 7:14까지의 6째인봉환란이 진행되고 있는 상황을 말하는 것이다. 그러므로 현재 진행되고 있는 6째 인봉환난을 의미하는 것이다.

그 이유는 아직 계8:1절부터 시작되는 7째 인봉사건 전이기 때문이다. 그래서 동사 시상에 따라 7째 인봉 이전 현재진행되고 있는 6째 인봉 환난에서 나오는 자들이라고 해석하게 되는 것이다.

15절에 […하나님 보좌 앞에 있고]에서 [있고]라는 동사 시상이 현재능동태…로서 7인봉 전인 현재진행되고 있는 6인봉 사건 중에 보좌 앞에 나타난 것을 의미함으로 15절이 보충되는 구절이다. 이렇게 성경은 일관성과 통일성을 유지하고 있기 때문에 위대한 주의 말씀이 되는 것이다. 할렐루야!

따라서 대부분은 [큰환난] 이라고 해서 막연한 선입견대로 7년 대환난이라고 보는데서 오류가 생기게 되는 것이다.

둘째, 7:14에서 인봉 큰환난이 언급된 이후 막상 7년 대환난 기간에는 [큰 환난]이란 용어가 오히려 나오지 않고, 7년 심판 대환난의 성격을 의미하는 진노, 재앙, 심판, 화, 죽음이라는 형벌개념의 용어만 언급된다. 이것은 7년 대환난의 성격을 가르쳐 주고 있는 것이다. 따라서 7년 대환난의 성격은 심판, 진노, 재앙, 죽음이라는 형벌심판 개념이다.

다른 각도에서는 둘째 화, 셋째 화로 죄악세상을 심판하는 개념인 것이다.

그러므로 셀 수 없는 큰무리인 성도들이 통과하고 있는 7:14의 인봉 환난을 7년 대환난으로 해석할 수 없는 절대 이유가 여기에 있다. 큰 환난이라고 표현은 되었지만 실제 7년 대환난과 성격이 전혀 다르기 때문이다.

성경에 나오는 환난에 대하여 연구 분석해 보면 분명히 구분이 되는데 막연한 선입견을 가지고 7년 대환난으로 해석해 버리기 때문에 오류가 생기는 것이다. 성경에는 유대인들이 당하는 환난, 불신불택자들이 당하는 환난, 이방인 성도들의 환난, 인류역사의 최후의 환난이 분명히 구분되어 있다. 신4:30; 요16:33; 살후1:6; 막13:19

그런데 큰환난이라고 해서 획일적으로 7년 대환난이리고 해석해야할 근거도 없고, 계시록이니까 무조건 한결같이 7년 대환난으로 해석해야 한다는 성경근거 또한 없다.

환난에 대해서 연구분석하여 성경전체에 모순이 되지 않는 바른 적용적 해석을 해야 계시록을 바르게 해석할 수 있다.

다음은 8장 이후 7년 대환난의 성격을 교훈해주고 있는 성경구절들이다. 계6:10을 위시하여 20:4까지 심판용어가 9회나 사용되고, 진노는 **계6:16, 17; 11:18; 14:8, 10, 19;15:1, 7; 16:1, 19; 18:3; 19:15** 등 13회나 사용되었으며 재앙이란 용어가 **계9:18, 20; 11:6; 15:1, 6, 8; 16:9, 21; 18:4, 8; 21:9; 22:18** 등에 13회나 사용되었으며, 죽음은 **계8:9 11, 9:6, 20; 11:13; 12:11; 13:10; 14:13; 16:3; 19:21** 등에 10회나 사용됨으로서 인류 최후 환난은 죄인에 대한 심판이며 진노이며 인류에게 재앙이며 죽음과 관계된 것이다.(계6:16-17)

② 누구냐(9절의 천상보좌와 어린 양 앞에 흰 옷 입고 선 큰 무리들이 누구냐는 질문에 답변이다) - 어린 양의 피에 옷을 씻어 희게한 자들

어린 양의 피에 옷을 씻어 희게 한 자들인데 여기 [희게 하였느니라.

본문참조]는 동사시상이 부정과거…이다. 이 의미는 보좌와 어린양 앞에 설 때 현재 씻어 희게 한 것이 아니고 현재 보좌에 나타날 때보다 이전에 씻어 흰 옷을 입은 상태가 지금 보여지는 것을 의미한다.

그러므로 현재 보좌에 나타나기 전(휴거되기 전) 교회시대에 이미 예수님의 보혈의 공로로 구원받은 표로 흰 옷을 입고 있던 성도들이 휴거되어 보좌에 나타난 의미가 된다. (사데 교회사자, 라오디게아사자는 못입음)

따라서 어린 양의 피에 씻어 흰 옷을 입은 것은, 다른 각도에서는 구원받아 예수님 앞에 설 수 있는 자격을 갖춘 것은 역사적 사건이 되는 것이다. 그러므로 이 성도 무리들을 계7:1-3의 하나님의 종들과 분리하고, 140,000과 분리하여 144,000 특수그룹과 9절의 큰무리 그룹으로 나누는 해석은 주님의 구속사를 혼란에 빠뜨리는 아주 위험한 해석이다.

이들은 누구인가. 교회시대 전 세계에서 구원받은 성도들이다. 다른 표현으로는 어린양의 보혈의 공로로 모든 죄를 용서받은 증표로 흰 옷을 입고 휴거되어 천상보좌와 어린 양 앞에 나타난 성도 무리들이다.

계5:9-10; 벧전2:9

정리하면 이 성도 무리들은 현재 진행되고 있는 인봉환난으로부터 동반하여 나타난 자들로서 어린 양의 피에 그 옷을 씻어 희게 한 자들이다.

* 참고로 인봉환난의 목적은 첫째 순교자의 수를 채우는 목적(6:11), 둘째는 구원받은 총수를 채우는 목적(롬11:26)이 있다.

그런데 이 인봉환난의 기간은 얼마인지 성경은 침묵하고 있으며, 순교자들의 호소에, 자기 동무 종들의 수가 차기까지 잠깐 동안 즉 [가장 짧은 시간동안. 6:11 원어, 참고] 쉬라고 하신 말씀대로 성도의 순교가 있을 기간으로 6인봉 사건기간이다.

* 이런 원어 의미에 따라 다른 각도에서는 6인봉 사건이 전개되고 있는 상황가운데 7:14에 표현한 [큰 환난]은 순교자 수를 채우는 잠깐동안의 기간으로 7년 대환난이 아닌 것이 분명하다.

하나님의 시간은 하루가 천년이고, 천년이 하루라는 사실에 대입하여 7년은 잠깐이라 합리화할 수도 있겠지만 여기에 또 문제가 있다.

계20:4-6에 순교자들이 첫째 부활에 참여한 자들인데, 6:11에는 아직 첫째 부활에 참여하지 못했기 때문에 호소하는 것이다. 그래서 잠깐동안 첫째 부활을 기다리고 있는데 6장부터 7년 대환난이라는 선입견대로 큰환난을 해석한다면 순교자가 휴거되지 못하는 모순이 생긴다.

그래서 환난 후 휴거론이 지지를 받는 것처럼 보이지만 19:7, 8, 9, 어린양의 아내 신부가 예비되었는데, 예비되었음을 언급한 19장에서 즉 대환난 후에 예비된 것이 아니고 [예비되었으니]의 동사시상이 부정과거로서 19장 이전에 예비된 것을 증거하고 있다.(19:7, 8, 9의 원어 동사시상 해설 참조)

기존의 환난 전 휴거를 주장하는 분들이나 '환난 후 휴거를 주장하는 모든 분들이 7:14의 큰환난을 7년 대환난으로 보는데서 오류가 생긴 것이다. 반복하지만 6인봉 기간에 언급한 큰환난은 7년 대환난이 아니고 6인봉 환난이다.

그러므로 **교회의 휴거는 9장 7년 대환난 전**이다.(계9:13) 그렇다고 기존의 세대주의에서 말하는 6장 환난 전은 아니다.

목회자나 성도들은 교회시대 성도들이 거쳐야하는 잠깐동안의 인봉 환난이 섭리되어 있기 때문에 장차 다가올 미래 역사를(하나님의 미래 시간표) 계시하신 요한계시록 말씀을 읽고 가르치고 전해야 한다.

계1:3)

그래야 주의 자녀들이 미래역사를 섭리하시는 하나님의 경륜을 바르게 깨닫고 장차 일어날 사건들과 교회 휴거와 우리 주님의 강림을 지혜롭게 대비하며, 기름을 준비하는 아름다운 신부로 살아가게 되는 것이다.

* 적용적 해석 - 성경은 어떤 선입견을 가지고 대하느냐에 따라서 얼마든지 상이한 이론이 가능하지만 하나님께서 그것을 인정하느냐 하는 것을 항상 잊지 말아야 한다.

그러면 환난 중에(계7:13-14) 천상에 나타난 성도의 무리는 무엇인가에 관하여 좀더 연구하자.

계12:12,14:3;15:2-4;18:20;19:1, 6-8, 9;20:4, 5

위와 같이 7:4-9절에서 천상의 성도가 나타난 후에는 땅에서는 계20:1-6까지 나타나지 아니하며 비로소 계20:9에 지상 성도가 나타나는데 환난을 통과한 자 중에 천년 세계에 들어간 자들인 것이며 천상성도에 대한 적용적 해석에서 계20:5은 첫째 부활에 참여하는 자들이라고 증거하고 있는 것이다. 그러므로 성도들이 들림받는 시기는 계7:9-10 의 천상성도 출현 때라고 믿는다.

15절 - 그러므로 그들이(흰 옷입은 성도들) **하나님 보좌 앞에 있고**(ἐιμι ;에이미;현재능동태3인칭복수-흰 옷 입은 성도 그들이 현재 능동태3인칭 복수로서 6째 인봉사건 중에 하나님 보좌 앞에 나타난 것이다-이들은 6:11의 순교자의 수를 포함한 것이다. 이유는 살전4:16-17, 고전15:51-52) **또 그의 성전에서 밤낮 하나님을 섬기매 보좌에 앉으신 이가 그들**(성도들) **위에 장막을 치리시니**

(3) 천상성도들의 봉사 - 어린 양의 피의 공로로 천상에 올라간(휴거) 성도들은 밤낮으로 하나님을 섬기게 된다. 섬기다는〈λατρεύω ; 라트류오〉로서 봉사하다, 섬기다, 예배하다는 뜻이다.(천상예배)

16절 - 그들이 다시는 주리지도 아니하며 목마르지도 아니하고 해나 아무 뜨거운 기운에 상하지도 아니하리니

(4) 하나님의 위대한 보상과 위로. 천국에서 누리는 영원복락이다.(永遠福樂)

① 보상 공급자 - 보좌에 앉으신 이시다. 즉 4장에서 영광의 천상 보좌에 앉아 계신 하나님이시다.

② 보상과 위로의 내용 - 천상 성도들이 누리는 보상이다.

㉠ 하나님의 보좌 앞에 있게 하신다.(15절)

㉡ 하나님을 섬기는 특권을 주시고.(15절)

㉢ 장막을 쳐주시고 - 영원한 안식을 보증(15절)

㉣ 다시 주리지도 아니하며, 목마르지 아니하고 - 절대 만족한 은총이다. (잠10:3, 요6:35, 사 49:10). 영육간의 모든 갈증을 해결.

㉤ 해나 아무 뜨거운 것에 상하지 아니하고 - 절대 안전한 은총이다. **계21:4; 요4:14; 사49:10** 모든 인류의 고통에서 해방.

17절 - 이는 보좌 가운데에 계신 어린 양이 그들의 목자가 되사 생명수 샘으로 인도하시고 하나님께서 저희 눈에서 모든 눈물을 씻어 주실 것임이라

ㅅ 어린양이 목자가 되어 주시고. (요10:11)

ㅇ 생명수 샘으로 인도하여 주시고. (계21:6, 22:17)

ㅈ 하나님께서 모든 눈물을 씻어 주신다. (21:10.4)

모든 인생의 고통과 아픔으로부터 참된 해방과, 모든 생의 번뇌로부터 참된 해방을 주심.

어린양이 대속하셨기 때문에 이제는 저희 선한 목자가 되셔서 고통과 아픔으로부터 참 해방을 주신다. **요10:11; 계21:4,6;22:17.**

* 왜 대환난 전 휴거인가? 대환난 전 휴거를 믿는 10가지 이유.

① 구원받은 성도는 심판을(종말적 7년대심판) 받지 않기 때문이다. **요3:18.**

② 성도는 영생을 얻었고 심판에 이르지 아니하기 때문이다. **요5:24.**

③ 예수님 피로 의롭다 하심을 얻어 대환난의 진노에서 구원을 얻었기 때문이다. **롬5:9.**

④ 대환난을(종말적 7년 대환난) 피하고 인자 앞에 서기 때문이다. **눅21:35-36.**

⑤ 일상생활을 하고 있을 때 데려감을 당하기 때문이다. **마24:40-41;눅17:34-37.**

⑥ 생각지 않는 때에 인자가 오시기 때문이다. **마24:44.**

⑦ 장래 노하심에서 건져주시기 때문이다. **살전1:10.**

⑧ 장차 온 세상에 임하는 시험의 때를 면제해 주기 때문이다. **계3:10.**

⑨ 노아 홍수 때와 같기 때문이다. 하나님이 정하신 날이 되고 방주가 완성된 후 노아가족을 비롯한 생명들이 방주로 들어 간 후 하나님이 뚜껑을 닫으시고 이후 홍수가 시작되었다.

⑩ 신랑신부 관계이기 때문에-신랑이 신부의 진노를 다 담당해 주셨기 때문이다.(어린 양의 피로 사서 성령으로 인쳐 보증한 신부이기 때문이다. **갈3:13; 엡4:30; 계6:17**)

⑪ 요한계시록 말씀에 계시된 주님의 뜻 때문이다.

* 마지막 나팔에 대한 오해 **고전15:51**

본 구절에 마지막 나팔을 계시록에서 일곱 나팔 사건 중 마지막 나팔인 7째 나팔로 오해하고 있다. 그러나 아니다.

이유는 첫째, 고전15:51의 나팔은 성도들의 부활 • 변화와 관계된 나팔이며, 마24:31은 성도들을 소집하는 나팔이며, 살전4:16은 주님의 공중 임재와 관계된 나팔이다. 그러므로 고전15:51의 마지막 나팔은 주님께서 공중 강림하실 때 성도들을 소집하여 부활 • 변화시키는 사건과 관계된 나팔이다.(성도와 관계)

둘째, 계시록 나팔은 악인들에 대한 심판과 관계 있는 사건이기 때문에 결국 고전15장 나팔의 성격이 달라, 같은 나팔사건이라 할 수 없다. 그러므로 고전15장의 나팔과 계시록의 7째 나팔과 같은 사건으로 보고, 7나팔 사건의 마지막인 14장에서 휴거를 주장하는 환난 중간 휴거설과 7째 나팔 마지막인 19장에서 휴거를 주장하는 환난 후 휴거설은 해석을 잘못한 것이다.(계14:3;19:7, 8, 9절의 동사시제 해설참조)

8장 일곱째 인의 천상사건과 7천사 나팔재앙 예비

어린 양의 인봉사역이 6:1부터 시작되어 6인 개봉사건인 7장까지 끝나고 8장에서 제7째 인 개봉 사건이 시작되는데 특히 7째 인봉은 전개되는 사건이라기보다 장차될 7나팔 사건을 예비하는 특성이 있다.
일곱째 인봉은 일곱 나팔재앙이 되고, 일곱째 나팔은 일곱 대접 대환난의 재앙이 되어 죄악세상을 심판한다.
어린 양이 6인봉까지 개봉하셔서 인봉사역 클라이막스인 성도를 천상으로 끌어올리신(휴거) 후 7째 인을 떼어 7나팔 심판을 예비하시고 천사에게 형벌 수단을 넘겨 나팔을 불게 됨으로(6-7절) 나팔재앙이 시작된다.

그러므로 앞에서도 언급했듯이 7인, 7나팔, 7대접 사건은 고유한 사건으로서 7인 사건과 7나팔 사건의 성격이 전혀 다르다. 7인은 어린 양의 사역으로 성도들의 구원종결과 죄악세상에 대한 형벌적인 양면성이 있고, 7나팔, 7대접 사건은 심판의 성격이기 때문에 7인, 7나팔, 7대접 사건은 섞일수 없는 고유한 사건이면서 서로 연결되어 있다.

1) 7째인을 떼심과 7천사 나팔 재앙 예비

7인은 성부께서 어린 양에게 주셨으나 7나팔은 어린 양께서 7천사에 형벌수단을 넘겨서 심판한다.

1절 - 일곱째 인을 떼실 때에 하늘이(천상하늘) **반 시간쯤 고요하더니** (침묵하더니)

격렬한 나팔 재앙전 폭풍전야 같은 침묵이 흐르는 가운데 나팔재앙이 예비된다. **습1:7; 합2:20**

일곱째 인봉 사건 이후 일어날 재앙에 대한 예언적 침묵이다.

2절 - 내가 보매 하나님 앞에 일곱 천사가 서있어 일곱 나팔을 받았더라

(1) 하나님 앞에 서있는 7천사가 나팔을 받는다.

이후에 불게 될 7재앙 나팔을 7천사가 인수한다. 형벌수단이 천사에게 넘어간다.

7인은 보좌에 앉으신 성부께서 어린 양에게 주셨으나 7나팔은 심판주이신 어린 양께서 7천사에게 줌으로서 나팔 재앙이 시작된다. 그러므로 7인 7나팔 사건의 성격이 다르다. 7인은 환난의 성격으로서 구원받은 성도들과 순교자의 수를 채우고, 불신자들을 형벌하는 성격이다.

그래서 인봉 환난이라고 구별하여 부른다.

하지만 나팔사건부터는 글자 그대로 재앙이다. 애굽의 내린 열 재앙이 문자대로 이루어진 것 같은 의미다. 그러므로 성도는 지상에 없다. 지상에는 생명책에 녹명되지 못한 자들(계13:8)과 이방인의 구원받은 수가 채워지는 동안 완악했던 유대인들이 남아있다.(이방인 성도 중에 구원의 기회를 놓친 사람도 있을 수 있지 않느냐는 질문들이 많은데 더 이상은 성경의 언급이 없기 때문에 흑백의 대답을 할 수가 없으며 롬 11:25을 근거로 하나님의 경륜을 믿자.)

* 영적 해석 * 나팔의 영적 의미

① 출19:13 - 나팔을 길게 불 때 산(시내산, 11절) 앞에 모이게 함

② 민10:3 - 두 나팔을 불 때 온 회중이 회막문에 모이게 함

③ 사58:1 - 하나님의 백성에게 허물을, 야곱의 집에 죄를 고함

④ 욜2:1 - 임박한 여호와 날을 알리게 함

⑤ 습1:16 – 나팔을 불어 경고하게 함
⑥ 슥9:14 – 여호와께서 도구로 사용하심

이상의 성경과 같이 나팔은 백성들을 모이게 하고, 죄와 허물을 알리고, 경고하며 여호와의 날을 알리는 도구였다. 이처럼 천상에 성도가 나타난 이후 이 세상에 여호와의 심판을 실행하는 재앙나팔이다.

그러나 첫째 나팔부터 7년 대환난 시작인지는 명확하지 않다. 이는 하나님의 하시는 일의 시종을 아무도 알지 못하게 하시고 징조를 주시어 깨어 있게 하시는 뜻이 있으리라 믿는다. **전3:11**

3절 – 또 다른 천사가 와서 제단 곁에 서서 금 향로를 가지고 많은 향을 받았으니 이는 모든 성도의 기도와 합하여 보좌 앞 금제단에 드리고자 함이라

(2) 또 다른 천사의 등장 : 반시간의 침묵 후에 성도들의 기도를 관장하는 천사가 나타난다. 성도들의 기도는 심판을 재촉하고 따라서 종말론적 순서의 한 요소인 것을 나타낸다. 종말론적 주의 기도 “나라에 임하옵시며”의 교회시대 이방인 성도들의 기도가 응답되어 이루어지는 나팔재앙 사건이다.

① 제단곁에 서서 금향로를 가짐 – 단수의 제단으로, 제물드리는 곳으로 지성소 입구에 있는 제단이다.

② 금향로에 향을 받아 보좌 앞 금제단에 드림

③ 천사가 손으로 향연과 성도들의 기도를 하나님 앞에 올린다. – 향연이 올라가는 것같이 성도의 기도가 하나님 앞으로 올라간다. 분향단은 기도의 상징이다. **시141:2.**

향연이 성도의 기도와 함께 올라간다. **계8:4**

4절 - 향연이 성도의 기도와 함께 천사의 손으로부터 하나님 앞으로 올라 가는지라

* 천사는 성도의 기도를 하나님께 운반하는 봉사의 역할을 한다. 그러므로 성도의 기도는 공허한 것이 아니라 분명히 하나님께 열납되어진다. **시19:14, 141:2; 단9:21~23**

기도는 하나님께 바쳐지는 최선의 향연인 것이다.(시141:2, 계5:8)

5절 - 천사가 향로를 가지고 제단의 불을 담아다가 땅에 쏟으매 우레와 과 음성과 번개와 지진이 나더라

④ 천사가 향로에 불을 담아 땅에 쏟는다 - 천사가 금향로를 가지고 제단 위에 불을 담아다가 땅에 쏟는다. 천사는 번제단으로 돌아와 불을 취하여 향로에 담아 땅에 쏟은 것이다. 하나님 앞으로 향기로운 기도의 향연을 올렸던 향로가 이제는 하나님의 진노의 그릇으로 땅 위에 쏟아졌다. 순교자들의 신원의 호소가 응답되는 성격이다.

⑤ 우레와 음성과 번개와 지진이 남 - 하나님의 진노와 위엄을 나타낸다. 드디어 7나팔에 진노의 심판이 시작되기 전 예고하는 신호들이다. **시18:13 사29:6, 벧후 2:3.** 심판은 지체되지 않는다.

* 향로에 담긴 불은 성도들의 기도가 드려진 그 제단에서 담아 온 것이므로 7나팔 재앙은 하나님께서 성도의 기도에 신실하게 응답하신 사실을 나타낸다.

택자들의 종말론적 원한을 풀어 주는 성격이다(눅18:7-8). 하나님의

공의로운 진노의 심판이다.(계6:16-17)

6절 – 일곱 나팔을 가진 천사가 나팔 불기를 준비하더라

하나님 앞에 향기로운 향이 되어 열납된 기도를 받으시고 그 응답으로 7나팔이 예비된 것이다.

(3) 천사가 나팔 불기를 예비함.

7째 인까지 어린 양이 떼시고 천사에게 형벌 수단이 넘겨져 드디어 7나팔 재앙이 준비 완료된 것을 예고함.

* 나팔은 하나님께서 직접 대종말 사건에 간섭하고 계심을 나타낸다.
습1:15-16; 욜2:1; 슥9:14.

2) 7천사 나팔사건과 천상영계 (8:7-14:20)

7절 - 첫째 천사가 나팔을 부니 피 섞인 우박과 불이 나와서 땅에 쏟아지매 땅 삼분의 일이 타 버리고 수목의 삼분의 일도 타 버리고 각종 푸른 풀도 타버렸더라

(1) 첫째 나팔(땅에 쏟음) - 피 섞인 우박과 불로 지상 1/3 화재사건

전 세계의 1/3이 불타 농작물에 피해가 심각해지고, 과일 맺는 모든 나무가 1/3이 불타고 초원의 1/3이 불에 타 전 세계의 자연과 생태계가 파괴된다. 이렇게 온땅의 1/3이 불에 타 그 연기로 인하여 하늘을 덮어 지상에 남아 있는 자들은 호흡곤란으로(호흡기질환?) 죽어나는 사람들도 속출할 것이다. 이 재앙은 첫째 나팔에 불과하다.

* 관주응용 * ① 우박 - 지존하신 하나님의 심판수단이다.
출9:24; 시18:12,13; 사30:30; 학2:17.

학2:17 - 여호와가 돌이키지 않기 때문에 사람의 손으로 지은 모든 일에 우박으로 치심(치는 목적)

② 불 - **출9:23,24; 겔38:22**

겔 38:22 내가 또 전염병과 피로 그를 심판하며 쏟아지는 폭우와 큰 우박덩이와 불과 유황으로 그와 그 모든 무리와 그와 함께 있는 많은 백성에게 비를 내리듯 하리라

7장에서 어린 양이 택자들을 모아 천상세계로 휴거시키시고 지상에 남아 있는 인간들이 죄악을 돌이키지 않기 때문에(계9:20-21) 죄악 세상을 불이 섞인 우박으로 치시매 인간의 손으로 건설한 이 땅의 문명과 생태계 1/3이 파괴된다.

이는 지상에 사람이 살 수 없는 환경이 조성되므로 성도들의 휴거사건은 그 자체가 불신앙자들에게는 큰 재앙이 된다.(계6:16-7)

8절 - 둘째 천사가 나팔을 부니 불 붙는 큰 산과 같은 것이 바다에 던져지매 우매 바다의 삼분의 일이 피가 되고

(2) 둘째 나팔(바다) - 해상 재앙이다. 바다 1/3이 피가 된다. 바다 가운데 생명가진 피조물 1/3 죽고, 배들의 1/3이 깨진다.

* 불붙는 큰 산과 같은 것은 무엇일까? **렘51:25; 출7:20-21.** 우리는 정확하게 알 수는 없다.

전 세계의 바다 1/3을 피가 되게 할만한 불 붙는 큰 산에 대해 참고할 만한 몇가지 견해를 소개한다.

과학적인 조명을 한다면, 화산 폭발 때 용암이 바다로 흘러들어 가는

광경으로 보는 분들도 있다. 핵폭탄이 터질 때 생기는 섬광이 버섯구름과 같이 큰 산을 이루는 현상으로 보기도 한다.(Bengle, Grotius)

또 대기권으로 진입해 오는 운석이라고 보는 분들도 있다. 대개는 대기권으로 진입하면서 불에 타버리지만 큰 운석은 타지도 못하고 불이 붙은 채로 바다에 떨어질 수 있다. 반경 10km정도의 운석이라면 지구인이 전멸한다고 한다. 반경 1km정도의 운석이라도 큰 산처럼 보이고도 남을 것이다. (달에는 운석 충돌로 생긴 흔적인 크레이터 투성이라고 한다. 금성, 화성, 목성에도 크레이터가 많다. 지구에도 운석 충돌로 생긴 크레이터가 많이 생겼으나 물, 바람, 대기로 인한 풍화작용과 침식으로 인해 크레이터가 거의 사라졌다. 그 중 지금까지 남은 크레이터 중에 애리조나 크레이터가 있다. 지름 30m의 철 운석이 떨어진 것이다. 규모는 지름이 1.3km, 깊이가 174m이다.)

9절 - 바다 가운데 생명 가진 피조물들의 삼분의 일이 죽고 배들의 삼분의 일이 깨지더라

* 불 붙는 큰 산과 같은 것이 바다에 던져지자 바다 가운데 생명가진 피조물들이 1/3이 죽고 배들의 1/3이 깨졌다. 바다가 피로 변한다면 바다 오염으로 인하여 바다의 생물들이 살 수가 없다. 또 배들의 1/3이 깨졌다는 것은 불 붙는 큰 산과 같은 것이 바다에 떨어질 때 그 지역에 배들이 박살 나는 것이라 볼 수도 있고, 운석일 경우 그 충격의 여파로 풍랑이나 해일이 일어나 배가 파선할 수도 있다.

* 바다에 대한 영적 의미 - 짐승의 거처에 대한 심판.

계13:1; 단7:3,17; 시104:25; 사27:1; 겔27:26-27;28:8; 계16:3

10절 - 셋째 천사가 나팔을 부니 횃불 같이 타는 큰 별(단수)이 하늘에 서(대기권) 떨어져 강들의 삼분의 일과 여러 물샘에 떨어지니

(3) 셋째 나팔 - 강, 샘의 오염으로 인한 참사 사건.

① 횃불같이 타는 큰 별 하나가 떨어짐

② 강들의 삼분의 일과 여러 물샘에 떨어짐

③ 이 별들의 이름은 쑥이라 - 수질을 오염시킬 매개물이다.

④ 물들의 1/3이 쑥이 되어 많은 사람들이 죽는다.

* 큰 별이 하늘에서 떨어지는 것은 육적으로는 인간이 만든 핵폭탄이 떨어지면 방사능 오염으로 인해 물을 먹을 수 없게 되는 것이며, 영적으로는 지상의 지도자들이 타락하여 사상이 변질되는 것을 의미한다. **신19:18; 잠5:3-4; 렘9:14-15;23:13-15; 히2:15**

체르노빌에서 원자로가 폭발했을 때 그 주변의 샘물을 마실 수 없게 되었던 경우를 상상할 수 있을 것이다. 원자력 발전소를 관리하던 성도가 휴거되고 나면 얼마든지 벌어질 수 있는 사건이다.

11절 - 이 별(단수) **이름은 쓴 쑥이라 물의 삼분의 일이 쓴 쑥이 되매 그 물이 쓴 물이 되므로** (쓰라리게 되다, 비참하게 되다)**많은 사람이 죽더라** (쑥=혼합주의, 이단사상, 진리왜곡, 다른복음)

실제적으로 3째 나팔 재앙 때 수원수나 수도근원의 오염을 상징하며, 그러므로 물의 1/3이 오염되어 물이 부족하여 많은 사람들이 죽게 될 것이다. 또한 영적으로는 변질된 사상(성경을 가감하는 혼합주의)에 대한 형벌 의미가 있는 것이다.

* 영적 의미 *

① 하늘에서 떨어진 별 - 육적으로는 인간이 만든 미사일 같은 폭탄을 상징하고, 영적으로는 지상 사명자가 타락하여 사상이 변질되는 것을 의미한다.

② 강물과 샘물이 쑥이 됨 - 영적으로 변질된 사상에 대한 형벌내림이다.

12절 - 넷째 천사가 나팔을 부니 해 삼분의 일과 달 삼분의 일과 별들의 삼분의 일이 타격을 받아 그 삼분의 일이 어두워지니 낮 삼분의 일은 추임이 없고 밤도 그러하더라

(4) 넷째 나팔 - 낮과 밤이 암흑이 된다 - 이것은 단순한 일식이나 월식이 아니라 하나님의 종말론적 심판인 것이다. 해, 달, 별들의 1/3이 타격을 받아 암흑이 되는 재앙이다. 일월성신의 빛의 강도가 1/3씩 줄어든 셈이다. **출10:21-22;욜3:15, 암5:8, 8:12.**

* 해와 달과 별의 영적 의미 - 부모 형제 즉 지도자들(창37:9), 여자(아6:10), 아브라함의 후손들 즉 많은 사람들의 무리(별;창22:17), 이스라엘 백성들(신28:62), 해, 달 우상(왕하23:5), 장사꾼들(나3:16), 흑암에 들어갈 유리하는 별(유1:13) (계6:12-13 해설참조))

이상의 성경과 같이 적용적으로는 지상에 계급을 상징한다. 하늘이 영계의 하늘이 있고 땅과 상대적인 우주에 하늘이 있는데 땅과 관계된 하늘은 이 세상이며, 해와 달이 부모이며 별이 자손을 상징하는 경우와 8장-20:3까지 지상 교회가 없는 것으로 보아 지상에 있는 각계 각층의 지도자들일 것이라고 보아야 한다.

그러므로 해와 달과 별은 지상제도의 조직에 속한 인물들이거나 이방종교의 유형이며 [타격을 받은 것]은 (8:12) 값의 형벌이므로 분명한 것이다. 그러나 자연적인 현상도 실제 있을 것을 유의해야 한다(욜3:15)

13절 - 내가 또 보고 들으니 공중에 날아가는 독수리가 큰 소리로 이르되 땅에 사는 자들에게 화, 화, 화가 있으리니(화로 인하여 슬프다, 화로 인하여 슬프다, 화로 인하여 슬프다 아이고 화가 있으리로다) **이는 세 천사들이 불어야 할 나팔 소리가 남아 있음이로다 하더라**

(5) 독수리의 세 화 예언

① 공중에 날아가는 독수리가 큰 소리로 외친다. 이 독수리는 마지막 3나팔 재앙으로 화의 신속함과 확실성을 예고하고 있다.

② 세 화 예언 - 이 세 화는 4째 나팔 이후 5째, 6째, 7째 나팔을 의미한다. 9장에서부터 시작되는 5째, 6째나팔 재앙으로 일어날 화로서 땅에 거하는 자들의 1/3이 죽는다. 세번째 화는 16장 대접재앙에서 시작된다. 첫째 나팔부터 넷째 나팔 재앙까지는 자연계에 내리는 형벌이었지만 화(禍)재앙부터서는 사람들의 생명에 위협이 되는 재앙이다. 그래서 다른 각도에서는 화라고 한다.

③ 화의 대상 : 땅에 거하는 자들. 이땅에 득세하는 악인들을 하나님께서 내버려 두는 것 같아도 궁극적으로 심판하기 위하여 당분간 연기하시면서 한 사람이라도 회개하고 돌아오기를 기다리시다가 때가 찰 때에 행한대로 보응하신다.

택자들을 휴거시킨 후 7년 심판 대환난은 세 화를 통해 최종적인 형벌을 내리시는 것이다. 특히 세 화로 예고하는 것은 갈수록 5째, 6째, 7 째 대접재앙으로 심판의 강도가 더해지고 있음을 알 수 있다.

9장 5째 나팔 5개월 황충환난과 6째나팔 1/3 살인전쟁

8장에서는 7번째 인에 연관되어 있는 7나팔 재앙 중에 4째 나팔 사건까지 기록하고 본장에서는 5째 나팔과 6째 나팔사건에 대해 기록하고 있다. 처음 4재앙은 자연계(생태계 파귀), 영계에 미치는 재앙이었다면 이후 다섯째 나팔인 첫째 화부터는 지상에 남아있는 인간들에게 직접 재앙이 떨어지는 특징이 있다.

7나팔 사건은 세 부분으로 분류된다. 자연계에 대한 4재앙과 인간이 대상인 두 재앙과, 7대접 재앙에 서곡인 7째 나팔로 나뉜다.

5째 나팔 재앙은 무저갱으로부터 황충이 올라와서 하나님의 인을 받지 않은 자들을 5개월 동안 괴롭게 하고, 6째 나팔 재앙에서는 4천사와 그를 따르는 이만의 마병대의 전쟁으로 사람 1/3이 죽는 재앙이 기록되고 7째 천사가 나팔을 불므로 7대접 재앙으로 예비된다.

1) 다섯째 나팔. 첫째 화–죽지 못하는 5개월 환난(9:1–12)

1절 – 다섯째 천사가 나팔을 불매 내가(요한) **보니 하늘에서 땅에 떨어진**(천상 영계에서 파멸되어 땅으로 던져진) **별 하나가 있는데 그가 무저갱의 열쇠를 받았더라**

(1) 하늘에서 떨어진 별 하나가 무저갱의 열쇠를 받는다.

① 떨어진 별 하나 의미 – 별들이 하늘에서 싸움(삿5:20), 계명성이 하늘에서 떨어짐(사14:12), 사탄(욥1:6), 사탄이 하늘에서 번개같이 떨어짐(눅10:18).

1절의 별은 상징적인 실존이며 하늘에 달려있는 천체의 별이 아니며 땅에 떨어졌으나 살아있는 실존으로 하나님이 허락한 범위 안에서 권세를 가진 자이다.

이 별은 '떨어진' 별인데 떨어진 것은 '죄의 값으로 파멸된' 실존을 설명함으로 사탄으로 해석되며 동시에 영계의 사탄은 육계의 인간과 더불어 역사를 함으로 땅에 사탄의 앞잡이가 될 타락한 이단자가 있을 것이다.

② 무저갱의 위치 – 무저갱에 관한 이론은 복잡함으로 복음주의자들은 성경대로만 인식해야 함을 다시 한번 명심해야 한다.
눅8:31; 계9:11; 11:7; 17:8; 20:1, 3, 7–8, 10.

그러면 성경이 교훈하는 무저갱이란 무엇인가?
첫째, 무저갱은 귀신들이 들어갈 장소임을 알고 있는 곳이다. **눅8:31**
둘째, 때가 되면 귀신들을 괴롭히는 장소이다.**마8:28–29; 눅8:31**
셋째, 무저갱의 사자는 전쟁을 일으켜 멸망할 자들의 임금이다. **계9:8–11**
넷째, 무저갱은 짐승의 대기소이다. **계11:7; 17:8**
다섯째, 무저갱은 열쇠로 통제 받는 장소이다. **계20:1**
여섯째, 만국을 미혹한 마귀 사단이 천년 동안 감금되는 장소이다. **계20:3**
일곱째, 천년 후에 잠깐 놓여 나오는 통제 받는 옥인 장소이다. **계20:7,8**
여덟째, 무저갱에서 영원 형별 직전에 대기 장소였다. **계20:10**

위의 무저갱에 관한 기록인 눅8:31; 계9:8–9, 11; 20:1, 3, 10 등은 사탄 마귀를 감금하는 영계이며, 악령인 사탄 즉 마귀와 악령 귀신들과 관계되어있다.

그러나 계9:2, 11의 영계는 [영계와 관계되어진 지상사건이나 인물과 관계되었음]을 유의해야 한다.(11절)

다시 말해 [무저갱을 여니]라는 표현은 [무저갱의 사자 사탄 곧 마귀의 지배를 받는] 지상의 어떤 사건을 의미하는 것이다. 무저갱이라고 해서 영계의 무저갱으로 해석하면 큰 모순이 생긴다. 이유는 우주의 해나 공기는 육계의 피조물로서 영계의 어떤 영향으로 실제로 가리워지는 것이 아니기 때문이다

그러므로 9장에서 무저갱이나 무저갱의 열쇠는 실제적인 영계의 무저갱이나 열쇠가 아니라 영적으로 또는 상징적으로 해석을 해야 한다. 무저갱의 열쇠는 무저갱을 열고 닫을 수 있는 권한을 의미한다.

사탄이 무저갱의 열쇠를 가졌다는 것은 황충 5개월 재앙이 무저갱의 사자 사탄의 역사로 비롯되었다는 것을 상징적으로 표현한 것이다.

2절 - 그가 무저갱을 여니 그 구멍에서 큰 화덕의 연기 같은 연기가 올라오매 해와 공기가 그 구멍의 연기로 말미암아 어두워지며 (대기 오염과 연막전술)

(2) 무저갱을 여니

① 그 구멍에서 큰 화덕의 연기 같은 연기가 올라온다.

② 해와 공기가 연기로 말미암아 어두워짐-구멍의 연기로 대기가 어두워져 해가 보이지 않는 상태가 된 것을 나타낸다. 이것은 심각한 대기오염을 나타낸다. 생화학전으로 대기가 오염되어 살 수 없는 고통을 당하는 것을 나타낸 것이리라.

3절 - 또 황충이 연기 가운데로부터 땅 위에 나오매 그들이 땅에 있는 전갈의 권세와 같은 권세를 받았더라

③ 황충이 땅 위로 나옴

* 황충 - 재앙을 상징(왕상8:37; 대하6:28; 욜1:4; 2:25), 심판의 수단을 상징(시78:46), 침략자들의 상징(사33:4), 사람을 상징(렘51:14). 이와 같이 전쟁을 위하여 예비된 5개월 황충 재앙은 하나님의 형벌수단이다.

④ 전갈 - 부역으로 인한 고통을 상징한다(왕상12:11, 14; 대하10:11, 14), 패역한 인간을 상징(겔2:6). 전갈은 가재와 같이 생겼고 꼬리에는 쏘는 독침이 있어 쏘이면 고통스럽다.

따라서 전갈의 권세는 악한 인간들을 '독'을 통하여 인간을 괴롭히는 전쟁의 방법 중에 하나이다.(7절)

4절 - 그들에게 이르시되 땅의 풀이나(상징이 아님) **푸른 것이나 각종 수목은 해하지 말고 오직 이마에 하나님의 인침을 받지 아니한 사람들만**(실제적인 인간) **해하라 하시더라**

(3) 황충 재앙

① 대상 - 하나님의 인침을 받지 아니한 사람들만 해하게 된다. 자연계에는 아무런 영향이 없고 하나님의 인침을 받지 아니한 사람들만 고통을 주는 것이다. 계7:3의 하나님의 인맞은 구원받은 성도들의 상대적 표현이다. 이 하나님의 인침을 받지 아니한 사람들 중에는 교회시대 동안에 완악했던 유대인들이 있는데 그들에게 내리는 재앙의 성격이다. 유대인들의 구원회복을 위해 고통으로 죽고 싶으나 죽을 수 없도록 막으시는 하나님의 섭리이다.

5절 - 그러나 그들을 죽이지는 못하게 하시고 다섯 달(5개월 환난) **동안 괴롭게만 하게 하시는데 그 괴롭게 함은 전갈이 사람을 쏠 때에 괴롭게 함과 같더라**

② 재앙의 상태 - 죽이지는 못하게 하고 5개월 동안 괴롭게만 하는데 전갈이 사람을 쏠 때에 괴롭게 함과 같다.

③ 재앙의 기간 - 5개월이다. 이는 상징이 아니고 실제 5개월이다. 죽음이 피해가는 5개월 재앙인 것이다.

6절 - 그 날에는 사람들이 죽기를 구하여도 죽지 못하고 죽고 싶으나 죽음이 그들을 피하리로다

* 4-5절의 영적인 해석 : 위의 5개월 환난은 산천 초목 등 자연은 파괴하지 않고 땅에 있는 불택자들인 인간에게 한하여만 몸에 '독'(전갈 독 같은)으로 전쟁을 통하여 경고하는 것이다(화학전).
그러나 5개월 환난은 이들에게 하나님께서 사랑을 베푸시는 기간임을 잊지 말아야 한다. 그리고 첫째 화에 대한 전쟁방법의 일종이다.

7절 - 황충들의 모양은 전쟁을 위하여 준비한 말들 같고 그 머리에 금 같은 관 비슷한 것을 썼으며(군모) **그 얼굴은 사람의 얼굴 같고** (요한 당시의 생각으로는 표현하기 어려운 방독면을 쓴 현대 군인의 상징)

(4) 황충의 모양

① 전쟁을 위하여 예비된 말들 같다. 이러한 표현 때문에 여러 전쟁방법 중에 독으로 사람을 괴롭게 한다면 현대 전쟁 중에 생화학전이라고 본다.

② 머리에 금 같은 관 비슷한 것을 썼다.

③ 얼굴은 사람의 얼굴 같다.

8절 - 또 여자의 머리털 같은 머리털이(황충의 머리털이 길다는 의미) **있고 그 이빨은 사자의 이빨 같더라**

④ 여자의 머리털 같은 털이 있고

⑤ 이빨은 사자의 이빨 같고

9절 - 또 철 호심경 같은 호심경이(방탄용 장비) **있고 그 날개들의 소리는 병거와 많은 말들이 전장으로 달려 들어가는 소리 같으며**

⑥ 철 호심경 같은 호심경이 있고.

⑦ 날개들의 소리가 말들이 전장으로 달려 들어가는 소리 같고.

나3:2, 3; 합1:8, 9

10절 - 또 전갈 같은과 꼬리와 쏘는 살(침을 쏘는 살)**이 있어 그 꼬리에는 다섯 달 동안 사람들을 해하는 권세**〈 ἐξουσία; 엑수시아;힘, 능력, 사법권〉**가 있더라**

⑧ 전갈과 같은 꼬리와 쏘는 살이 있고-전갈꼬리에 있는 독침 같은 치명적인 영향력을 상징한다.

⑨ 꼬리에 5개월 동안 사람들을 해하는 권세가 있었다. **계9:3, 5**

11절 - 그들에게 왕이 있으니 무저갱의 사자라 히브리어로는 그 이름이 아바돈〈파괴, 멸망, 음부의 사자(단)〉**이요 헬라어로는 그 이름이 아볼루온**〈파괴자, 살인자(단)〉**이더라**

(5) 그들의 왕 - 무저갱의 사자. 5개월 황충 같은 전쟁으로 사람을 죽이고 멸망하게 하고 파괴시키는 무저갱의 권세를 가진 악령의 사자이다. 히브리어로는 아바돈이고, 헬라어로는 아불루온이다.

12절 - 첫째 화〈οὐαι;우아이;슬픔탄성〉**는 지나갔으나 보라 아직도 이후에 화 둘이 이르리로다**

(6) 이 후에 닥칠 두 화 예언 - 5째 나팔사건인 첫째 화 5개월 황충 재앙은 지나고 이후 불게 될 6째, 7째 나팔재앙을 의미한다. 앞으로 화 둘이 남아 있다는 예고는 둘째, 셋째 화의 심각성을 강조한 것이다.

첫째 화는 지나가고 둘째 화가 온다. 요한계시록의 장차 될 사건들의 순서임을 의미한다.

2) 여섯째 나팔 - 둘째 화인 1/3 살인전쟁(대환난 시작)

대부분 계6장부터 대환난 시작으로 보는데, 계시록에서는 6째 나팔부터 대환난 시작으로 계시록 자체에서 기록하고 있다.

13절부터 6째 나팔 사건 시작되어 11:14까지이다.

이 사건 사이에 언급하고 있는 11:3의 1260일은 두 증인의 예언활동 기간이다. 1260일은 42개월로 3년 반이다. 다른 각도에서는 두 증인의 예언활동 기간이 3년 반이라는 의미와 같다.

이것은 계9:13에서 시작된 기간이다. 그렇다면 3년 반 시작 시점이라는 의미다. 이것이 7년 환난기 3년 반이니까 3년 반 시작은 7년 대환난 시작이 되는 것이다.

또 한 번 1260일이 12:6에 나오는데, 11:3의 1260일과 기간은 같지만 사건은 다르다. 전자의 기간은 6째 나팔 기간이고, 후자는 7째 나팔 기간이 되기 때문이다.

이렇게 계시록에는 7년 대환난이란 말은 없지만 삼년 반+삼년 반 합쳐서 7년 기간이 나오는데 이 기간이 흔히 말하는 7년 대환난인데 완전수 7로 구성되어 있는 경륜과 일치한다.

그러므로 7년 대환난의 시작이 어디서냐 했을 때 성경적으로 정확한 대답은 장수로는 9장부터이며, 사건으로는 6째 나팔부터이다. 선입견을 갖고 계6장부터 7년 대환난으로 보지만 성경적 근거는 없다. 계시록에서는 9장, 6째 나팔부터 대환난 시작으로 명시하고 있음을 알아야 한다.

7년 대환난 시작되는 본문에 여섯째 천사가 나팔을 불자 하나님 앞 금단 4뿔에서 한 음성을 요한은 듣는다. 이 금단은 8:3에 금향단으로 성도의 기도를 올리는 곳이다. 이 금단은 하나님 앞 보좌 바로 앞에 있다.

사단이 유브라데강 주변의 지도자들을 격동시켜 대 전쟁을 일으키고 큰 살육이 있을 것을 예언한다. 세계인구의 1/3이 죽는 사건이라면 핵전쟁으로 사료되는 6째 나팔, 둘째 화 사건이다.

* 7년 대환난의 목적 :

① 살후2:12 진리를 믿지 않고 불의를 좋아하는 자들을 심판하는 목적이다.(적그리스도를 경배하고 표를 받고 그를 하나님으로 섬기는 자들).

② 살후1:8-10 하나님을 모르는 자들과 우리 주 예수의 복음을 복종치 않는 자들에게 형벌하는 목적이다.

③ 살전2:16 이방인들에게 복음 전하는 일을 훼방하는 유대인들에게 징계하는 목적이다.

13절 - 여섯째 천사가 나팔을 불매 내가 들으니 하나님 앞 금제단 네 뿔 에서(넷은 세계요 뿔은 권세요 주님의 승리를 상징) **한 음성이 나서**

(1) 네 천사가 놓임

① 하나님 앞 금제단 4뿔에서 한 음성이 나온다 - 계8:3-5 성도들의 종말론적 기도, 6:9-10의 순교자들의 호소에 대한 응답으로 나는 음성이다.

14절 - 나팔 가진 여섯째 천사에게 말하기를 큰 강 유브라데에 결박한 네 천사를(사자) **놓아 주라 하매**

② 큰 강 유브라데에 결박한 4천사를 놓아주라 한다. 계7:1-3의 결박당한 네 천사이다. 천사들이 전쟁을 일으키는 것이 아니기 때문에, 지상에서 결박당한 유브라데강 주변 4국가 지도자들이다. 전쟁을 위하여 예비된 멸망의 지도자들이다. **잠16:4; 롬9:21-22**

15절 - 네 천사가 놓였으니 그들은 그 년 월 일 시에(하나님의 예정된 형벌의 시기) **이르러 사람 삼분의 일을 죽이기로 준비된 자들이더라**

③ 그들은 그 년 월 일 시에 - 하나님이 작정하신 형벌의 시기. 인간이 계산할 수 없고, 알 수도 없는 하나님이 작정한 대환난의 심판이 시작되는 시기이다.

④ 사람 1/3을 죽이기로 예비된 자들 - 하나님의 형벌인 전쟁을 위하여 예비된 멸망의 지도자들이다. **롬 9:21-22; 잠16:4**

* 유브라데에 결박한 네 천사 -

첫째, 유브라데는 땅이며 땅에서 결박 당한 존재임

둘째, 결박 당한 천사는 선한 천사가 아니다. 선한 영계의 천사는 얽매여 결박 당하지 않는다

셋째, 결박 당한 네 천사를 악한 천사로서 해석해야할 이유가 희박하다.

넷째, 네 천사는 마병을 거느린 자들이므로(계9:16) 영계천사로 해석하기 어려움이 있다.

다섯째, 성경은 인간을 천사라는 원어를 사용하고(약2:25;계1:20; 2:1, 8; 3:1, 7, 14; 22:16) 있다. 또 성경에는 인간을 〈앙겔로스〉로 표현하고 사자로 번역하기도 한다. 마11:10의 '사자'는 막1:2, 눅7:27; 9:52에서 인간을 나타내고 있다.

그러므로 유브라데에 결박 당한 네 천사는 사자 인간들로 그 유브라데강 주변국가 지도자나 또는 전쟁을 위하여 예비된 멸망의 지도자로서 결박 당한 자들이라 해석해야 된다.(15절)

16절 - 마병대의 수는 이만 만이니 내가 그들의 수를 들었노라

(2) 마병대

① 수는 이만만으로 2억 군대이다 - 네 천사가 풀려나자 갑자기 2억의 마병대가 등장한다. 입에서 나오는 불과 연기와 그리고 유황으로 세계인구 1/3을 죽이게 된다.(18절)

17절 - 이같은 환상 가운데 그 말들과(현대 무기인 기갑차 등을 상징) **그 탄 자들을 보니 불빛과 자주빛과 유황빛 호심경이 있고 또 말들의 머리는 사자 머리 같고 그 입에서는 불과 연기와 유황이 나오더라**

② 마병대의 모양

㉠ 이상한 말들과 그 위에 탄자들을 봄

㉡ 불빛과 자주빛과 유황빛 흉갑을 입음-전부 붉은 빛 계통의 색으로서 전쟁으로 인한 재난을 상징함.

㉢ 머리는 사자 같고-신속하게 파괴하고 정복하는 능력을 상징한다.

㉣ 그 입에서 불과 연기와 유황이 나옴-엄청난 파괴와 살상행위. 현대 무기와 장갑차에서 뿜어내는 화력을 요한 당시의 표현으로 기록하고 있다. 이는 사람을 죽이는 재앙이라고 증거하고 있다(18절).

18절 - 이 세 재앙 곧 자기들의 입에서 나오는 불과 연기와 유황으로 말미암아 사람의 삼분의 일이 죽임을 당하니라

③ 그 입에서 나오는 세 재앙으로 사람 1/3이 죽임을 당함. 대량 살육이 일어나는 전쟁의 재앙으로 사람 삼분의 일이 죽임을 당한다.

19절 - 이 말들의(군마-현대 기계화 부대) **힘은 입과**(무기의 전반부) **꼬리에** (탱크의 포신 같은 것을 상징) **있으니 꼬리는 뱀 같고** (얼룩무늬가 있는 포신의 모양) **또 꼬리에 머리가**(포신에 끝부분) **있어 그것으로 해하더라**(중화학무기로 무장하고 싸우는 대규모 전쟁의 상황을 묘사하고 있다.)

④ 말들의 힘은 입과 꼬리에 있고

⑤ 꼬리는 뱀같고 꼬리에 머리가 있어 이것으로 사람을 해한다. 영적으로는 음흉하고 교활한 술책과 거짓으로 전쟁을 부추길 사탄의 모습이다.

20절 - 이 재앙에 죽지 않고 남은 사람들은 손으로 행한 일을 회

개하지〈μετανοέω;메타노에오〉 **아니하고 오히려 여러 귀신**(들) **과 또는 보거나 듣거나 다니거나 하지 못하는 금, 은, 동과 목석의 우상에게 절하고**

(3) 이 재앙에서 살아남은 자들의 모습

① 손으로 행하는 일들을 회개치 않음 - 7장에서 올라가지 못하고 땅에 남아있는 불택자들의 강퍅한 마음이다. 말세가 될수록 이처럼 사람들이 강퍅하게 될 것을 시사해주고 있다. (양심이 화인 맞은 불신자들의 강퍅하고 완악한 모습이다.)

② 오히려 여러 귀신들에게, 우상에게 절을 함. - 우상을 숭배하는 행위는 곧 귀신들을 숭배하는 것이다. **신32:17; 고전10:20, 21**

21절 - 또 그 살인과 복술과 음행과 도둑질을 회개(죄들을 생각하고 가책을 느끼고 뉘우치는 회개)**하지 아니하더라**

③ 살인과 복술과 음행과 도둑질을 회개하지 않는다. 여기서도 하나님의 사랑은 [회개하지 아니하고]와 [회개하지 아니하더라]에서 나타나며 죄의 형벌중에서도 다시 한번 뿐만 아니라 누차 기회를 주고 계시는 것이다. 이 모습이 성도들이 휴거되고 난 다음 땅에 남아 있는 불신 불택 멸망자들의 완악한 모습이다.

* ~~관주응용~~ *

① 귀신 - **고전10:20, 21; 계16:14; 18:2**

② 우상숭배 - **시115:4, 8; 135:15; 사2:8, 20, 18; 시106:36; 사41:29; 42:17; 겔6:13; 고전10:14; 골3:5(엡5:5; 계21:8; 22:15)**

③ 복술자와 하나님 - **민23:23; 렘29:8; 겔12:24; 신18:14; 미**

5:12.

④ 음행 - **나3:4; 고전6:18; 엡5:3; 히13:4; 고전5:9, 10**

⑤ 도적질 - **출20:15; 잠28:24; 렘23:30; 말3:9; 엡4:28; 마 5:19.**

※ 계9:1-12 첫째 화이며, 9:13-11:14까지는 둘째 화임을 기억하라

10장 요한이 받아 먹은 작은 예언책

* 10장에 나타난 예언에 관하여 - 계시록 연구에서 10장을 9장과 11장의 순서에 의한 중간에 포함해야 하는가에 관하여 연구되어야 한다.

첫째, 10:1-7까지는 종말론적인 심판에 관한 둘째 화의 환난에 대한 예언 후에 일곱 나팔 심판에 대한 예언이며

둘째, 10:8-11절은 요한 개인에 대하여 [네가] [내가]로 지명된 부분이 10번 이상이므로 이 예언은 요한이 당시에 밧모섬의 유배에서 놓여 다시 예언할 것에(계시록의 예언 포함) 대한 것이며 요한이 대환난에 예언할 다른 성경이 아닌 것에 유의해야 한다.

셋째, 바다와 땅을 밟은 천사는 작은 책 예언으로는 요한에 대한 예언을 하였으며(10:1-3, 8-11) 아울러 일곱째 나팔인 셋째 화의 예언을 포함한다.(4-7)

그러므로 10장은 9장과 11장의 순서에 의한 중간에 포함하여 해석해야 한다.

1) 여섯째 나팔 사건 진행 중에 7우뢰 사건을 인봉하고 기록하지 못하게 한다.(1-4)

1절 - 내가 또 보니 힘센 다른 천사가 구름을 입고 하늘에서 내려오는데 그 머리 위에 무지개가(언약) **있고 그 얼굴은 해 같고 그 발은 불 기둥 같으며**

(1) 힘센 천사의 손에 펴 놓인 작은 책

① 힘센 천사의 모습 : 구름을 입고 머리에 무지개가 있고 얼굴은

해 같고 발은 불기둥 같으며 손에는 작은 책을 들고, 오른발은 바다를 왼 발은 온 땅을 밟고 큰 소리로 외친다.

이 천사는 계시록에 세번 등장하는데 5:2에 힘있는 천사가 힘있게 외친다. 18:21에도 힘센 천사가 맷돌 같은 돌을 들어 바다에 던진다. 10:1에는 힘센 천사가 구름을 입고 하늘에서 내려온다,

결국 계시록에서 중요한 시기에 하늘의 특명을 받고 나타나 하나님의 일을 수행한다.

㉠ 구름을 입고 하늘에서 내려 온다–하나님의 영광을 입고 나타남을 상징. **출19:9; 24:16;34:5.**

㉡ 무지개의 영적의미 – 약속의 신실하신 하나님의 성품을 나타낸다. **창9:13, 16; 겔1:28,**

㉢ 얼굴이 해 같음 – 하나님의 거룩한 영광. **시84:11; 마17:2; 계1:16; 고전15:4; 말4:2; 마13:43**

㉣ 불기둥 같은 발 – 하나님의 권능을 상징한다.
출13:21; 느9:12, 19

이러한 힘센 천사의 모습은 그가 신적 권위를 부여 받은 하나님의 사자임을 나타내며, 하나님의 특성을 조명해준다.

2절 – 그(천사의) **손에는 펴 놓인 작은 두루마리를 들고 그 오른발은 바다를 밟고 왼발은 땅을 밟고**

② 손에 펴놓인 두루마리를 들고 오른발은 바다를, 왼발은 땅을 밟고 있다 - 이 책의 특징은 인봉되지 않고 열려있는데 이것은 계시된 내용이 전해져야 하고, 밝혀져야 하며, 그리고 성취되어야 한다는 점을 강조한 것이다.

이 두루마리는 요한계시록 두루마리이며, 6째 나팔 이후 심판내용이 기록되어 있는 두루마리이다 7절. 육지와 바다를 밟고 선 것은 요한계시록 예언의 말씀이 온 세계에 전파되어야 할 것을 나타낸다.

① 펴 놓인 작은 두루마리 - 요한계시록의 복음의 내용이 전해지고, 밝혀져야 함을 나타낸다. 사34:16
이 두루마리는

㉠ 성부 하나님의 오른손에 있던 두루마리이다.**(5:1)**

㉡ 다니엘 시대에 인봉된 마지막 때의 복음이다.**(단12:9)**

㉢ 이 두라마리는 예수께서 취하시고(5:7), 종들에게 보이시려고 천사를 요한에게 보내어 지시한 책이며(1:1), 요한에게 주어 먹은 후에 다시 예언할 책이다.**(10:11)**

㉣ 마지막 때에 열어야 할 예언의 두루마리다.**(22:10)**

㉤ 예수님께서 그의 사자들에게 증거하게 하신 두루마리이다.
(22:16) 꼭 전해지고, 밝혀져야 함을 나타낸다. **사34:16**

② 바다와 땅을 밟음 - 온 세상에 전해져야 함을 나타낸다. 요한계시록 복음은 종말의 때 온 세상에 전파되어야 할 말씀이다. 택한 백성의 구원의 종결과, 불신자의 심판이 요한계시록 말씀대로 이루어진다.
계22:10 또 내게 말하되 이 두루마리의 예언의 말씀을 인봉하지 말라 때가 가까우니라

3절 - 사자가 부르짖는 것같이 큰 소리로 그가 외치니 외칠 때에 일곱 우레가 그 소리를 내어 말하더라

③ 사자의 부르짖는 것같이 큰 소리로 외치고 있다. 공개적으로 전 세계에 사람들이 다 들어야 할 마지막 때의 복음이기 때문에 사자의 부르짖는 것같이 큰 소리로 외쳐야 한다.

④ 외칠 때 7우뢰 소리가 발하게 된다– 하나님의 위엄을 나타내는 음성이다. **시29:3; 삼상2:10; 욥26:14; 삼7:10,**

4절 - 일곱 우레가 말을 할 때에 내가 기록하려고 하다가 곧 들으니 하늘에서 소리가 나서 말하기를 일곱 우레가 말한 것을 인봉하고 기록하지 말라 하더라

⑤ 7우뢰 사건을 인봉하고 기록하지 못하게 한다 – 사도 요한은 일곱 우뢰의 소리를 기록하려고 했으나 하늘에서 소리가 나기를 그것을 기록하지 말라고 하였다. 그러므로 일곱 우뢰와 같은 음성이 무슨 말을 했는지 하나님이 작정하신 심판의 세부 계획을 우리는 알 수가 없다.

분명한 것은 6째 나팔인 둘째 화 환난에 대한 예언 후 일곱 나팔 심판에 대한 예언이다. 더 이상 성경이 침묵하는 것을 그대로 받아들이는 것이 계시록 해석에 바른 자세이다. 기록한 말씀 밖을 넘어가는(고전 4:6) 것은 탈선한 것이기 때문이다.

2) 7째 나팔 예고로 예언된 복음과 같이 성취될 것이 예고된다.(5–7)

5절 - 내가 본 바 바다와 땅을 밟고 서있는 천사가 하늘을 향하여 오른 손 을 들고

(1) 힘센 천사의 맹세

㉠ 하늘을 향하여 손을 들고 - 하나님이 계신 곳을 향하여 맹세의 자세를 취한다.

6절 - 세세토록 살아 계신 이 곧 하늘과 그 가운데에 있는 물건이며 땅과 그 가운데에 있는 물건이며 바다와 그 가운데 있는 물건을 창조하신 이를 가리켜 맹세하여 이르되 지체하지 아니하리니(시간이 다시 없으리니)

㉡ 세세토록 살아 계신자, 모든 피조세계를 창조하신 자를 가리켜 맹세한다.

* 천지의 주재이시며, 지극히 높으신 하나님(창14:22)
* 일을 행하시며 그것을 지어 성취하시는 그 이름이 여호와께서 만드신 세상을 공의롭게 심판하실 수 있기에 그분을 가리켜 맹세한다.

㉢ 더 오래 지체하지 않을 것임 - 하나님께서 작정하신 그 타임에 반드시 성취될 것이다. 확고한 하나님의 심판의 의지를 나타낸다.

7째 나팔을 불면 하나님이 작정하신 역사의 사간표대로 지체하지 않고 7대접 재앙으로 하나님의 심판이 신속히 진행될 것이다.
(하나님의 심판의지)

만물을 창조하신 하나님께서 지으신 피조세계를 심판하시고 종결하실 수 있는 역사의 주관자이시다. 모든 것이 시작이 있으면 끝이 있듯이 세상만물도 마찬가지이다. 분명히 종말이 온다. 종말은 지체하지 않고 오고 있다. 듣기 싫다고, 부담스럽다고, 안 왔으면 하고 일부러 외면한다고 안 오는 것이 아니다.

그러므로 요한계시록 말씀을 바르게 배우고, 깨달아 준비해야 할 가치가 여기에 있다.

7절 - 일곱째 천사가 소리 내는 날 그의 나팔을 불려고 할 때에 하나님이 그의 종 선지자들에게 전하신 복음과 같이 하나님의 그 비밀이 이루어지리라 하더라

(2) 하나님의 비밀은 꼭 성취될 것이다.

그 천사가 맹세하면서 말한 내용은 일곱째 천사의 나팔 소리와 더불어 하나님의 비밀이 성취된다는 것이다. 종말론적인 심판에 관한 둘째 화의 환난에 대한 예언 후에 일곱 나팔 심판에 대한 예언은 반드시 성취될 것이다.

그 종 선지자들에게 전하신 복음과 같이 이루어진다. **단7:10,** 벧후 3:2의 말씀과 같이 선지자들과 사도들을 통해서 예언하신 복음대로 즉 11장 이후에 기록된 성경과 같이 하나님의 비밀이 이루진다.

3) 요한이 재 사명수행을 위해 작은 책을 받아 먹음.(8-11)

8절 - 하늘에서 나서 내게 들리던 음성이 또 내게 말하여 이르되 네가 가서 바다와 땅을(온 세계) **밟고 서있는**(지배하는) **천사의 손에 펴 놓인 두루마리를** (성경) **가지라 하기로**

(1) 요한이 바다와 땅을 밟고 섰는 천사의 손에 두루마리를 가지라는 하늘에서 나는 음성을 듣는다.

요한에게 일곱 우뢰가 말한 것을 기록하지 못하도록 금했던 그 음성이 이제는 다른 메시지를 선포하도록 재 사명을 지시한다.

* 천사의 손에 펴 놓인 두루마리를 다른 성경이 아닌 것을 알아야 한다. 다른 두루마리는 없으며 다른 복음을 전하면 저주를 받는데(갈 1:8-9) 선한 천사가 저주 받을 다른 복음의 두루마리를 전해 줄 수 없다.

9절 - 내가 천사에게 나아가 작은 두루마리를 달라 한즉 천사가 이르되 갖다 먹어 버리라 네 배에는 쓰나 네 입에는 꿀같이 달리라 하거늘

① 요한이 음성을 들은 후 천사에게 작은 두루마리를 달라고 한다.

② 천사가 요한에게 갖다 먹어 버리라고 한다.

여기에 갖다 [먹어 버리라] 〈κατεσθίω ; 카테스디오. 과거능동태명령법2인칭단수동사〉로서 적용적 해석에 주의해야 한다. 어떤 특정한 사람들이 받아 먹을 수 있는 것이 아니고 본문의 의미는 사도요한 개인에게 명령되어진 동작으로 인간저자가 이미 과거에 체험한 영적상태인 것을 잊어서는 안된다.

* 먹어 버리라 - 온전한 이해 또는 깨달아 정통해야 할 것을 의미하는 상징적 표현이며, 적용적으로는 하나님의 자녀라면 누구든지 요한계시록 뿐만 아니라 하나님의 모든 말씀을 온전히 이해하고 깨달아 정통할 것을 성경은 교훈하고 있다. **겔3:10**

그러므로 요한계시록을 가르치는 소수의 사람들만의 특권인양 적용해석하거나 하나님이 특별히 자신에게만 계시록을 주었다는 식의 자의적 해석을 삼가해야 한다.

마지막 때의 이단들은 이 부분을 남용해서 주님 피로 구속한 성도들을 미혹하고 있기 때문에 정통교단 안에 있는 해석자들은 다시 한번 강조하지만 적용적 해석에 신중을 기해야 한다.

10절 - 내가 천사의 손에서 작은 두루마리를 갖다 먹어 버리니 내 입에는 꿀 같이 다나 먹은 후에 내 배에서는 쓰게 되더라

③ 요한이 천사의 손에 두루마리를 갖다 먹어 버리니 꿀같이 달았다.
* 말씀의 단맛**(렘15:16; 겔3:1–3,10; 시119:3)**

④ 먹은 후에 배에서는 쓰게 되었다.
네 배에서는 쓰게 되더라 - 사명의 쓴 맛(겔 2:5–10)

대개 성도들은 사랑, 축복, 구원, 보호, 능력, 은혜, 은사 등등의 말씀은 잘 받아 먹지만 회개, 징계, 책망, 죄, 심판, 지옥, 종말, 재림, 형벌 등등의 말씀은 받아 먹으려 하지 않는다. 그러나 목회자는 달든 쓰든 성경말씀 그대로 전해야 한다. 그래야 약이 되고 영이 자라고 성장하며 건강한 성도가 된다. 이와 같이 마지막 때 요한계시록 메시지를 전하는 것은 쓴 약과 같이 어렵고 힘든 일이다. 세세에 살아계신 하나님의 마지막 때의 역사의 시간표는 지체되지 않고 현재 진행 중이다. 그러므로 목회자들은 이 예언의 말씀을 가르치고 설교해야 한다.

11절 - 그가 내게 말하기를 네가(요한) **많은 백성과 나라와 방언과 임금에게 다시 예언하여야 하리라 하더라**

(2) 사도요한의 재 사명
천사가 요한에게 많은 백성과 나라와 방언과 임금에게 다시 예언해야 할 것을 고지하고 있다. 8절–11절에 요한 개인에 대하여 [네가] [내가]로 지명된 부분이 10번 이상 언급하고 있다. 이 예언은 요한이 당시에 밧모섬의 유배에서 놓여 다시 예언할 것에(계시록의 예언 포함) 대한 것이며 요한이 대환난에 예언할 다른 성경이 아닌 것에 유의해야 한다.

11장 두 감람나무의 부활승천과 지상성도의 출현

(전 3년 반 사건으로 6째 나팔인 둘째 화(禍) 사건이다.)

11장은 계시록 전체에서 가장 난해한 장이라고 주석가들은 말한다. 그래서 문자적으로 받아들이지 않고 상징적 해석을 시도하려고 한다. 여기에 계시록 말씀이 왜곡되는 이유가 있고, 이단들에게 빌미를 주는 현대종말론 신학의 약점이 있는 것이다

성경해석학의 방법에는 첫째 문자적 해석(어문학적), 둘째 영적인 해석, 셋째 상징적 해석, 넷째 적용적 해석이 있다. 그런데 1단계가 문자적 해석을 통해 본문의 정확한 의미를 해석해 낸 다음에 영적으로 또는 상징적으로, 적용적인 시도를 해야 성경을 이탈하지 않는다.

만약 1단계 문자적 해석을 무시하고 영적으로나, 상징적으로나, 적용적인 해석을 시도하게 된다면 한 본문을 가지고도 백인백색의 해석이 나올 것이다. 그렇다면 정확무오한 하나님의 말씀인 성경이 인간해석에 따라 의미가 달라질 것이다.

그러면 성경의 표준이 모호해져 하나님의 백성들이 가치판단의 기준을 상실하고 나름대로 신앙에 빠지게 될 것이다.

특히 계시록 해석에서 이 기본을 무시하기 때문에 많은 주장이 나오고, 사람의 이론을 합리화 하기 위하여 자의적인 해석을 하게 된다. 또 어떤 사람은 하나님의 계시를 받아 풀려고 하는 무지와 해석학적 혼란과 혼돈에 빠지게 되는 것이다.

또 이 기본을 무시하기 때문에 기독교 2000년 동안 정통적으로 수납해 오던 성경의 교리를 무시하고 성경을 탈선하는 이단적 주장을 하게

되는 것이다.

주석가 럭크만은 계시록 11장은 계시록의 열쇠이며, 계시록은 구약의 열쇠이고, 구약은 신약의 열쇠라는 것이다. 그런데 본장을 이해하는 열쇠는 [여러분이 읽는 그대로 믿는 것]이라고 럭크만은 말한다.

그러므로 성경해석의 키워드는 성경해석학 기본 원리에 충실해야 된다는 것이 필자의 지론이다. 이 점을 명심하고 선입견을 내려놓고 11장의 바른해석을 위한 성경의 인도를 받기로 하자.

1) 성전 측량과 이방인의 42개월 세력 (1-2)

일곱째 나팔기간 중에 성전과 제단과 그 안에서 경배하는 히브리인들을 계수하고 성전 밖 마당은 이방인에게 42개월 짓밟히게 된다

1절 - 또 내게 지팡이 같은 갈대를 주며 말하기를 일어나서 하나님의 성전과 제단과 그 안에서 경배하는 자들을 측량하되(겔40:3배경. 척량하다, 측정하다, 어림하다)

(1) 요한이 성전을 측량한다

이 성전은 하늘의 성전이 아니라 지상에 있는 성전으로 이것은 예루살렘에 있을 것이다. 이유는

첫째 이유, 2절과 같이 구속 받지 못한 이방인들이 성전 밖 마당을 짓밟고 있고

둘째 이유, 2절의 거룩한 성과 관계되어 있는데 42개월간 짓밟는 기간이기 때문이다.

셋째 이유, 성전과 제단에서 경배하는 자들은 계7:9, 13, 14의 흰옷 입은 천상 성도들이 아니기 때문이다.

넷째 이유, 13절에 둘째 화 형벌 시에 영광 돌린 지상성도가 성전 안에 있는 자들이기 때문이다. 그러므로 성전과 제단의 환난 가운데 회복될 유대인의 성전봉사인 것이다. **롬11:25, 26-27; 슥12:10.**

지금은 유대인들의 성전 봉사가 회복되지 않고 있다. 유대인들이 세우고자 하는 옛 성전터에 반석의 돔이라는 오마르 회교사원이 서 있기 때문이다. 단7:29의 예언한 [한이레(7년)언약]이 장차 한 왕(적그리스도)에 의해서 체결될 때 회복될 것이다.

그 후 적그리스도가 평화 조약을 깨고 성전봉사를 금하고 성전에 가증한 우상을 세우고 성전 봉사를 폐하게 된다. 이 시점이 한 이레 절반이며 계시록적으로는 후3년반 시작점이다.

이 때에 유대인들은 마24:15 이하 예수님의 예언을 기억하며 하나님이 예비하신 광야 피난처로 도망하게 된다. 그리고 이레의 예언 성취로 유대인의 구원이 한이레 절반(후3년반) 끝에 즉 7년 대환난(한 이레 or 70이레) 끝에 이루어 진다. **롬11:25, 26-27; 슥12:10.**

1,2절은 이 예언이 성취될 때에 유대인들의 성전봉사 상태인 것이다.

① 지팡이 같은 갈대로

② 측량할 것은 - 성전과 제단과 그 안에서 경배하는 자들이다.

이 계시의 표현을 이해하기 위해서는 성전이 유대인인 성막에서 유래된 율법적 개념이냐 아니냐 하는 것을 결정해야 한다.

첫째, 경배하는 자들(복수)은 성전과 제단 안에 있었으므로 구약 성전봉사가 아니다.

둘째, [측량하되]는 명령은 양을 측정하는 의미가 있으며 제사장이

하는 일이라면 셀 이유가 없기 때문이다.

셋째, 현대 유대인의 회당은 제단이 없으며 주 예수님을 섬기는 성도들의 모임인 유대인 교회의 개념인 것이다.

2절 - 성전 바깥 마당은 측량하지 말고 그냥 두라 이것을 이방인에게 주었은즉 저희가 거룩한 성을 마흔 두 달(1260일, 3년 반) **동안 짓밟으리라**

③ 측량하지 말 것은 - 성전 바깥 마당이다. 이는 이방인들에게 주었다.

④ 거룩한 성이 42달동안 이방인에게 짓밟히게 된다. 42개월÷12개월(1년)=3년반→3과 1/2(계11:2, 3)

계13:5 또 짐승이 과장되고 신성모독을 말 하는 입을 받고 또 마흔 두 달 동안 일 할 권세를 받으니라

이 성경은 성전을 중심으로 표현하며 성전 밖 성을 이방인이 짓밟는 기간이며(2절) 짐승이 권세 받아 일하는 기간이며(13:5) 위 두 표현은 같은 기간이다.

2) 두 증인, 두 감람나무의 1260일 예언 (3-6)

이 기간이(후 삼년 반 짐승에게 짓밟히는 기간) 오기 전 두 증인 또는 두 감람나무 또는 두 선지자가 1260일 예언하며 기적을 행하다가 무저갱에서 나온 짐승과 싸우다가 죽임을 당한다.

3절 - 내가(작은 책을 든 힘센 천사 10:1-3) **나의 두 증인에게 권세를 주리니 저희가 굵은 베 옷을 입고 일천이백육십일을 예언하리라**

*본절의 '내가' 는 10장에 나타난 힘센 천사인데 "내가 나의 두 증인에

게" 이런 표현은 천사가 하나님의 명령을 하달하는 묵시문학적 표현이다.

* "내가 나의 두 증인에게" 이런 표현은 10장이 11장과 연관된 스토리라는 것을 의미한다. 그러므로 요한계시록은 사건의 순서대로 해석해야 된다.(1절)

(1) 두 증인의 정체

기름부음받은 두 사명자이다. (10. 슥4:3, 11, 14) 전3년반 동안 유대인들을 위해 예언 사역을 할 기름부음 받은 모세와 엘리야 같은 실제 두 사명자 즉 두 사람이다.

이유는 ①두 증인이 죽은 장소가 주님이 못 박히신 예루살렘이다(8절), 이는 두 증인의 사역무대가 전 세계가 아니고 예수님이 십자가에서 못박히신 단수의 예루살렘성이다. 그러므로 이들은 예루살렘을 중심으로 자기 동족들에게 복음을 전하는 두 사명자이다.

이들의 사역의 영향을 받고 큰 지진으로 예루살렘성이 무너져 7000명이 죽는 사건을 목격하고 하나님께 영광돌리는 무리들이 발생하는데(11:13) 이들이 후3년반을 통과할 유대인들이며, 환난을 통과하는 지상교회(유대인교회)의 성도 중심이 된다.

또 하나의 이유는 ②두 증인 앞에 〈τοῖς ;토이스〉라는 여격남성복수 정관사가 있는데 이는 두 사람의 지정된 인물을 의미하는 것이다. 그러므로 전3년 반동안(1260일) 유대인들을 위해 복음을 증거할 지정된 두 인물로서 모세와 엘리야 같은 기름부음받은 두 사명자이다.
(이상근 박사 계시록 주석, 11:3 해석 참고)

혹자들은 두 감람나무는 교회이며 두 촛대는 지상의 들림 받기 전의 교회로서 들림 받음을 나타내는 것이라고 하는 주장이 있는데, 이 주장이 잘못된 이유는

첫째, 성경의 감람나무는 어떤 지도자인 인간을 상징하며

삿9:8, 9; 시52:8

둘째, 기름 발리운 자 둘이다.(슥4:3 ,11, 14)

셋째, 두 감람나무 증인은 온 세상의 주 앞에 모셔 섰는 자이며

(슥4:14, 여호수아.스룹바벨,계11:4)

넷째, 두 감람 나무는 사역할 제한 기간이 확정된 사명자로 그 기간은 1260일 이다(3절).

다섯째, 두 감람나무는 죽임을 당하고 시체가 큰 성길에 있고(계11:7-8) 장사 지낼 수 없게 된다.(9절).

여섯째, 두 증인 두 감람나무는 부활하여 승천한다.(계11:11-12)

일곱째, 두 감람나무는 두 선지자이며(10절).

여덟째, 마흔 두 달 예언 증거를 마칠 때에 죽임을 당한다.

(계11:6-7)

아홉째, 두 촛대는 하나님 앞에 섰는 두 교회로(4절) 7촛대의 일곱 교회는 아니다.(계1:22)

열째, 두 감람 나무는 두 촛대이다.(4, 10절)

열한째, 두 증인의 사건 후에 7000명이 죽임을 당하고 "남은 자들이 영광을 하늘의 하나님께 돌리었다."(13절)

열둘째, 두 감람나무 증인은 전 3년 반 환난 기간 내의 사건이므로 계7:9의 천상 성도와 대조되는 지상교회의 기반을 갖추고 있다.

이상의 여러 증거에 의하여 두 증인이나 두 감람나무인 두 선지자는 유대인 중심의 지상교회로서 이방인 성도의 첫째 부활(휴거)을 입증할 수 있는 성경적 근거가 전혀 없다.

두 증인의 승천이 교회 휴거가 아닌 이유는 ㉠ 땅에는 여전히 남은 자의 성도가(13절)존재하고 있고, ㉡ 전 세계 성도가 동시에 죽었다가 부활 휴거 된다는 성경의 예언이 없고 ㉢ 두 증인이 죽은 장소가 주님이 못 박히신 예루살렘인데, 전세계 성도들의 모임인 전 세계 교회들이 예루살렘에 가서 활동하다가 거기서 죽는다는 성경의 교훈이 없다 ㉣ 두 증인 앞에 〈τοῖς ;토이스〉라는 여격남성복수정관사가 있는데 이는 두 사람의 지정된 인물을 의미하는 것이다.

그러므로 두 증인은 교회가 아니며 두 증인의 승천은 교회의 들림도 아니다. 교회는 이미 7:9-10에서 휴거되었기 때문이다. 이 사실은 계 7:15-11:12까지(교회휴거가 되고 난 뒤부터 전 삼년 반 말기까지) 일체 성도가 나타나지 않았다는 사실에서와 계7:9-14의 사건에 의하여 이미 교회가 휴거된다는 사실이 분명하다.

(2) 두 증인의 활동 기간

1260일 기간이다 - 1260일÷360(약1년)=3년반 → 3과 1/2년 → 삼 년 반으로 42개월과 같은 기간임(계12:6;11:3). 이 기간은 성전을 중심으로 표현한 것이며 성전밖 마당을 이방인이 짓밟는 기간이며(2절), 짐승이 권세받아 일하는 기간이다(13:5).

두 증인은 영생 주기로 작정된 이방인의 구원받은 총수가 채워지는 교회시대 동안에 하나님을 거역한 유대인들에게 1260일(42개월, 전3년반) 동안 예언사역할 두 인물이다. 누구인지는 알 수 없으며 환난기 전삼년 반에 하나님이 세울 실제 두 인물이다. 슥4:11-14의 조명대로 보면 첫번째 바벨론 포로에서 돌아오는 백성들의 지도자였던 예수아와 스룹바벨 같은 역할을 감당할 실제 두 인물이다.(4절, 슥4:11-14)

두 증인에 대한 많은 오해가 있다. 한국교회사에 나타난 여러 이단의 교주들이 자기를 적용해서 신격화하는 단골메뉴이다. 정통교단 안에 있으면서도 요한계시록을 푸는 권세를 가진 사람이 자기들이라고 적용하기도한다.

2-3장에 이긴 자 = 11장의 두 증인=14장에 144000=마지막 때 사명받은 하나님의 종이라는 식으로 해석한다.

이러한 시각은 자의적 해석으로서 상징으로 해석해야 할 부분은 문자적으로, 문자적으로 풀어야 할 부분은 상징으로 해석하면서 지나친 자의적 적용을 하므로 일관성 있고 통일성 있는 성경진리를 이탈한 결과를 초래하게 된다. 곧 이것은 여러 이단들에게 빌미를 주는 이유가 된 것이다.(이긴 자, 144,000 해설은 각장 해설 참조)

4절 - 그들은 이 땅의 주 앞에 서있는 두 감람나무와(기름부음 받은 두 사명자 슥4:11-14) **두 촛대니**(일곱교회가 아님)

(3) 두 증인의 사명

① 1260일(전3년 반)동안 예언할 사명이다.

② 주 앞에서 권세와 이적으로 예언할 사명이다 6절. (모세와 엘리야같은 심령과 능력으로 사역한다.)

5절 - 만일 누구든지 저희를 해하고자 하면 그들의 입에서 불이 나와서(렘5:14:계2:16) **그들의 원수를 삼켜버릴 것이요 누구든지 그들을 해하고자 하면 반드시 그와 같이 죽임을 당하리라**

(4) 두 증인의 활동 : 권세와 이적으로(이는 하나님이 세운 종을 붙드시고 역사하시는 하나님의 보증의 방편이다.)

① 입에서 불이 나와 원수를 소멸한다.-두 증인에 대한 하나님의 강력한 보호가 보증된다.

6절 - 그들이 권능을 가지고 하늘을 닫아 그 예언을 하는 날 동안 비가 오지 못하게 하고 또 권능을 가지고 물을 피로 변하게(출7:14) **하고 아무 때든지 원하는 대로 여러 가지 재앙으로 땅을 치리로다**

② 권능을 가지고 하늘을 닫아 비오지 못하게 하는 엘리야 같은 권세이다. **왕상17:1; 약5:17**

③ 권능을 가지고 물이 변화여 피되게 하는 모세와 같은 권세이다. **출7:20;8:12**

④ 아무때든지 원하는대로 재앙으로 땅을 친다.

3) 두 증인의 죽음과 부활 (7-12)

7절 - 그들이 그 증언을 마칠 때에 무저갱으로부터(실제 영계가 아님) **올라오는 짐승**(단수)**이 그들과 더불어 전쟁**(교전,투쟁)**을 일으켜 그들을 이기고 그들을 죽일 터인즉**

(1) 두 증인의 순교

① 순교의 때 - 1260일 동안의 증거를 마칠 때(사명을 마칠 때) 두 증인이 활동할 시대가 바뀌고 사명자의 임무가 끝날 때이다.

② 순교의 방법 - 무저갱에서 올라온 짐승이 전쟁을 일으켜. 무저갱의 지배를 받는 사단의 하수인 짐승이 일으키는 전쟁으로 말미암아 순교하게 된다.

두 증인이 초자연적인 능력을 소유했음에도 불구하고 이 짐승을 당해 내지 못했다. 이 짐승에게는 사탄의 모든 능력이 다 부여되었다.
이들의 사명이 다 끝날을 때 하나님이 불러가신 것이다. [증언]이라는 용어가 순교자를 뜻하는데 그들은 자신들의 사명을 마치고 순교한 것이다.

* 짐승의 영적인 의미 – 유1:10 이성이 없는 본능으로 행하는 짐승, 벧후2:12 본래 잡혀 죽기 위하여 난 이성없는 짐승, 시49:20 존귀에 처하나 깨닫지 못한 짐승, 73:22 우매무지한 짐승, 잠12:1징계를 싫어하는 짐승, 겔21:31 멸하기에 익숙한 (사람 죽이기에 능숙한)짐승, 딛1:12 거짓말쟁이 악한 짐승, 단7:12 죽임 당할 짐승, 17(23) 세상에 일어날 왕, 계17:11 물위에 앉을 음녀이다.
이와 같은 짐승이라 불리우는 인간이 나타날 것이다.

8절 – 그들의 시체가 큰 성 길에 있으리니 그 성은 영적으로 하면 소돔이라고도 하고 애굽이라고도 하니 곧 그들의 주께서 십자가에 못 박히신 곳이라

③ 순교의 장소 – 주께서 십자가에 못 박히신 골고다가 있는 예루살렘 도성이다.

㉠ 영적으로 소돔 – 도덕적 타락
㉡ 애굽이라고도 함 – 정치적 타락
㉢ 골고다 – 종교적 타락을 상징하는 예루살렘에서 순교했다. 유대인들이 도덕적으로 타락하고, 정치적으로 타락하여 로마군병들과 결탁하여 예수님을 배척하고 십자가에 죽였기 때문에 이렇게 영적으로 부른다.

그러나 실제로 예수님께서 십자가에 못 박힌 곳은 골고다가 있는 예루살렘이다. 두 증인이 사명을 마치고 순교한 장소가 예루살렘이다.

이것은 두 증인의 예언사역 대상이 유대인이라는 사실을 나타낸다.

이 두 사명자가 교회시대 동안 예수님을 배척한 자기 동족 유대인들을 위해 전3년 반 동안 예언활동을 한 것이다. 두 사명자는 누구인지 모른다. 미래에 하나님이 주권적으로 보낼 예언자이기 때문이다.

9절 - 백성들과 족속과 방언과 나라 중에서 사람들이 그 시체를 사흘 반 동안을 보며 무덤에 장사하지 못하게 하리로다

④ 순교의 결과

㉠ 전 세계의 사람들이 시체를 3일 반 동안 본다.

㉡ 무덤에 장사하지 못하게 한다.

백성과 족속과 방언과 나라 중에서 사람들이 저들의 시체를 3일 반 동안 보게 된다. 그러니까 우리나라 강원도만한 땅 예루살렘 작은 도시에서 순교당했지만 전 세계 사람들이 두 증인의 시체를 보게 된다.

모순인 것 같지만 넉넉히 추리할 수 있는데 멀티미디어 정보매체를 통해 두 증인의 시체를 3일 반 동안 스크린을 통해 전세계 사람들이 보게될 것이라 생각한다. 시체를 장사하지 않고 사람들이 볼 수 있게 방치하는 것은 가장 잔인한 형벌적 행위이다.

그 기간이 3일 반인데 그 기간 동안 방치한 것이다.

7년 대환난 후반 삼년 반 동안 적그리스도의 무서운 통치가 시작될 것을 암시하는 것이라 생각된다.

10절 - 이 두 선지자가 땅에 사는 자들을 괴롭게 한 고로 땅에 사는 자들이 그들의 죽음을 즐거워하고 기뻐하여 서로 예물을 보내리

라 하더라

㉢ 저희 죽음을 기뻐하고 서로 예물을 보낸다. - 자기를 괴롭게 하던 원수의 죽음을 조롱하는 일이다. 지상에 남아 있는 악인들이 얼마나 악으로 충만해 있는가를 보여준다. **계22:11**

11절 - 삼일 반 후에 하나님께로부터 생기가(죽을 때 분리되었던 순교자의 인간의 영 눅8:55.) **그들 속에 들어가매 그들이 발로 일어서니 구경하는 자들이 크게 두려워 하더라**

(2) 두 선지자의 부활과 승천

① 두 증인의 부활

㉠ 부활의 시기 - 3일 반 후(두 증인이 사명을 마치고 순교한 후이다.)

㉡ 생기가 저희 속에 들어가 - 여기 생기는 〈ζωή ;조에,생명+πνεῦμα;퓨뉴마 ;공기 흐름, 숨, 미풍, 영, 기질〉이란 의미로서 [생명의]이 두 선지자 속에 들어가 발로 일어서니 구경하는 자들이 크게 두려워하는 가운데 영과 육이 결합된 부활체로 살아난 것이다.

짐승이 택자들에게 가할 수 있는 최대의 무기가 죽음인데, 그 죽음에서 두 증인이 살아났는데 얼마나 놀랐겠는가.

여러 가지 재앙으로 땅을 치며 복음을 전하다 순교를 당했는데 저들이 예수님처럼 사망을 깨뜨리고 부활한 사건은 기독교 신앙의 본질을 구체적으로 증거하는 사건이다.

12절 - 하늘로부터 큰 음성이 있어 이리로(하늘) 올라오라 함을 그들이 듣고 구름을 타고 하늘로 올라가니 그들의 원수들도 구경하더라

㉣ 두 선지자의 승천-영광스런 승천이다.

㉢ 이리로 올라오라는 하늘의 큰 음성을 듣고

㉣ 원수들이 구경하는 가운데 구름을 타고 하늘로 올라간다. 엘리야처럼 구름을 타고 승천한다. 이것은 교회 성도들의 부활•변화의 샘플되는 사건이다.

이 두 사명자의 승천을 교회 휴거로 보고 환난 중간 11장에서 교회휴거를 말하는 견해가 있다. 아래의 이유 때문에 두 증인 승천이 교회휴거가 분명히 아니다.

* 두 감람나무의 부활은 무엇인가?
첫째, 두 감람나무는 둘이며(3절)
둘째, 두 감람나무는 두 선지자이며(10절)
셋째, 두 선지자는 두 교회로 해석이 불가능하다.
넷째, 계7:9의 천상 성도들과 구별 될 때에 부활이 두 번일 수 없다.
다섯째, 1절과 13절의 지상성도들의 출현은 부활을 하지 못했음으로 교회 부활이 첫째 부활(7장에서) 뿐이므로 교회일 수 없다.

그런고로 위의 두 증인의 부활은 특수 사명자에 대한 것이 분명한데 그것은 [생기] 곧 생명인 영이 속에 들어 갔기 때문이다.(신령한 부활체)

13절 - 그 때에 큰 지진이 나서 성 십분의 일이 무너지고 지진에 죽은 사람이 칠천이라 그 남은 자들이 두려워하여 영광을 하늘의 하나님께 돌리더라(부정과거)

(3) 7000명 사망과 지상 성도의 출현

두 증인의 승천이 있을 때 그 큰 단수의 성에 큰 지진이 나서 성 10분의 1이 무너지고 7천명이 죽게 된 것이며, 그 남은 자들은 하나님을 두려워하며 하나님께 영광을 돌리게 된다.

일반적으로 오늘날 세계 곳곳에서 일어나고 있는 크고 작은 지진을 보고 하나님이 배후에 계시다는 사실을 믿는 성도들이 많지 않다.

두 증인의 부활 승천과 맞물려 큰 지진으로 많은 사람들이 죽는 것을 목격하고 하나님이 개입된 사건이라고 인정하고 영광을 돌렸다면 여호와 신앙의 바탕이 깔려있는 사람들이라고 할 수 있다.

① 그 때에 – 두 선지자(증인, 감람나무, 촛대)가 원수들이 보는 가운데 승천한다.

② 큰 지진으로 성이 무너져 7,000명이 죽는다.

③ 칠천명의 죽음을 목격한 그 남은 자들이 하늘의 하나님께 영광을 돌렸다 – 이것은 후삼년반을 통과할 지상교회가 발생함을 의미한다.

이유는 계시록에서는 하나님께 영광 돌리는 무리들을 [회개하고 구원받은 자들의 표현]으로 상징하고, 영광 돌리지 않는 자들은 [회개하지 않는 멸망자들]로 상징하여 대조적으로 보여 주고 있다. **계16:9, 11**

두번째 이유는 하나님께 영광을 돌렸는데 [돌리더라]는 용어가 〈δίδωμι ; 디도미; 발언하다. 부정과거능동태직설법3인칭복수동사〉이다. 하나님께 영광 돌린 행위가 역사적 사건으로 돌린 것으로서 신앙바탕이 깔려있는 무리들인 것을 의미한다.

그러므로 전 3년 반 종반 여기서 회개하고 영광 돌리는 무리들이 7년 대환난 후 삼년 반을 통과할 유대인 지상교회의 형성과 유대교회 성도들이다.

* 이 때는 6째 나팔 사건 말기로서 그 시에 큰 지진으로 단수의 성이

1/3이 무너져 칠천 명이 죽고 그 남은 자들이 두려워하여 하늘의 하나님께 영광을 돌리므로 비로소 두 증인들의 선교적 효과로 환난 중에 비로소 환난 통과 지상성도가 발생하게 된 것이다.

이렇게 교회시대 동안 예수님을 배척했던 유대인들이 두 증인의 선교효과로, 예루살렘성이 무너져 7000명이 죽은 재앙을 목격한 유대인들이 회개하고 영광을 하나님께 돌리며 돌아온 것이다.
이 사실은 계7:9-10(천상성도 출현 이후부터)-11:12 (전 3년 반 말기)까지 일체 성도가 나타나지 않고(다른 각도에서는 전 3년 반 끝나고) 13:7부터 성도가 나오는 사실에 의하여 분명하다.

그러나 전 3년 반이 계11:13에서 종결되므로 6째 나팔인 둘째 화 기간인지 또는 성도가 휴거 된 후 7인봉에서부터인지는 불분명하다.

14절 - 둘째 화는 지나갔으나 보라 셋째 화가 속히 이르는도다

이렇게 둘째 화인 6째 나팔 사건 전 3년 반이 자나간 것이다. 6째 나팔사건 전 3년 반이 지나고 7째 나팔사건 후 삼년 반이 온다. 이렇게 요한계시록 사건은 역사적 순서인 것을 의미하고 있다.

* 일곱째 나팔 천사사건 11:15-19:21. 후 삼년 반.

4) 일곱째 나팔과 24장로의 천상예배 (11:15-19)

15절 - 일곱째 천사가 나팔을 불매 하늘에 큰 음성들이 나서 이르되 세상 나라가 우리 주와 그의 그리스도 나라가 되어 그가 세세토록 왕노릇 하시리로다 하니

(1) 일곱째 천사가 나팔을 불 때 하늘에서 들려오는 큰음성이다. 전 3년 반이 끝나고 후3년 반이 시작될 때 하늘에서 들려 오는 음성이다.

① 세상 나라가 그리스도의 나라가 된다.-이 지상의 세상 나라가 천년 그리스도의 나라가 된다는 뜻이다. **벧전2:9; 계5:10; 계1:6; 20:6**

② 우리 주 그리스도께서 세세토록 왕이 되신다.-천년 그리스도 세계에서 우리 주님이 왕이 되어 다스리게 될 것이다. 이 사건은 영적으로 교회시대에서 왕노릇하는 개념이 아니고 실제로 왕이 되어 통치하는 개념이다. **마16:28; 고전15:25; 계19:16; 요12:13; 사9:6**

이제는 세상나라가 우리 주 그리스도가 통치할 그리스도의 나라 될 시점에 이르렀다. 하나님 나라의 최후 승리와 그의 통치를 선포한 하늘의 음성은 역사의 왕이신 하나님의 우주적 심판이 확립되는 종말론적 사건이 우리 눈앞에 와 있음을 시사한다.

우리 주 왕 그리스도께서 세세토록 통치하실 그리스도 나라는 천년세계는 물론 [새 하늘과 새 땅의 개념]도 포함한다. 이 모든 장차 일어날 사건들은 7째 천사가 나팔을 불고, 셋째 화가 지체하지 않고 종 선지자들이 전하신 복음과 같이 성취되고 난 다음에 일어날 사건들이다.

우리 주 그리스도의 왕은 천년시대를 넘어 신천신지 영원 세계에서도 길이길이, 세세토록 왕이 되신다. 할렐루야! 할레루야! 할렐루야!

16절 - 하나님 앞에 자기 보좌에 앉아 있던 이십사 장로들이 엎드려 얼굴을 땅에 대고 하나님께 경배하여

③ 4장에서 조명된 보좌 앞에 앉은 24장로들이 엎드려 하나님께 경배한다.

17절 - 이르되 감사하옵나니 옛적에도 계셨고 지금도 계신 주 하나님 곧 전능하신 이여 친히 큰 권능을 잡으시고 왕 노릇 하시도다

④ 감사한다

㉠ 감사의 대상 - 옛적에도 계시고 지금도 계신 전능하신 주 하나님이시다. 장차 오실 이가 본문에 빠진 것은 이미 오셨기 때문이다. 계 16:5.계4:8에서는 장차 오실 자라고 기술했다. 이는 4장까지 아직 안오셨음을 의미하며, 본문에서 장차 오실 자가 빠진 것은 이미 오신 것을 의미 한다. 7:9-10에서 오셨다. 이분이 유일무이한 감사와 예배의 대상이시다.

㉡ 큰 권능으로 그리스도의 나라를 다스린다. 하나님의 궁극적, 종말론적 통치권을 찬양하고 그 역사의 왕에게 감사한다.
더 이상 이 세상의 주권이 사단이나 세상 군왕들에게 있는 것이 아니라 종말론 통치권을 행사하는 왕중의 왕이신 우리 주 그리스도에게 있음을 나타낸다.

18절 - 이방들이 분노하매 주의 진노(이방인에 대한 심판)**가 내려 죽은 자를 심판하시며(지옥심판) 종 선지자들과 성도**(영계에서 24장로 찬양 중에 나옴)**들과 무론대소하고 주의 이름을 경외하는 자들에게 상 주시며 또 땅을 망하게 하는 자들을 멸망시키실 때로소이다 하더라**

(2) 그리스도의 궁극적 통치행위

① 이방인들의 종말적 통치

㉠ 땅을 망하게 하는 자들을 멸망시킨다. 이것은 심판이다. 7째 나팔, 7대접 재앙으로 7년대환난 동안 심판하시고 종국에는 백보좌 심판으로(20:11-12) 궁극적 통치행위를 종결하신다.

㉡ 이방인으로 죽은 자를 주의 진노로 심판하신다. 여기 심판은 백보좌 심판과 지옥 심판까지 토탈심판 행위이다.

② 택자들의 종국적 통치

㉠ 1차 부활 대상자의 보상 - 천상에서 24장로 찬양 중에 들려오는 음성인데, 7장에서 천상으로 올라간 선지자들과 성도들과 무론 대소하고 주의 이름을 경외한 자들에게 상 주심을 찬양한다.

이로 보건대 7장에서(9-14) 휴거된 천상성도들이 영계에서 어떤 상태에 있는가를 알 수 있는데, 저들은 교회시대 동안 일한대로 상을 받고(계22:12; 고전15:58) 보좌 앞과 어린양 앞에서 경배하며 즐거워 하고 있는 것이다. 이것이 혼인잔치의 성격이다.(자세한 연구는 필자 저 [요한계시록 흐름이해] 174p 성도와 심판, 150p 혼인식은 무엇인가? 참고)

한편 땅에서는 우리 주 그리스도가 통치행위를 행사함으로 7나팔, 7대접 재앙으로 하나님의 진노가 독수리가 예언한 세번째 화(14절)가 지체하지 않고 일어나게 될 것이다. (살후1:6, 7, 8, 9)

이렇게 후 3년 반이 시작되면서 휴거된 성도들이 경배하며 일한대로 상을 받아 즐거워하는 천상의 영화로운 광경과 땅에서는 세번째 화에 심판당하는 모습을 대조적으로 조명해 주고 있다.

그러므로 어떤 상황에서 천상성도들이 나타나고 환난통과 지상성도들이 나타나는 가를 잘 분석해야 통일성 있고 일관성 있는 성경 진리에 모순되지 않고, 바르게 요한계시록을 해석할 수 있게 된다.

19절 - 이에 하늘에 있는 하나님의 성전이 열리니 성전 안에 하나님의 언약궤가 보이며 또 번개와 음성들과 우레와 지진과 큰 우박이 있더라

③ 하늘에 하나님의 성전이 열리고-땅에 있는 성소의 본체인 하늘 성전이다. **히9:23; 10:1**

④ 성전 안에 하나님의 언약궤가 보이며 - 최후 심판이 반드시 언약하신대로 성취될 것을 나타낸다.

하나님을 대적하는 자에게 진노하여 형벌하고 죽은 자를 심판하며, 선지자들과 성도들과 주의 이름을 경외하는 모든 자들에게 상을 주시고 땅을 망하게 하는 자들을 멸망시키겠다는 언약이 변치 않음을 나타낸다.

⑤ 번개와 음성들과 뇌성과 지진과 큰 우박이 있게 된다. 하나님이 임재하실 때 나타나는 권능과 엄위하신 모습을 상징하며 심판을 예고하는 것이다. **사29:6**

* 계시록을 분류하고 그 계시를 어떤 시기에 맞추느냐에 따라 의미는 달라지며 해석이 달라지는 것이다.

둘째 화의 기간을 계9:12-11:14까지 42개월로 보며(3-4절) 그 이유는 마흔 두달 예언은 첫째 화인 계9:1-12절이 지난 후에 계시된 것이며, 셋째 화인 계11:15-16:1에 계시된 후의 1260일과 구별되는 기간이기 때문이다.

12장 해를 입은 여자와 붉은 용

(후 3년 반으로 7째 나팔 사건인 셋째 화 기간이다)

본 장은 6째 천사가 나팔을 분 계11:15 이후의 사건으로서 후 3년 반의 기간이며, 여자는 환난통과 지상교회를(유대인) 상징하며, 1260일(후 3년 반) 기간동안 광야에서 양육 받는 사건으로서 환난통과 중에 발생한 성도들의 예비처에 관한 경우이다.

예비처에 가는 환난통과 성도는 누구인가? - 두 증인의(11장) 예언사역 결과로 계11:13에서 발생한 성도들로서 유대인이 중심이다.

그 이유는 두 증인이 사역하다가 순교당한 지역이 예수님이 십자가에 못박히신 예루살렘이고(계11:8), 두 증인이 승천한 그 시에 단수의 예루살렘 성이 큰 지진으로 무너지고 7000명이 죽는 사건을 목격하고 남은자들이 하나님께 영광 돌리므로 환난통과 성도가 출현했기 때문이다.
계11:13

단수의 성이(계11:8) 무너진 것으로 보아 전 세계에서 일어나는 사건이라 할 수 없고 광의적으로는 이스라엘을 중심으로 일어나는 사건 속에서 성도들이 출현하였는데 이 시기가 계9:13-11:13까지의 전 3년 반 종결시점이다.(계11장 해설 참조)

그리고 계11:15부터 후 삼년 반(7째 나팔사건)이 시작되어 환난통과 성도들이 12:6, 14에서 바로 하나님이 예비하신 광야 예비처로 도망가기 때문에 환난통과 성도들이 유대인이 중심이라는 사실이 분명하다.(교회시대에 구원의 기회를 놓친 이방인들이 포함되었는지는 성경의 명시가 없다.)

그러므로 12장 해석에서 이러한 본문의 흐름을 이해하지 않고서는 여러가지 인간적 주장이 나올 수 밖에 없음을 알아야 한다.

1) 해를 옷 입은 여자와 붉은 용 (1-4)

여자가 아이를 배어 해산하게 되었으나 하늘에 붉은 용이 있어서 여자가 아이를 해산하면 잡아 먹으려고 하고, 해를 입은 여자는 광야로 도망하여 일천이백육십 일 동안 피신하게 된다.

1절 - 하늘에(대기권 하늘) **큰 이적이 보이니 해를 옷 입은 한 여자가 있는데 그 발 아래는 달이 있고 그 머리에는 열 두 관을 썼더라**

(1) 여자의 모습

① 해를 옷 입고, 그 발 아래 달이 있고, 머리에 열 두 면류관을 쓰고 있는 모습

㉠ 해를 입은 여자 - 계12:6; 17:18; 갈4:24.

이상의 인용된 성경은 '여자'에 대한 몇 가지 상징에 대한 경우인데 여자는 남은 자손 곧 성도들(땅에 있는)의 어미를 상징하며(계12:6), 또 계17:18은 여자가[큰 성]인 집단체로 상징되었고, 갈4:24은 두 언약으로 상징되었는데 이러한 이유들을 적용한다면 [여자]는 지상 교회를 상징한다. 이 지상 교회는 전 3년 반 말기에 돌아온 유대인 중심의 환난통과 지상교회이다(유대인 교회 계11:13).

롬9:4-5의 예수님을 낳은 이스라엘을 오늘 본문에서는 해를 옷 입은 여자로 상징되어 있다. 교회시대 동안 예수님을 배척했던 유대인들이 전3년 반 말기에 돌아와 유대교회 공동체를 형성하게 된 것이다.

㉡ 해를 입음 – 말4:2; 고전15:41, 42; 시84:11; 89:36; 마13:43. 그러므로 해를 입은 여자의 상징은 영적 이스라엘이나 빛에 속한 신령한 교회를 의미하며 교회의 본질을 의미한다.

㉢ 발 아래 달이 있고 – 이 달은 밤 곧 어두움의 세상을 태양의 빛을 받아 반사하여 밝히는 것으로 교회를 상징하며 [발 아래] 있음으로 이는 타락을 상징하는 것으로 해석하는 경우가 있는데, 필자는 타락한 교회로 보지 않고 지상교회를 상징하는 것으로(12:17) 믿으며 적용적으로는 마지막 때의 예수교회(지상교회)의 사명을 교훈하고 있다.

이방인 교회나 유대인 교회는 진리의 빛으로 어두운 세상을 비추는 사명이 있다.

㉣ 열 두 면류관– 〈στέφανος ;스테파노스〉로서 승리와 영광의 면류관을 뜻하므로 지상을 통과하는 교회의 궁극적 승리를 의미한다.

잠4:9; 사62:3

* 머리에 열 두 별의 면류관 쓴 여자 – 카톨릭에서 동정녀 마리아 (위클리프 주석)

2절 – 이 여자가(1절) **아이를 배어 해산하게 되매**〈τίκτω; 딕토;낳다, 생산하다, 산고를 겪다〉 **애를 쓰며 부르짖더라**

② 여자가 아이를 배어 해산하게 된다. – 환난통과 지상 교회에 성도의 수가 확보됨을 의미하는 것으로 믿는다. 어머니의 해산의 고통후에 생명이 태어나듯 교회로 상징된 여자의 해산의 수고로 지상교회의 성도의 수가 확보되었음을 의미한다.

이방인의 구원총수가 있듯이(롬11:25) 유대인의 구원총수가 있

다.(슥13:8-9). **갈4:19**
갈 4:19 나의 자녀들아 너희 속에 그리스도의 형상이 이루기까지
다시 너희를 위하여 해산하는 수고를 하노니

* 계12:1-2에서 5절로 연속 봉독하면 하늘의 이적은 그리스도의 탄생과 부활승천으로 해석된다(5절). 그럴 경우 후삼년 반 초에 주님의 탄생과 부활승천을 또 한번 하게 되는 엄청난 모순이 된다. 그러므로 초림 후 부활승천하신 예수님과 셋째 화 기간에 출현한 지상교회와의 관계회복을 의미하는 것으로 적용적 해석을 해야 한다. 다른 측면에서는 환난통과 유대인교회와 용인 사단과의 영적 관계를 설명해 주는 것이다.(영적전투관계)

3절 – (용의정체)**하늘에 또 다른 이적이 보이니 보라 한 큰 붉은 용이 있어 머리가 일곱이요 뿔이 열이라 그 여러 머리에 일곱 면류관이 있는데**

(2) 붉은 용의 역사와 해산될 아이
주님의 교회인 환란통과 지상교회와 용인 사단과 영적인 전투관계를 조명해 주는 것이다.

① 큰 붉은 용의 모습(사단) – 일곱 머리 열 뿔이 있고 일곱 면류관이 있다. ㉠붉은 것은 사단의 살인적 성격을 의미하고(9절,요8:44), ㉡머리가 일곱인 것은 사단의 힘과 권세를 상징하며(계13:1), 뿔이 열인 것은 사단이 지배하는 열왕을 상징한다. **계17:9-12**
㉢ 그 여러 머리에 면류관은 사단이 세상을 지배하는 왕들의 권력을 소유하고 있음을 나타낸다. **계13:1; 17:12**

큰 붉은 용이 여자가 해산하려는 아이를 끌어 내리고 또 다시 후 3년 반 세상을 다스리는 하나님 자리에 앉으려는 최대, 최후의 시도를 벌이는 적그리스도적 도전을 하고 있다. **살후2:3-4**

4절 - 그 꼬리가 하늘의 별 삼분의 일을 끌어다가 땅에 던지더라 용이 해산하려는 여자(교회상징) **앞에서 그가 해산하면 그 아이를 삼키고자 하더니**

② 용이 하는 일

㉠ 하늘 별의 삼분의 일을 땅에 던짐

삿5:20; 시136:9; 단12:3; 계6:13 이상의 성경에 의하면 이 별은 지상 인간들 중에 지혜자요 많은 사람을 인도하는 자들로서, 사탄에게 미혹된 거짓말을 가르치는 거짓 선지자에 의해 타락된 자들로서 지상환난통과 교회의 사명자나 지혜자를 타락시키는 것으로 해석된다.

㉡ 아이를 삼키고자 하더니 - 유대인 중심의 환난통과 지상교회 성도들의 핍박을 상징한다.

계12:5; 시2:9; 계2:27. 이 계시는 마귀인 사탄이 땅의 인간들을 통하여 예수님을 핍박하는 상징적 장면들이며 셋째 화의 기간에 환난통과 교회에 대한 재난으로 후 삼년 반에 일어날 표징을 나타내는 것이다.

그 때에 예수님이 지상에 탄생하는 것으로 해석해서는 안 된다. 그 이유는 히9:28, 25-26; 7:27; 9:12; 10:10; 롬6:10 등 단수사역을 부인하는 해석이기 때문이다.

* 영적 해석 *

① 붉은 용 - 잠23:29 붉은 눈을 가진 용, 왕하3:22 물이 붉어 피와 같이 보임, 사1:18 붉은 죄, 겔23:14 음행을 더하여 붉음, 계6:4화

평을 제거하며 칼로 죽이는 붉은 말, 렘51:34 용이 삼킴, 계12:9 용이 내어 쫓김, 20:2 용을 잡아 일천년 동안 결박,

붉은 색은 잔인성, 난폭성 – 용인 사단의 속성이다.

② 머리가 일곱 열 뿔 – **단7:24; 사9:15; 29:10;19:15,7:8**

단 7:24 그 열 뿔은 그 나라에서 일어날 열 왕이요 그 후에 또 하나가 일어나리니 그는 먼저 있던 자들과 다르고 또 세 왕을 복종시킬 것이며

③ 꼬리의 의미 – 거짓말을 가르치는 거짓 선지자

사9:15 그 머리는 곧 장로와 존귀한 자요 그 꼬리는 곧 거짓말을 가르치는 선지자라

2) 여자의 출산과 1260일간의 양육 (5–6)

기간은 후 3년 반 초기이다. 육적 이스라엘이 적그리스도 무리들과 한이레 언약을(7년) 굳게 정하다가 이레 절반 전 3년 반 말기에 예물과 제사를 금지할 것이며 미운 우상이 서지 못할 하나님의 성전에 세워지는 시점(마24:15)으로 적그리스도의 본색을 나타내며 하나님의 성도들을 박해하게 될 것이다.

이 시점이 후 3년 반 초기이며 그 때에 [유대인들은 산으로 도망가라]고 예수님은 예언하셨고 계시록적으로는 [여자(유대인〈육적 이스라엘〉 중심인 환난통과 교회)가 광야로 도망하매]로 표현하고 있다.

5절 – 여자(환난통과 교회)**가 아들을 낳으니 이는 장차 철장으로 만국을 다스릴 남자라 그 아이를 하나님 앞과 그 보좌 앞으로 올려가더라**

(1) 여자가 아들을 낳음 – 1–2절에서 5절로 흐름으로 볼 때 5절의

본문의미 해석은 그리스도의 탄생과 부활 승천을 의미한다. 영적 의미는 셋째 화 기간에 유대인 중심의 지상교회와 구속사를 이루신 우리 주 예수 그리스도와 관계회복을 조명해 주는 것이다.

죄인의 구속을 위해 성탄하시고, 십가가에서 대속적 죽음을 당하시고, 부활승천하시고, 지상에 강림하셔서 철장으로 만국을 다스리실 우리 주 예수 그리스도와 지상교회 성도들 각자가 예수 그리스도를 구주로 고백하고 믿음으로 말미암아 하나님의 자녀로, 그리스도에게 붙어 있는 자로… 신부로서 관계가 회복됨을 의미한다.

① 여자가 아이를 낳으니 - 환난통과 지상교회를 상징하는 여자가 아이를 낳은 해산의 수고로 유대인 성도 수가 확보된 것을 상징한다. **창3:15; 갈4:24; 계12:5**

② 만국을 다스릴 남자 - 메시야 시편의 예언으로는 우리 구주 예수 그리스도를 의미한다. 그대로 해석하게 되면 후삼년 반 초에 예수님의 성탄과 부활승천이 복수가 되는 모순이 생긴다.
그러므로 영적인 해석이 필요한 부분이다.

따라서 본문의 영적의미는 시2:7-9의"철장으로 만국을 다스릴 메시야"이신 남자와 회심하고 돌아온 유대인 성도들과 관계회복에 대한 의미로 5절 전체 의미해석을 한다. 본문에서는 한 단어 한 단어의 의미해석을 하면 성경을 탈선하게 되고, 풀리지도 않는다.

이렇게 5절에서 주님과 관계가 회복된 유대인 교회가 예수님의 예언대로 6절에서 광야 예비처로 도망가게 됨으로 5-6의 문맥에 의한 자연스런 해석이 된다.

6절 - 그 여자가 광야로 도망하매 거기서 천이백육십 일 동안 그를 양육하기 위하여 하나님께서 예비(준비)**하신 곳이 있더라**(예비처에서 보호를 받는다)

※ 12:5-6, 14, 17 : 7째 천사가 나팔을 분 계11:15 이후 사건 기사로서 후3년 반 기간 중에 사건이며 여자는 환난통과 유대인교회를 상징하며 3년 반 동안 광야에서 양육을 받는 경우로서 환난통과 중에 나타난 지상성도의 예비처에 관한 경우이다. 이 사건은 예수님이 **마24:15-28**의 유대인에 대한 예언이 성취된 사건이다.

(2) 1260일 동안의 양육

① 여자가 광야로 도망감 : **마24:15-20**

지상통과 교회가 하나님이 예비하신 광야 예비처로 피신하는 것을 의미한다. 유대인 택자들에게 전 3년 반을 지나고 후 3년 반을 감해주는 은혜이다. **마24:22**

② 피신 장소 : 하나님이 예비하신 단수 도피처로서 이스라엘 나라에 있는 광야이다. **14절. 마24:16**

시 55:7 내가 멀리 날아가서 광야에 거하리로다(셀라)

시 78:52 자기 백성을 양같이 인도하여 내시고 광야에서 양떼같이 지도하셨도다. **32:16; 35:1,6; 40:3; 41:18,19;42:11, 43:20; 51:3**

③ 피신 기간 : 1260일 동안.(14절 한 때와 두 때와 반 때)

계12:6,14; 단12:7, 8, 9; 마24:22, 21;계13:7

계 12:14 그 여자가 큰 독수리의 두 날개를 받아 광야 자기 곳으로 날아가 거기서 그 뱀의 낯을 피하여 한 때와 두 때와 반 때를 양육 받으매

단 12:7 내가 들은즉 그 세마포 옷을 입고 강물 위쪽에 있는 자가 자기의

좌우 손을 들어 하늘을 향하여영원히 살아계시는 이를 가리켜 맹세하여 이르되 반드시 한 때 두 때 반 때를 지나서 성도의 권세가 다 깨지기까지 이니 그렇게 되면 이 모든 일이 다 끝나리라 하더라

1260일⇒1260÷360(1년)=3년반

한 때와 두 때와 반 때−1(년)+2(년)+1/2(년), 42개월(13:5)

이 기간은 대환난 중 마지막 때의 기간으로 최후 지상 환난통과 성도들의(육적 이스라엘) 최후 연단 기간이 된다.(단12:10; 11,12;마24:15, 20;슥13:10;12:10,11-14;13:7-9)

④ 피신 방법. 6,14절 : 도망하매. 큰 독수리 두 날개를 받아 날아간다. 이상의 표현들은 여호와 하나님의 가호와 인도하심 속에 독수리처럼 신속하게 하나님이 준비하신 예비처로 대피하게 될 것을 의미한다. 이스라엘 백성들의 광야 40년 때처럼 전능하신 하나님의 주권적인 보호와 인도를 의미하는 것이다.

⑤ 피신 목적. 6, 14절 : ㉠ 뱀의 낯을 피하기 위하여(용의 박해). ㉡ 양육하기 위하여−6절에 양육하기〈τρέφω; 트렙호〉는 양육하다, 부양하다, 후원하다, 보조하다, 기르다, 훈련하다, 자라다, 단단하게 하다, 자비를 베풀다, 실컷 먹이다, 영양분을 공급하다 뜻으로 다양한 영적인 훈련과 교육이 있을 것이다.

* 막연하게 피난만 시켜 주시는 것이 아니라 영적으로 고도의 성장을 시키시는 하나님의 은총아래 있을 것을 의미한다. 이 예비처 사건은 하나님이 예비하신 단수의 장소에, 단회적으로 피신시켜 후 3년 반이 지나기까지 계속 양육시키시는 하나님의 주권적인 은총의 사건이다.

(예비처에 대하여 자세한 연구는 “요한계시록 흐름이해” 주제연구8, 127쪽 참고)

3) 미가엘과 용의 전쟁 (7-9)

천상 하늘이 아닌 하늘에서 천사 미가엘과 그의 사자들은 용과 그의 사자들과 전쟁을 하게 된다. 이 전쟁에서 용과 그의 사자들은 이기지 못하여 하늘에서 있을 곳을 얻지 못하고 쫓겨났다.

7절 - 하늘에(천상 하늘은 아님) **전쟁이 있으니**(과거중간태직설법3인 단수동사) **미가엘과 그의 사자들이 용과 더불어 싸울 새 용과 그의 사자들도 싸우나**

(1) 전쟁 장소 - 천상 하늘이 아닌 하늘이다.**엡 2:2; 6:12**

엡 6:12 우리의 씨름은 혈과 육을 상대하는 것이 아니요 통치자들과 권세들과 이 어둠의 세상 주관자들과 하늘에 있는 악의 영들을 상대함이라

(2) 전쟁의 대상

① 미가엘과 그의 사자들.

미가엘의 뜻은 “누가 하나님과 같으랴”라는 의미이다. 성경에 나타난 미가엘은 ㉠ 군장 중의 하나(단 10:13), ㉡ 이스라엘 민족의 수호천사(단12:1), ㉢ 영계의 전쟁을 관장하는 군장이며(단10:21), ㉣ 천사장 중 하나(유1:9)로서 사단과 싸우며 영계의 전쟁을 관장하며 심판을 알리는 천사다(계12:7).

② 용과 그의 사자들 - 용은(옛뱀) 사단이며 마귀이다.(계 12:9;20:2). 악령세계의 최고 우두머리로 하나님을 대적하고(계 13:6), 온 천하를 미혹하는 자이며(9절), 전쟁을 일으키는 자요(7절),

적그리스도에게 능력과 보좌와 큰 권세를 주는 실존이다(계13:2).

8절 - 이기지 못하여 다시 하늘에서(천상 하늘은 아님) **그들이 있을 곳을 얻지 못한지라**

(3) 전쟁의 결과 - 용이 이기지 못했다.

붉은 용이 열 면류관을 쓴 것을 볼 때(3절) 승리자 같이 보였으나 있을 곳을 얻지 못하고 그 사자들과 함께 크게 분내어 땅으로 내어 쫓겼다. 이것이 사탄의 마흔 두 달(한 때와 두 때와 반 때)의 통치기간이며 자기의 악을 채우기 위하여 최후 발악을 하는 때이다.**계13:5**

① 하늘에서 쫓겨남(사단의 거처에 관하여) : **욥1:6; 슥3:1; 눅10:18; 요12:31;14:30; 엡2:2; 계12:8, 9, 12; 20:2-3, 10.**

이상의 성경의 계시와 같이 사탄과 그 악한 세력들이 의인을 참소하던 자리에서(욥 1:6; 슥 3:1) 세상으로 쫓겨나 그리스도의 초림과 십자가의 승리로 이미 패배를 당하였으며(요 16:11;12:31; 눅 10:18), 후에는 천년 동안 결박을 당하고, 결국 불과 유황못에 영원히 던져지게 될 것이다 (20:10).

그들은 지금도 성도들을 속이고 시험에 떨어지게 하고 위협하고 핍박하는 자들이다.

9절 - 큰 용이 내쫓기니 옛 뱀 곧 마귀라고도 하고 사탄이라고도 하며 온 천하를 꾀는 자라 그가 땅으로 내쫓기니 그의 사자들도 그와 함께 내쫓기니라

이렇게 패배하고 땅으로 쫓겨난 사탄이 자기 하수인 적그리스도를 세워 온세상을 3년 반 동안 지배하다 궁극적으로 불 못에 들어가게 된다. 계20:10. 이것이 사탄의 숙명적 운명이다. 할렐루야!

* 관주 응용 해석 *

① 사탄과 마귀인 악령의 근원 – **겔28:14–15,16; 유1:6; 사14:12–13; 슥3:1–2; 골1:16; 요1:3**

요1:3 만물이 그로 말미암아 지은 바 되었으니 지은 것이 하나도 그가 없이는 된 것이 없느니라

사탄마귀도 원래는 주님께서 가장 아름답고 지혜롭게 지은 피조물이다. 그러다 범죄하고 쫓겨나 마귀가 된 것이다.

② 사탄의 사역 – 국가를 대적하며(대상21:1), 사명자를 대적하며(슥3:1), 시험하며(막1:13), 말씀을 빼앗고(막4:15), 주님의 뜻을 반대하고(막8:33), 죄 지은 사람 속에 들어가며(눅22:3; 요13:27), 성도들을 밀까부르듯 하며(눅22:31), 범죄한 육신을 죽이고(고전5:5), 광명한 천사로 변장하고(고후11:14), 기적을 통해 속이고(살후2:9), 범죄이단 단체를 구성하고(계3:9), 온 천하를 꾀는 자이다(계12:9).

③ 마귀의 사역 – 이방인에게 제사를 받는 실존(신32:17), 시험하는 존재(마4:1; 눅4:2, 13) 가라지를 심는 자(마13:39), 구원 얻지 못하게 말씀을 빼앗음(눅8:12), 살인하며 사기꾼을 만듬(요8:44; 행13:10), 범죄에 필요한 생각을 넣어줌(요13:2), 틈을 타는 존재(엡4:27), 범죄자를 관리(요일3:8), 온 천하를 꾀는 자(계12:9), 분내는 영적 실존이다(계12:12).

④ 옛 뱀 – **창3:4; 사27:1; 고후11:3; 계20:2**

창 3:4 뱀이 여자에게 이르되 너희가 결코 죽지 아니하리라

4) 천상에서 어린 양에 대한 찬양과 천상성도의 위로 (10-13)

10절 - 내가(요한) **또 들으니 하늘에 큰 음성이 있어 이르되 이제 우리 하나님의 구원과 능력과 나라와 또 그의 그리스도의 권세가 나타났으니 우리 형제들을 참소하던 자 곧 우리**(천상 성도들) **하나님 앞에서 밤낮 참소하던 자가**(사단) **쫓겨 났고**(현재)

(1) 어린 양에 대한 찬양

① 찬양의 내용 - 이제 우리 하나님의 구원과 능력과 나라가 이루었으며, 그리스도의 권세가 이루었으니 사탄이 땅으로 내어 쫓기자 천상성도들은 기쁨에 넘쳐 하나님의 구원의 역사에 대하여 찬송한다.

② 천상 성도들을 밤낮 참소하던 사탄이(욥1:9; 2:5) 쫓겨났기 때문에 찬양내용은 하늘의 하나님 앞에서 밤낮 성도들을 참소하던 사탄이 쫓겨났기 때문에 하나님의 구원과 능력과 나라와 또 그의 그리스도의 권세가 이루어졌다는 것을 찬양하고 있다.

11절 - 또 우리 형제가 어린 양의 피와 자기들이 증언하는 말씀으로써 그를 이겼으니 그들은 죽기까지 자기들의 생명을 아끼지 아니하였도다

③ 여러 형제가 어린 양의 피로 인하여 용을 이겼으니(벧전 1:18,19)- 성도가 마귀를 이기는 방법이다.

④ 자기의 증거하는 말씀으로 이겼으니 -자기가 믿고, 고백하고,

목숨걸고 전하는 말씀으로 이겼다. **계1:2; 행4:19-20; 엡6:11-13**

행4:19-20 베드로와 요한이 대답하여 가로되 하나님 앞에서 너희 말 듣는 것이 하나님 말씀 듣는 것보다 옳은가 판단하라 / 우리는 보고 들은 것을 말하지 아니할 수 없다 하니

⑤ 죽기까지 자기 생명을 아끼지 아니하고 이겼으니(계2:20). 순교의 신앙 **롬14:8**

12절 - 그러므로 하늘과(천상영계의 하늘 : 첫째 부활에 참여한 천상 성도들이 있는 곳) **그 가운데에 거하는 자들은 즐거워하라 그러나 땅과 바다는 화 있을진저 이는 마귀가 자기의 때가 얼마 남지 않은 줄을 알므로 크게 분내어 너희에게 내려 갔음이라 하더라**

⑥ 천상성도들은 즐거워 하라 - 6째 인봉 사건때 휴거되어 천상에 올라간 성도들이다.

㉠ 거듭나서 주님 공중강림 하실 때에 변화되어 휴거된 성도들.

골3:3-4; 살전4:16-17; 계7:9-14

㉡ 순교하여 첫째 부활에 참여 한 자들이다.

살전 4:16-17; 계 6:9-11; 계7:9-14

(2) 전쟁에 패한 결과 - 땅과 바다는 화 있게 된다.

영적 전쟁에서 패배하므로 분 내어 쫓겨난 마귀를 통하여 온 세상은 화를 당하게 된다. 이것이 바로 셋째 화 재앙(계11:14)이며 7대접 재앙(계11: 15-19:)으로 분내어 쫓겨난 마귀의 추종자 적그리스도를 숭배한 온 세계 사람들이 당하는 재앙이다.

모든 시대 모든 하나님의 자녀들은 용이 분노하는 세상에 살고 있다.

그러므로 이 세상에 살고 있는 성도들은 환난과 핍박을 각오해야 한다. 우리는 이 세상에 속하지 않았기 때문에 이 세상이 우리를 미워하는 생리를 알고 말씀과 기도의 두 날개로 담대하게 천성을 향하여 나아가는 그리스도의 용사들이 되어야 한다. **요 17:14; 요일 3:13**

* 성도들이 마귀를 승리하는 법 - 요16:33; 롬8:37; 12:21, 고전9:25; 15:57; 히11:33; 요일4:4; 엡6:12; 요일5:4, 5; 벧전5:9, 약4:7. 예수님이 마귀이며 사탄의 시험을 이기신 것은 철저하게 '하나님의 말씀'을 통해 승리하셨다.**눅4:5-12; 마4:1-10**

⑦ 마귀가 자기 때가 얼마 못된 줄을 알므로 크게 분내어 내려 갔다. 이제 마귀의 때는 3년 반 밖에 남지 않았다. 이 사실을 알고 땅에 남아있는 사람들에게 내려가 온 세상을 다스리게 된다.

5) 용이 여자를 핍박하고 여자의 후손과 싸우려 함 (13-17)

여자는 분노한 용의 핍박을 피하여 독수리의 두 날개를 받아 광야로 날아가 3년 반을 지낸다. 땅의 도움으로 홍수를 일으키려는 것마저 실패한 사탄은 여자의 남은 자손들을 핍박하기 위하여 바닷가에 선다.

13절 - 용이 자기가 땅으로 내쫓긴 것을 보고 남자를(예수님 상징) **낳은 여자를**(교회를 상징) **박해 하는지라**

(1) 땅으로 내쫓긴 용이 여자를 박해한다.

① 사탄이 환난통과 교회를 핍박한다.(7절)

그러나 사탄의 핍박을 피할 길이 예비되어 있다.(14절)

② 뱀이 물을 강같이 토하여 여자를 떠 내려가게 한다.(15절) 이런

표현은 사탄이 환난통과 교회를 핍박하려고 저지르는 온갖 형태의 파괴를 상징한다.

③ 용이 여자에게 분노하여 여자의 남은 자손들과 싸우려고 한다. (17절) 용이 여자를 익사시키지 못하자 화가 나서 남은 자들, 즉 하나님의 계명을 지키며 예수의 증거를 가진 자들과 더불어 싸우기 위해 바다 모래 위에 섰다.

14절 - 그 여자가 큰 독수리의 두 날개를 받아 광야(단수) 자기 곳으로 날아가 거기서 그 뱀의 낯을 피하여 한 때와 두 때와 반 때를 양육받으매

(2) 여자가 하나님이 예비하신 피난처로 피하여 간다. 하나님께서 택한 백성을 악한 자의 위협으로부터 구원하여 광야의 은밀한 예비처로 옮겨 보호하시고 양육하신다.

① 뱀의 낯을 피하여 예비처에서 3년 반을 피한다.
(7년 대환난 후 3년 반 동안)

② 한 때와 두 때와 반 때를 양육 받는다. 한 때와 두 때와 반 때는 3년 반을 의미한다.

6절에서 언급한 예비처에 대하여 여기서 상세히 기록하고 있다. 6절의 일천 이백 육십 일과 같은 한 때와 두 때와 반 때(14)라는 기간은, 적그리스도의 통치기간으로 매우 어두운 환난의 시기를 가리킨다.

15절 - 여자의 뒤에서 뱀이 그 입으로 물을 강같이 토하여 여자를 물에 떠내려 가게 하려 하되

* 사탄이 환난통과 교회를 핍박하려고 저지르는 온갖 형태의 파괴를 나타낸다.
* 뱀의 입에서 나온 강물의 영적 의미 - 거짓 진리, 세상적인 사상(철학, 과학), 거짓 종교, 거짓 예언, 혼합사상 등등을 상징한다. **창3:1; 시140:3; 고후11:3; 잠18:4; 20:5; 암5:24; 계17:15; 시59:7.**

16절 - 땅이(지구의) **여자를**(환난통과 지상교회) **도와 그 입을 벌려 용의 입에서 토한 강물을 삼키니**

③ 땅이 입을 벌려 강물을 삼킨다. - 교회를 보호하시는 하나님의 섭리. 우주 만물을 창조하신 하나님께서 택하신 백성들을 도우시는 방편으로 역사하시는 하나님의 섭리이다.**출15:12; 민16:30,32-33**

17절 - 용이 여자에게 분노하여 돌아가서 그 여자의 남은 자손(환난통과 지상 성도인 후손) **곧 하나님의 계명을 지키며 예수의 증거를 가진 자와 더불어 싸우려고 바다 모래 위에 서있더라**

(3) 여자의 남은 자손에 대한 용의 태도

① 분노하여 돌아가서-모든 시대 예수교회는 용의 세력의 분노 앞에서 있는 상태이다.

② 더불어 싸우려고 바다 모래 위에 선다

용이 여자를 익사시키지 못하자 화가 나서 여자의 남은 자손 즉 하나님의 계명을 지키며, 예수의 증거를 가진 유대인 성도들과 싸우려고 한다.

여기 계명은 구원받기 위해서 지키는 것이 아니라 구원받은 하나님의 자녀로서 우리 연약함을 도우시는 성령님의 은총으로 하나님의 계명을 실천하는 것이다.

13장 두 짐승(적그리스도 666)

전 3년 반 말기에 출현한 지상 환난통과 성도들은 하나님이 예비하신 이스라엘 광야 예비처에 피신하여 하나님의 보호아래 양육을 받게되고, 적그리스도가 등장하여 후 삼년 반을 통치하게 된다.(마24:15, 살후2:3-4)

시대를 초월해 택자를 구원하시고 보호하시는 하나님의 사랑은 위대하다. 이방인 성도들을 택하여 구원하신 하나님은 7년 심판 대환난이 오기 전에 천상보좌 앞에 끌어올려 7년 대환난을 면제시키시고(계7:9-10), 언약한 백성 육적 이스라엘 성도들은 적그리스도의 표를 찍는 대 박해가 오기 전에 예비처로 도피시켜 후 삼년 반 환난을 감해 주시는 위대한 사랑의 하나님이시다.**마24:22**

혹자들은 시기적으로 후 삼년 반에 등장할 적그리스도 표를 지금 현 시대에 적용하는 오류를 나타낸다. 또는 144,000을 문자적으로 이해하고 이 외에 성도들은 적그리스의 표의 박해를 통과해야 할 과정으로 보고 지금부터 성도들을 두렵게 하고 있다.(여러설이 있다)

그러나 위대한 성경의 한 구절이 모든 인간의 이론을 쓰레기로 만든다. 계13:8 죽임을 당한 어린 양의 생명책에 창세 이후로 이름이 기록되지 못하고 이 땅에 사는 자들은 다 그 짐승에게 경배하리라.

시대를 초월해 구원받은 성도들은 이방인 성도이든, 유대인 성도이든 차별이 없이 어린 양의 생명책에 녹명되어 있기 때문에 궁극적으로는 적그리스도의 표와 관계없이 영생구원이 보증되어 있다.**요3:16-18**

그러므로 적그리스도의 표의 대 박해가 오기 전에 피할 길을 내서 피하게 하신 것이다. 그것이 이방인 성도가 체험한 휴거사건이요, 유대인 성도가 체험할 광야 예비처 사건이다.

12장에서 후 3년 반 통과 지상교회를 핍박하는 실존이 용이었다. 13장에서는 용의 권세를 받은 두 짐승이 등장한다. 짐승의 활동은 하나님의 성도를(단7:25) 대적하는 용의 마지막 도전이다. 바다에서 올라온 짐승은 적그리스도이고 땅에서 올라온 짐승은 적그리스도에게 충실한 꼭두각시로서 거짓 선지자이다.

본장의 시기적 위치는 계11:15에서 시작된 7째 나팔 사건 기간이며, 화로는 세째 화 기간으로 후 3년 반 초기에 해당된다. **계12:6**

1) 열 뿔과 일곱 머리 짐승과 용과 합동작전 (1-5)

1절 - 내가 보니 바다에서 한 짐승이 나오는데 뿔이 열이요 머리가 일곱이라 그 뿔에는 열 면류관이 있고 그 머리들에는 신성 모독하는 이름들이 있더라

(1) 바다에서 나온 짐승 - 적그리스도 666

짐승(적그리스도를 상징한다.) - 징계를 싫어하는 짐승 **잠12:1**, 존귀에 처하나 깨닫지 못하는 사람 **시49:20**, 큰 짐승 넷이 바다에서 나왔는데 **단7:3**, 큰 짐승은 네 왕 **17**, 넷째 짐승은 넷째 나라 **23**, 멸망 당할 짐승 **벧후2:13.** 바로 이러한 짐승이 일곱번째 속한 여덟째 왕으로 후 3년 반을 통치할 적그리스도로서 멸망될 자이다. **계 17:11**

① 출현 장소 - 바다(계17:15; 사57:20; 렘6:23; 단7:3,17) 음녀와 악인의 거처로서 하나님의 백성을 대적하는 세상이다.

단 7:3 큰 짐승 넷이 바다에서 나왔는데 그 모양이 각각 다르더라
단 7:17 그 네 큰 짐승은 세상에 일어날 네 왕이라

② 적그리스도의 모습

㉠ 뿔이 열이요. **시75:5, 10; 132:17; 단8:22; 계17:12.** 교만한 세상 권력을 가진 열 왕(후 3년 반에 적그리스도를 추종할 열 나라 왕이다.)

㉡ 머리가 일곱이요. **사7:8; 9:15; 29:10; 계17:9, 10.** 음녀가 앉은 산으로서 일곱 나라를 상징한다.

여자가 앉은 일곱 산(일곱 왕) - 애굽, 앗수르, 바벨론, 메대파사, 헬라, 로마, 이후 열 왕의 나라 **계17:10; 단2장**

㉢ 열 뿔에 열 면류관이 있고 머리에는 신성 모독하는 이름들이 있다. 일곱 왕의 권세로 하나님의 성도들을 박해하고 하나님을 모독하는 일을 자행하는 적그리스도의 특성을 나타낸다. 성도들이 쓰는 승리의 면류관이 아니라 거짓된 면류관을 쓰고 하나님을 모독하고 스스로에게 신적 영광을 돌리는 실존이다. **살후2:3-4**

2절 - 내가 본 짐승은 표범과 비슷하고 그(짐승) **발은 곰의 발 같고 그 입은 사자의 입 같은데 용이 자기의 능력과 보좌와 큰 권세를 그에게 주었더라**(과거)

단7:3-7, 17의 네 짐승의 특징을 다 갖추고 있는 구약시대 짐승보다 더 강력한 야수성을 지닌 제국의 통치자로 등장한다.

그 이유가 용의 권세를 받기 때문이다.

㉣ 표범 같고 - 렘5:6; 호13:7; 합1:8; 단7:17

ⓜ 발은 곰발 같음 - 삼상17:34; 사59:11; 애3:10; 잠28:15; 삼상17:37; 단7:5

ⓑ 입은 사자 입 같음 - 습3:3; 미5:8; 암3:4; 단7:4; 시17:12, 22:13; 잠19:12

바다에서 올라온 짐승은 표범과 비슷하고 그 발은 곰의 발같고, 그 입은 사자입 같았다. 세계단일 정부의 수반으로서 우주적 카리스마를 가지고 후3년반 적그리스도 세상을 통치할 자로서 표범과 곰과 그리고 사자의 구약시대 짐승이 가지는 포괄적 특성과 속성을 지닌 무섭고 사나운 짐승 같은 실존이라는 것을 나타낸다.

ⓢ 용에게 능력과 보좌와 권세를 받음 - 계12:9; 렘51:34; 계13:4; 고후11:14, 15; 살후2:9-10; 요8:44; 히2:14; 대상21:1. 적그리스도는 용인 마귀사탄의 권세를 받았기 때문에 당돌하게 하나님을 배도하고 자기를 하나님이라 한다. 이와 같이 세상도 사탄마귀의 조종받아 복음을 거역하고 주님의 교회를 박해하고 조롱한다.
살후2:3-4; 고후4:4

12장에서 용은 전쟁에 패하여 하늘의 보좌를 잃었지만 자기의 능력과 보좌와 권세를 짐승에게 주어 이 세상을 다스린다. 적그리스도가 막강한 힘을 가지고 성도를 괴롭힐수 있는 것도 용의 모든 것을 물려받았기 때문이다. 따라서 적그리스도는 사탄의 복사본이라 할 수 있다.

3절 - 그의 머리 하나가 상하여 죽게 된 것 같더니 그 죽게 되었던 상처가 나으매 온 땅이 놀랍게 여겨 짐승을 따르고

③ 적그리스도의 상태

㉠ 일곱머리 중에 하나가 상하여 죽게 됨-장사되어 3일만에 살아나신 어린 양의 부활을 모방한다.

㉡ 죽게 되었던 상처가 나으니 온 땅이 놀랍게 여겨 짐승을 따르게 된다. 어린 양의 부활을 모방하여 불사조 같은 비상한 인물로 보고 모든 세상사람들이 그를 환호하고 추앙하며 따르게 된다.

4절 - 용(마귀요 사탄 20:2; 12:9)**이 짐승에게 권세를 주므로 용에게 경배하며 짐승에게 경배하며 이르되 누가 이 짐승과 같으냐 누가 능히 이와 더불어 싸우리요 하더라**

④ 적그리스도의 권세 - 용에게 받음(2 ,5, 7절)

㉠ 용이 자기의 능력과 보좌와 큰 권세를 준다. 사탄마귀인 용의 권세를 받고 짐승 같은 야수성과 포학성으로 하나님을 모독하고 그 백성들을 박해하며 강력한 통치력으로 세상을 지배하며 숭배를 받는다.

㉡ 용과 함께 경배를 받는다 - 후 삼년 반 경배의 대상이 된다. 용이 기적같이 살아난 짐승에게 권세를 주자 용과 짐승에게 경배하게 된다. 사탄의 후광이 짐승에게 있다고 본 것이다.

㉢ 누가 능히 이 짐승과 같으냐 누가 능히 이와 더불어 싸우리요 한다. 어린 양의 부활을 모방한 용의 술수에 온 세상이 미혹되어 용과 짐승을 경배하게 된다.

이것이 적그리스도를 하수인으로 조종하는 용(사탄마귀)의 목적이다. 어린 양이 금식할 때 찾아와 본색을 드러냈던 마귀가 주님의 죽으심과 부활의 권세아래 교회시대 동안 숨 죽이고 있다가 하나님이 결재한 자기 세상이 되자 본색을 드러내고 있다.

출15:11의 하나님의 대한 찬미를 모방하여 짐승이 하나님이 되는 배교의 신성 모독한 표현이다.

이후 3년 반 세상에서는 짐승에게 필적할만한 인물이 없다.

5절 - 또 짐승(죽었다 살아난)**이 과장되고 신성모독을 말하는 입을 받고 또 마흔 두달 동안**(셋째화인 7째 천사의 나팔 분(계11:15) 기간에) **일할 권세를 받으니라**

㉣ 과장되고 신성모독을〈βλασφημία ;블라스페미아 ; 중상, 악담, 조롱〉 말하는 입을 받아 하나님과 천상 성도들을 훼방한다. 6절, 하나님의 신성과 권능을 모독하는 행위이다. **단7:25 11:36**

㉤ 마흔 두달 일할 권세를 받아 만국을 다스린다. 7절. 마흔 두달 42개월은 1260일로 7년 심판 대환난 후 3년 반이다. 적그리스도가 일할 한시적 기간이다,

적그리스도가 유대인과 한 이레(7년) 평화조약을 맺고 이레 절반에(3년반) 자기가 예루살렘 성전에 앉아 하나님을 훼방하고, 배도하며 성도를 핍박하며 만국을 다스리게 될 것을 의미한다. **단7:25; 11:36**

6절 - 짐승이 입을 벌려 하나님을 향하여 비방하되(악담과 조롱으로 중상) **그의 이름과 그의 장막 곧 하늘에 사는 자들을 비방하더라**(악담과 중상으로 헐뜯고 조롱한다.)

적그리스도 짐승은 마귀의 마음을 받아 하나님을 비방하고 배도하며, 천상 성도들을 비방한다. 이런 사건은 로마제국시대에서 황제들이 스스로를 신격화 하여 '주', '신'으로 지칭했던 것과 같은 이치이다.

* 하늘에 거하는 자들 - 이들은 첫째 부활과 변화로 휴거되어 천상에 올라가 있는 성도들을 의미한다.(계7:9절 이하 해설참조)
본 구절에 장막은 천상에 있는 장막으로서 비방 당하고 있는 성도들의 거처를 본문에서 분명하게 지적해주고 있다.

7절 - 또 권세를 받아 성도들과(지상환난 통과 성도들) **싸워 이기게 되고**(단7:20-22) **각 족속과 백성과 방언과 나라를**(전세계) **다스리는 권세를 받으니**

마귀에게 받은 42개월 전 세계를 다스리는 권세로 지상환난통과 성도들과 싸워 이긴다. 지상성도들이 전쟁에서 패배하는 이유는 슥13:8-9의 연단을 통하여 성장시키시려는 하나님의 깊으신 사랑의 은총이 함께 하심을 인식해야 할 것이다.

8절 - 죽임을 당한 어린 양의 생명책에 창세 이후로 이름이 기록되지 못하고 이 땅에 사는 자들은 다 짐승에게 경배하리라

⑤ 적그리스도에게 경배하는 대상 - 어린 양의 생명책에 이름이 기록되지 못한자들은 다 경배한다.
고전10:32 성경에는 세 종류의 인간이 있다. 유대인과 헬라인과 하나님의 교회로 구분된다.

죽임을 당한 어린 양의 생명책에 녹명된 자들은 다른 각도에서 영생주기로 작정된 이방인 성도(행13:48)들로서 휴거사건을 통해 천상에 올라가고, 유대인 성도들은 예비처에 보내져(계12:6) 적그리스도 우상 경배를 피하게 되지만 생명책에 녹명되지 못한 이땅에(후삼년 반이 되는 시기에 땅에) 사는 자들은(영적인 헬라인으로서 불신불택자들) 용과 적그리스도를 경배함으로(3절) 자기의 죄를 채우며 백보좌 심판을 향해 치닫게 된다.

결국 휴거도 되지 못하고 예비처도 가지 못한 후 삼년 반땅에 남아 있는 불택자들이 적그리스도를 경배하며 자기의 죄를 채우는 기간이다. **계17:8 살전2:16; 살후2:12**

9절 - 누구든지 귀가 있거든 들을지어다

(2) 경고

① 누구든지 귀가 있거든 들을지어다 - 아무리 중요한 메시지를 전하여도 들을 귀가 없는 자들은 들을 수 없게 된다. 그러나 들을 귀 있는 자는 복 있는 자이다. **마13:16; 막4:9, 23; 막8:18; 눅8:8; 14:45** 마지막 때는 요한계시록 말씀을 들을 수 있는 사람이 복되다고 하신다. **계1:3**

10절 - 사로 잡힐 자는 사로 잡힐 것이요 칼에 죽을 자는 마땅히 칼에 죽을 것이니 성도들의 인내와(불변의 인내) **믿음**(성경교리를 확신하는)**이 여기 있느니라**

* 성도들을 핍박하는 자들에 대한 하나님의 보응으로서 경고하며 권고한다.

② 사로 잡힐 자는 사로잡힐 것이요 칼에 죽을 자는 마땅히 칼에 죽는다 - 성도들을 사로 잡는 박해자 그도 사로잡혀 가게된다. 칼로 성도를 죽인 박해자는 그도 칼에 죽을 것이다.

잠15:3; 21:12; 12:21; 2:22; 시34:21; 시9:5

③ 성도들의 인내와 믿음이 필요하다 - 성도들은 박해자들에 대한 하나님의 응보적 섭리를 믿고 어떤 박해에서도 인내하고 끝까지 믿음을 지켜야 할 것을 교훈하고 있다.

히10:37; 6:12; 눅21:19; 골1:11; 계2:19; 3:10

히 10:37 잠시 잠깐 후면 오실 이가 오시리니 지체하지 아니하시리라

* 영적 해석 *

① 성도들과 싸움 - 계13:7; 단7:21; 딤전6:12; 1:18(딤후4:7; 히10:32; 빌1:20)

딤전 6:12 믿음의 선한 싸움을 싸우라 영생을 취하라 이를 위하여 네가 부르심을 받았고 많은 증인 앞에서 선한 증언을 하였도다

② 생명책 - **빌4:3; 계3:5; 20:12, 15**

계 20:15 누구든지 생명책에 기록되지 못한 자는 불못에 던져지더라

* 적용적 해석 - 계시록 연구에서 경계할 것은 본문에 의미 해석을 확인하지 않고 참된 뜻을 인식함이 없이 적용을 하거나 타인의 이론을 따르다가 후에 부끄러움을 당하는 일이 없도록 해야 할 것이다.

그리고 지상의 재난과 대환난이 후 삼년 반인지 전 삼년 반인지 구별함이 없이 혼동시켜서는 안되며 천상성도와 지상 성도를 계속 확인해야 한다.

그리고 지상 대환난 모든 사건 배후에는 영계의 탕아 마귀 사탄인 용

의 배후 조종이 있으며 이 모든 활동이 공의를 실천하시는 하나님의 주권 섭리하에 형벌되고 마귀는 그의 죄를 채우며 형벌의 도구 노릇 밖에 하지 못함을 깨달아야 한다.

2) 또 다른 짐승 출현과 먼저 나온 짐승과 협동작전과 그 총수 666 (13:11-18)

11절 - 내가 보매 또 다른 짐승이(처음짐승이 아님) **땅에서 올라오니 어린 양 같이 두 뿔이 있고 용처럼 말을하더라**

(1) 다른 짐승의 출현

① 다른 짐승의 출처 - 땅에서 올라 온다. 바다에서 올라온 처음짐승과 대조를 이룬다.

② 모습 - 새끼양 같이 두 뿔이 있다. 어린 양이신 우리 주 그리스도를 흉내내고 있다.(거짓선지자 19:20)

두 뿔은 권세를 말하는데 많은 사람을 미혹할 권세이다.

③ 용처럼 말한다 - 용의 조종을 받을 실존이다.

계 19:20 짐승이 잡히고 그 앞에서 표적을 행하던 거짓 선지자도 함께 잡혔으니 이는 짐승의 표를 받고 그의 우상에게 경배하던 자들을 표적으로 미혹하던 자라 이 둘이 산 채로 유황불 붙는 못에 던져지고

12절 - 그가 먼저 나온 짐승의 모든 권세를 그 앞에서 행하고 땅과 땅에 사는 자들을(하늘에 거하는 자들에 대한 상대적 표현이다.) **처음 짐승에게 경배하게 하니 곧 죽게 되었던**(13) **상처가 나은 자니라**(3)

③ 권세 - 먼저 바다에서 나온 짐승에게 권세를 받는다. 14, 15절. 새끼양 같은 둘째 짐승은 거짓선지자로서 거짓종교 지도자이다. 이 실존이 인류를 세속권력에(적그리스도) 경배하도록 조종하고 부추키는 세상에 있는 모든 거짓종교 수장역할을 하게 된다.

㉠ 용처럼 말을 함. 11절

㉡ 먼저 나온 짐승의 권세를 행함.
용이 그 권세를 처음 짐승에게 준 것처럼 둘째 짐승도 처음 짐승의 권세를 행사하는 것이다. 첫째 짐승과 둘째 짐승은 동일한 목적으로 협력하여 후 삼년 반을 다스릴 실체들이다.

㉢ 처음 짐승에게 경배하게 한다-새끼양 같은 거짓 선지자의 임무는 처음 짐승을 경배하게 하는 일이다.
이렇게 적그리스도는 후 삼년 반동안 가짜 하나님이 되어 경배받는 실존으로 배도자이다. **살후2:3-4**

13절 - 큰 이적을 행하되 심지어 사람들 앞에서 불이 하늘로부터 땅에 내려 오게 하고

㉣ 하늘에서 불을 내리는 이적을 행한다. : 죽었다가 살아난 짐승에게 받은 이적이다. 14절
이 큰 이적은 사람들을 미혹하는 거짓 이적이다. **살후2:9**

거짓 이적은 첫째, 거짓사도에게서(고후11:13), 둘째, 거짓선지자에게서(행13:6; 마24:24; 벧후2:1), 세째, 거짓그리스도에게서(막13:22) 나타난다. 이 거짓 이적의 목적은 사람을 미혹하는데 있다.

그러므로 말세에는 표면적으로 나타나는 기적이나 이적이 진리의 표준이 아니라는 사실을 기억해야 한다. 이적을 따르다가는 이단들에게 미혹되기 쉽다. 예수님은 표적을 구하는 세대를 향하여 "믿음이 없고 패역한 세대"라고 책망하셨다.**마17:17 눅9:41**

성도가 이적을 좇는 현상은 믿음이 없고 패역한 영적 상태에 빠져있음을 기억하고 자기믿음을 점검해야 한다.

14절 - 짐승(살아난 짐승) **앞에서 받은 바 이적을 행함으로 땅에 거하는 자들을 미혹하며**(나3:4) **땅에 거하는 자들에게 이르기를 칼에 상하였다가 살아난 짐승을 위하여 우상을 만들라 하더라**

㉤ 이적으로 땅에 거하는 자들을 미혹한다.
마 24:24 거짓 그리스도들과 거짓 선지자들이 일어나 큰 표적과 기사를 보여 할 수만 있으면 택하신 자들도 미혹하게 하리라 (출7:11, 12; 신13:1-3; 마24:24.)

㉥ 칼에 상하였다가 살아난 짐승을 위하여 우상을 만들게 한다. 주님의 부활을 모방하고 가장하는 적그리스도 짐승에게 충성을 다하기 위하여 그를 위해 우상을 만들라고 선동하게 될 것이다. 이는 적그리스도를 가짜 하나님으로 둔갑시키는 단계를 마련하는 것이다.

15절 - 저가 권세를 받아 그 짐승의 우상에게 생기를 주어 그 짐승의 우상으로 말하게 하고 또 짐승의 우상에게 경배하지 아니하는 자는 몇이든지 다 죽이게 하더라

㉦ 짐승의 우상에게 생기를 주어 우상이 말하게 하고, 여러 가지

기적을 행함으로 우상에게 생기를 주어 우상이 말하게 함으로 적그리스도 짐승을 숭배하게 하고 큰 권능을 가진 신적 존재임을 부각시킨다.

적그리스도의 우상은 미래 첨단 IT기술을 동원해 만들어 듣기도 하고 보기도 하고 말하기도 하는 살아있는 우상이 될 것이다.(또는 복제인간)

ⓞ 짐승의 우상에게 경배하지 않는 자는 죽이게 한다. 바벨론 제국시대 느부갓네살 왕이 두라 평지에 금 신상을 세우고 그 우상에게 절하지 않는 자는 지위고하를 막론하고 죽이게 한 사실은 미래 거짓선지자의 역할을 모형적으로 보여 준것이다(단3장).

16절 - 그가 모든 자 곧 작은 자나 큰 자나 부자나 가난한 자나 자유인이나 종들에게(인류사회 전반에) **그 오른손에나 이마에 표**〈χάραγμα; 카라그마 ; 긁인자국, 조각된모양, 표〉**를 받게 하고**

ⓩ 모든 사람들로 이마나 손에 표를 받게 한다. 거짓선지자가 적그리스도에게 충성을 강요하는 방법의 하나로 짐승의 표를 받게 한다.

이 표를 받게 되면 사탄의 소속이 되고 적그리스도의 소유가 됨을 나타내는 것이다. 이것은 성령님의 인치심을 모방하여 오른손이나 이마에 받게한다. 이 표는 적그리스도의 통치아래 인간이 통제되고, 조직화 된다.

이 표가 무엇인가에 대한 많은 이설들이 있으나 표가 무엇이냐 보다는 이면적인 의미가 중요한데 표를 받는 것은 적그리스도에게 예속되어 행동과 사상이 짐승의 조종을 받는다는 의미이다.
성경에는 적그리스도 표가 어떤 모양이나 형태로 나타날 것인지는 성경이 침묵하고 있고, 또 이 표는 장차 후 삼년 반에 있을 사건이기 때문에 알 수 없다. 하나님이 하시는 일의 시종을 모르게 하시는 섭리가 있고, 하나님의 자녀들과는 상관이 없기 때문에 구체적인 표의 모양이나 형태까지 말해주지 않고 이러한 사건이 있을 것이라는 역사의 비밀만 가르쳐 주신 것이라고 믿는다.

성경이 말하지 않는 현대사회의 어떤 모양이나 형태를 적용하여 성도를 두렵게 하는 것은 삼가해야 한다.

실은 영생주기로 작정된(행13:48) 주의 백성들은 이 표와 아무 상관이 없다. 우리는 성령님의 인치심을 받았기 때문이다.

고후1:22; 엡1:13; 4:30

17절 - 누구든지 이 표를 가진 자 외에는 매매를 못하게 하니 이 표는 곧 짐승(사람=인격)**의 이름이나 그 이름의 수라**

ⓧ 표를 가진 자 외에는 매매를 못하게 한다. - 이 표는 매매의 수단이 된다. 이 표가 없으면 경제활동을 일체할 수 없다. 이 표가 없으면 죽은 것과 같다.

이 표는 짐승의 이름이며 그 이름의 수이다. 그러므로 666이 짐승의 표라는 뜻이 아니다. 짐승의 표는 사람의 손이나 이마에 받게 되어 있고, 그 표가 어떻게 생긴 표인지는 성경에 명시된 바가 없다. 하나님의 자녀들이 받은 성령님의 인침을 모방한 적그리스도 표로서 그 때에 가서야 알 수 있게 된다.

*** 베리칩이 적그리스도 표라는 주장에 대해서** - 한국기독교 종말론사에 흐르는 적그리스도 표는 신용카드-컴퓨터-바코드-베리칩(생체칩)에 이르게 되었다. 이 베리칩이 적그리스도 표이냐? 아니냐? 라는 것은 미국 한인교회에도, 한국교회에도 혼란이 있는데 흑백결론을 내리

기 전에 점검해야 할 사항이 있다.

첫째, 요한계시록의 전체 흐름을 바르게 이해하지 않고서는 적그리스도표를 바르게 이해할 수 없다. 계시록 전체가 마찬가지인데 특히 적그리스도 표에 관한한 더욱 그렇다. 그의 표는 13장 한 부분에서만 이해될 수 있는 성질의 것이 아니다.

둘째, 환난 전 휴거냐? 중간이냐? 환난 후 휴거냐? 자기 신앙의 표준을 먼저 설정해야 한다. 짐승의 표가 환난 전 휴거라고 보면 아무런 의미가 없다. 적그리스도가 나타나기 전 교회는 휴거될 것이기 때문이다. 그러나 중간이나 후라고 보면 문제가 달라진다. 그래서 필자의 견해로는 적그리스도의 표에 대한 많은 이론을 생산해 내는 분들은 환난 통과설을 가정해 두기 때문이라고 본다.

그러면 적그리스도의 표에 대한 바른 인식을 위해 성경을 확인하기로 하자.

① 적그리스도의 표에 대한 어원적 의미.

표는 〈χάραγμα ; 카라그마〉인데 '긁힌자국, 부식동판술, 인(노예상태의 상징),조각된 모양' 이라는 뜻이다.

그러므로 적그리스도 표는 긁힌자국을 내거나 또는 인(도장)을 찍어서 적그리스도 소속(노예)이라는 표시를 하는 것이다. **겔9:4, 6; 창4:15**

성도들이 성령님의 인침을 받으면 하나님의 소속이 되고 하나님의 종이 되는 것을 모방하는 것이다.

② 표를 받는 절차

계14:9 또 다른 천사 곧 셋째가 그 뒤를 따라 큰 음성으로 이르되 만일

누구든지 짐승과 그의 우상에게 경배하고 이마에나 손에 표를 받으면
첫째 , 짐승의 우상에게 경배하고,
둘째 , 경배하는 자에게 표를 준다.

표가 중요한 것이 아니고 짐승 우상에게 경배하는 행위가 중요한 것이다. 짐승 우상에게 경배하지 않고 베리칩을 받는다고 가정하면 그 행위는 짐승 경배와 아무 관계가 없다. 성도들이 하나님을 경배하는 것은 하나님만이 우리 구원의 하나님으로 믿는 신앙행위가 되고, 불택자들이 짐승 우상에게 경배하면 짐승을 구원의 하나님으로 신앙하는 것이기 때문에 이 신앙에 따라 지옥에 가는 것이지, 단순하게 경배와 관계없이 표를 받는 것은 신앙의 행위와 관계가 없기 때문에 표를 받는 것 때문에 지옥 가지는 않는다.

③ 표의 대상 **계13:8**

첫째, 죽임당한 어린 양의 생명책에 녹명되지 못한 자.

이 생명책은 단수의 책인데 영적인 호적으로서 창세 이후 구원받은 모든 성도들의 이름이 기록되어 있다.

이 책에 기록된 자들이 구원을 받는다. **단12:1**

기념책이 있는데 이 책에 성도들의 기념할만한 의로운 사건들이 기록되어 있다. **말3:16; 출17:14**

이 책에 기록된 성도들의 의로운 일들은 범죄하면 기억되지 않는다. **겔18:24; 33:13; 3:20**

그러므로 하나님의 경륜적 시각에서 볼 때 어린 양의 생명책에 기록된 성도들은 그 표와 관계가 없다.

둘째, 이 땅에 사는 자들이 대상이다. 이 땅에 사는 자들은 후 삼년 반 기간에 지상에 살고있는 사람들을 말한다. 그래서 생명책에 기록된 영

생주기로 작정된 이방인 구원받은 총수는 7장에서 휴거되어 올라가고, 생명책에 기록된 선민 유대인들은 12장에서 예비처로 도망가고 후삼년 반 이 지상에 남은 사람들은 짐승에게 경배하고 표를 받게 된다. 그러므로 생명책에 기록된 성도들은 그 표와 관계가 없다.

셋째, 짐승에게 경배하는 자가 받는다.

④ 표를 받은 결과 **계14:9-10**

불과 유황으로 고난을 받는다. 불과 유황은 지옥이다. **계19:20; 20:15** 그러므로 지옥 형벌의 고난을 받게 된다. 즉 짐승 표는 지옥의 낙인이다.

⑤ 적그리스도 표가 나타나는 시기 : 계13:16-17. 7째 나팔사건 시기로서 후삼년 반에 적그리스도 표는 나타난다. 13장의 시기는 계11:15에서 시작 되는 후삼년 반의 기간이다. (계12:6.14, 단9:27 마24:14)

⑥ 베리칩이 적그리스도 표가 아닌 이유

첫째, 16-17절에 아무리 봐도 적그리스도 표의 모양이나 형태는 없다. 성경에 없는 어떤 모양이나 형태의 현대사회의 물체를 적용하는 것은 적용적 오류이다.

왜 모양이나 형태가 없을까? ①성도와는 관계가 없기 때문일 것이다. 만약 관계가 있다면 전지하신 하나님께서 어떤 모양이나 형태의 표를 확실하게 계시해 주시면서 받지 말라고 기록해 주셨을 것이다.
② 모양이나 형태를 구체적으로 언급을 안해도 소아시아 성도들을 알고 있기 때문이다.

결과적으로 죽임당한 어린 양의 생명책에 기록된 성도들은 적그리스도가 나타나기 전에 휴거되어 표와 관계가 없기 때문에 그 표의 모양이나 형태를 구체적으로 기록하지 않으시고 적그리스도의 비밀 활동만 공개한 것이다.

둘째, 표는 짐승의 이름이다 (17절, 14:11). 이름의 표.
짐승이라고 기록되어 있지만 적그리스도도 사람이기 때문에 그 이름이 있을텐데 그 '이름'이 표라는 것이다.

그도 인간이기 때문에 태어난 조국이 있을 것이다. 그래서 우리나라에서 나오면 우리나라식 이름을 가지게 될 것이고, 미국에서 태어나면 미국식 이름을 가지게 될텐데 그 이름이 표라는 것이다. 미래에 나타날 사람의 이름이 표가 될 것이기 때문에 모양이나 형태를 말하지 않는 것이다. 그 이름의 수가 666이다. 이숫자는 암호와 같은 숨은 의미가 있다. 666이 표라는 의미는 아니다. 표는 이름인데 그 이름을 666이라는 암호와 같은 수로 당시 황제숭배를 거부하고 핍박받고 있는 성도들에게 사도가 비밀을 알려 주는 것이다.

그러므로 본문에 짐승은 황제이며, 표는 로마제국이 황제 숭배를 강요하기 위한 통치수단으로 사용되었던 것이다. 이와 같이 후 삼년 반에 나타날 적그리스도도 황제와 같이 표를 통치수단으로 활용해서 표를 받게하는 적그리스도의 활동을 환상으로 보게 된 것이다.

셋째, 표는 생명책에 기록되지 못한 자가 짐승에게 경배하고 받는다.
계14:9; 13:8 따라서 베리칩은 적그리스도 표가 아니며, 죽임당한 어린 양의 생명책에 기록된 성도들은 적그리스도 표와 관계가 없다.

넷째, 적그리스도 표는 장차 될 후 삼년 반에 적그리스도가 온 세상을 통치하는 수단인데 지금은 적그리스도가 나타날 때가 아니므로 베리칩은 적그리스도의 표가 아니다. 혹자들은 베리칩이 정신통제까지 가능하기 때문에 성도들이 베리칩을 받은 이후 정신통제를 받아 적그리스도에게 경배하게 할 수 있다고 주장한다. 그러나 불가능한 일이다.

다섯째, 적그리스도의 표는 강제적인 매매 수단이다 16~17절.
그러한 사건은 장차 정치 통합이후 가능한 일인데 지금은 나라마다 화폐가 있어서 경제활동이 가능하기 때문에 베리칩은 적그리스도 표가 아니다. 적그리스도 표가 아니다 마지막 때 나타날 징조로 보는 것이 바른 이해이다.

성경에는 한 인간의 의지와 상관 없이 예수님 믿고 안믿고에 구원이 있다고 말하지 않는다. 그럼 반대로 한 인간이 예수님을 죽어도 안믿으려고 하는데 그사람을 물리적 힘을 가해 정신을 통제해서 예수님을 고백했다고 하자. 그럼 그 고백으로 구원을 받겠는가?
이것은 아니지 않는가? "사람이 마음으로 믿어 의에 이르고 입술로 시인하여 구원에 이르느니라" **롬10:10**
결국 경배는 인간 영의 신앙행위이기 때문에 육체의 DNA 조작으로 인간의 영(영혼)을 콘트롤할 수 없다.

한 인간이 마음으로 믿고 그 믿는 바를 입술로 시인함으로 구원이 성립되는 것처럼, 마음으로 믿지도 않는데 베리칩의 조정으로 경배를 했다면 그것은 신앙의 행위가 성립되지 않는다. 신앙의 행위가 성립되지도 않고 단순히 표 하나 받았다고 영생주기로 작정된(행13:48) 성도의 구원이 폐기되어서 지옥에 가는 일은 절대 없다.

필자가 베리칩이 적그리스도 표라고 하는 분들에게 권고하고 싶다. 예수님의 보혈의 공로로 구원받은 성도들의 관심과 포커스는 적그리스도표가 아니며, 베리칩도 아니다. 어떻게 신앙준비를 잘해서 “다시 오실 예수님을 만나 휴거되어 올라 갈 것인가” 하는 것이 성도의 최고의 관심과 포커스라고 할 것이다.

휴가되어 올라 가면 아무 관계, 아무 문제가 되지 않기 때문이다. 이제는 비본질에 시간 낭비하지 말고 주님의 마지막 러브레터 요한계시록 복음을 바르게 배우고 깨달아 장차 될 일을 지혜롭게 준비해 가는 슬기로운 신부들이 되기를 바란다.

결론적으로 표에 관심이 있는 분들은 환난통과를 주장하는 분들의 이론이다라는 것과 구원받은 성도는 “주님 만날 준비”에 포커스와 관심을 가져야 한다는 것이다.

18절 - 지혜가 여기 있으니 총명한 자는 그 짐승(데리온, 단수)의 수(단수)**를 세어보라 그 수는 사람의**(단수) **수니 육백 육십 육이니라**

* 영적 해석 *

① 666의 의미 - 이 수에 관한 해석은 일정하지 않으며 또 많은 주장들을 하고 있어 복잡하고 신빙성이 없다. **계13:18,13;11;마7:15**

그러나 몇 가지에 대하여 선입견을 버리고 생각해 보기로 하자.

첫째, 666은 짐승의 수이며(18절).

둘째, 666은 짐승으로 상징된 사람의 수이다(18절).

셋째, 0와 0와 0의 세 문자를 숫자화한 계산법에 의하여 표현한 것이다.(게마트리아.Gematria)

넷째, 짐승을 세어보니 집단인 것이다(18절).

다섯째, 본 짐승은 ‘새끼 양’ 같은 위장된 나라이거나 집단인 것으로 보인다.

여섯째, 지혜와 총명을 전제한 수이므로 보통 인식이 불가능한 수로서 의미보다 더 차원 높은 영적인 의미가 있음이 분명하며, 때가 되어야 확실히 인식할 수 있는 성질의 요소이다.

일곱째, 그리스도를 가장한 종교 집단으로서 적그리스도 짐승 우상 숭배를 강요한다.

여덟째, 위의 666은 문자적 표현을 적용적으로 해석한다면 당시 로마제국의 국어인 Lateinos를 희랍 신약 용어로 문자수를 표시한다면 L=30, A=1, T=300, E=5, I=10, N=10, O=70, S=200, 등으로 666이 된다.

지구상에 기독교를 가장한 짐승 곧 새끼 양 같은 두 뿔난 사나운 야수 같은 집단은 로마 라틴어를 사용하는 유형일 것으로 적용된다. 혹자를 네로 가이사를 문자로 수 풀이 하여 666 또는 616을 만드나 그가 새끼양 같지 않음은 역사가 증명하고 있다.

아홉째, 위 666짐승 이름들은 후3년 반 환난 기간에 나타날 악한 지배자이다.

열째, 666짐승들은 먼저 나온 나라의 왕(연합체 대표임 1-2절)에게 아첨하여 나타나는 통치자이다.

열한째, 수의 상징적 해석에 따르면 사탄의 수이며 실패의 수로 보는데 666⇒6×3≡6(사람의 수)×3(하나님의 상징 수)⇒(2×2×2)×3으로 인간이 하나님이 되는 수로 해석할 수 있으며, 지상 대환난 기간중 후 3년반 기간에 짐승의 이름인데 그 짐승의 배후에는 용이 있고 용이 권세를 주어 통치하는 지배자인고로 지상에서 보면 인간이 하나님이 되고 그 영적 배경을 보면 6 마귀수로 3중첩으로 사탄이 하나님이 되는 사탄의 상징의 수가 되기도 한다.

열둘째, 짐승의 이름 표를 받은 자들도 짐승에게 속했으므로 계 14:11에 의하여 불택자들의 총수를 상징하는 것으로 해석된다. **계15:2**

14장 천상성도 14만 4천과 천상의 경고와 명령

본장의 위치는 후 삼년 반의 셋째 화 기간이며, 이 기간 중에 42개월 지상 환난통과 성도들은 광야에서 보호 받고 있다는 사실을 기억해야 한다.

본장에서는 어린 양의 이름과 아버지의 이름을 쓴 땅에서 구속함을 받은 144,000이 천상 시온산에 서 있는 아름다운 광경이 계시된다.

1) 144,000 성도와 노래 (1-5)

본문의 상황은 후 3년반 기간에 영계 하나님 보좌 앞에서 휴거된(계7:9-14) 땅에서 구속함 얻은 성도가 먼저 새노래로 하나님을 찬양하며 땅에서 구속함을 받은 총수로 상징된 144,000이 영광을 돌렸다. 이에 화답하여 땅에서는 15:2-4에서 환난통과 유대인 성도들이 또한 찬양으로 화답한다.

1절 - 또 내가 보니 보라 어린 양이(요1:29) **시온 산에 섰고 그와 함께 십사만 사천이 서있는데 그 이마에 어린 양의 이름과 그 아버지의 이름을 쓴 것이 있더라**(천상상태)

(1) 144,000

이들은 7:9-10에서 천상 보좌 앞에(휴거성도) 나타난 자들인데, 천상에 올라간 이후 자취를 감추어버린 것이 아니라 이후 계속해서 천상에서의 영화로운 모습이 조명되고 있는데 본문이 그 첫번째 조명이다.

① 어린 양과 함께 시온산에 섰음 - 여기의 시온산에 대해 말이 많은데 영계의 시온산이다. 어린 양이 함께 계시기 때문이다.

히12:22; 시48:2; 겔28:14(성산)

② 이마에 어린 양의 이름과 아버지의 이름이 있다. 그 소속이 어린 양에게 있는 아버지의 소유된 백성이라는 것이다.
계14:4. 하나님과 어린 양에게 속한 자들이니

2절 - 내가 하늘에서 나는 소리를 들으니 많은 물소리와도 같고 큰 우렛소리와도 같은데 내가 들은 소리는 거문고 타는 자들의 그 거문고 타는 것 같더라

③ 하늘에서 나는 소리를 들음 - 이 소리는 휴거된 구원받을 총수로 상징된 144,000 성도가 부르는 구원의 찬양이다.

㉠ 많은 물소리와도 같고 큰 우렛소리와도 같음

㉡ 거문고 타는 소리 같음

이러한 표현들은 위엄스럽고 영광스러운 하늘나라에서 나는 찬양소리에 대한 특성을 묘사하고 있다.

3절 - 그들이 보좌앞과 네 생물과 장로들 앞에서 새 노래를 부르니 땅에서 속량함을 받은〈ἀγοράζω;아고라조;과거수동태복수동사로서 과거에 완료된 동작이 현재 나타난 상태로 표현된 것이므로 계14장에서 휴거된 것이 아니다〉 **십사 만 사천 밖에는 능히 이 노래를 배울 자가 없도다**

④ 땅에서 구속함을 얻은 십사 만 사천이 새노래를 부른다. 대부분은 144,000이라는 숫자에 포커스를 맞추지만, 땅에서 구속함을 얻은 무리라는 것이 더 중요하다. 144,000이 땅에서 구속함을 얻은 사람들이 아니라면 그 숫자는 아무런 의미가 없다.

㉠ 보좌와 4생물과 장로들 앞에서 계14:1-5이 천상의 상황인 것을 나타내고 있다. **계4장**

㉡ 십사 만 사천인 밖에는 이 노래를 배울자 가 없다. '밖에는' 이 표현 때문에 144,000을 문자적으로 보는 경향이 있는데 '땅에서 구원 받은 사람 밖에는' 라고 볼 수 있다. 그러면 숫자의 제한이 아니라 많은 사람들 중에 구원얻은 사람들은 제한적이기 때문에 이해되리라 한다.

144,000인은 누구인가? 땅에서 구속함 받은 처음 익은 열매들로서 교회시대 구원받은 유대인들을 포함한 이방인 구원받을 총수이다(롬 11:25. 4절 해설 ㉣참조).

4절 - 이 사람들은(천상성도) **여자와 더불어 더럽히지 아니하고 순결한**(신앙의 정절) **자라 어린 양이 어디로 인도하든지 따라 가는자며 사람 가운데에서 속량함을 받아 처음 익은 열매로 하나님과 어린 양에게 속한 자들이니**

⑤ 십사 만 사천인들의 영화의 모습 - **롬8:30**

롬 8:30 또 미리 정하신 그들을 또한 부르시고 부르신 그들을 또한 의롭다 하시고 의롭다 하신 그들을 또한 영화롭게 하셨느니라

이 영화의 단계는 주님이 공중강림하실 때 그에게 붙어 있는 성도들의 부활과 변화를 통해서 완성된다.

본 절의 5대 조건은 말세에 사명자로 선택하는 조건도 아니고, 휴거되는 조건도 아니며, 구원받은 조건도 아니다. 예수님의 보혈의 공로로 구속함 받은 성도들이 도달해가야 할 영화의 표준이고 성화목표이다.

㉠ 여자로 더불어 더럽히지 아니하고 - 성경해석의 1단계 원리

대로 먼저 문자적으로 이해할 때 윤리적 순결을 의미하며, 또 성경은 이스라엘을 [처녀딸 시온. 왕하 19:21; 애2:13]으로, [처녀 이스라엘 .렘18:13; 암5:2]로 부르고 있다. 이들이 우상숭배에 빠졌을 때 음부와 음행했다(렘3:6, 8)고 하므로서 우상숭배는 영적인 간음이라고 지적하고 있다. 그러므로 윤리적으로 영적으로도 순결한 것을 의미한다.

ⓛ 순결한 자 - 영•육간에 여자로 더럽히지 아니한 순결한 자들이다. 이것은 신랑과 신부의 관계에서 신부의 자세이다.-신부의 생명은 순결이다. 한분 신랑 예수님만으로 만족한 신앙이다.

ⓒ 어린 양이 어디로 인도하든지 따라가며 - 목자와 양의 관계에서 양의 자세이다. **요10:27; 계3:4**

양의 생명은 목자를 따르는 것이다. 화려한 예루살렘의 도성을 지나 갈보리 언덕까지 따라가야 한다.

ⓔ 사람가운데에서 속량함을 받아 처음 익은 열매로 하나님과 어린양에게 속한 자들이다.

롬8:23 그뿐 아니라 또한 우리 곧 성령의 처음 익은 열매를 받은 우리까지도 속으로 탄식하여 양자 될 것 곧 우리 몸의 속량을 기다리느니라

본문에 [우리]라는 인칭대명사가 3번 나오는데 [우리] 속에는 바울 자신과 로마 교인들이 포함된다. 로마교인은 모든 시대 모든 믿음의 성도들이다. 이들이 성령의 처음 익은 열매요 양자들이며, 이들이 몸의 속량함을 기다리는 주인공들이다.

여기 몸의 속량함은 영이 구원받지 못해 구원을 기다린다는 뜻이 아니고, 인간의 영은 구원받아 성도가 되었지만, 우리 몸(육체, 육신)은 죄의 본성 아래 있는 것이다(롬8:10; 7:24,). 그러므로 몸의 구속이란 사

망의 몸에서 해방되는 것을 의미한다.

이 몸의 구속은 다른 각도에서는 사망의 몸에서 구속된 영화의 상태를 의미하기도 한다. **롬8:30**

따라서 몸의 구속은 죽은 자는 부활을 기다리는 것이고, 살아 있는 자는 변화를 기다리는 것을 의미한다. 이 말은 주님의 공중 강림을 기다린다는 뜻이기도 하다. 주께서 공중 강림하셔야 우리 몸에 부활변화가 일어나 사망의 몸에서 해방되어 영화롭게 되기 때문이다.
살전4:16-17, 고전15:51-52

그러므로 처음 익은 열매는 구속함 받은 모든 시대 성도들로서 계시록에서는 구원받은 총수로 상징된 144,000인들이다. 교회시대 때 구원받은 유대인 구원자들과, 순교자를 포함한(6:11) 교회시대 구원받은 총수이다. 몸의 구속함을 받아 처음 익은 열매로 하나님과 어린 양에게 속한 구원받은 총수이다. 왜 성경 그대로를 믿지 못하고 상징적 해석을 시도하는가?(문자적 의미해석)

그래서 본문 14:3의 [속량함을 받은]이라는 동사 시상이 과거 수동태 복수동사로서 과거에 완료된 동작이 현재 나타난 상태로서 14장에 천상에 나타난 것이 아니라 이미 과거에 나타난 것으로 되어 있다.

과거이면 계시록에서 어느 시기인가? 바로 7: 9-10절 6째인봉 사건 때의 구속함 받은 상태가 지금 14장 보이는 것이기 때문에 중간휴거도 아니며, 셀 수 없는 큰 무리들(7:9)로서 구원받은 총수임을 의미한다.

144,000인들이 이 5대 조건부 때문에 들림을 받았다거나 또는 특별성도와 일반성도로 나누게 된다면 이것은 심각한 문제가 아닐수 없다.

성경에는 어떤 사람도 율법으로는 의롭다함을 받을 사람이 아무도 없다고(롬3:20; 갈3:11; 롬3:10) 단정하고 있는데 요한계시록에서만 이 5대조건을 이유로 인간이 구원받는 것처럼 해석을 하고, 5대 조건부 때문에 먼저 들림을 받고, 말세때 특별한 종으로 선택받는다는 식의 해석은 하나님의 은혜를 무색하게 하며, 以信得義의 구원의 도를 폐하는 이단설이 된다.

성경 어디에도 以行得求 진리는 존재하지 않는다.(갈2:16) 이단들이 사용하는 술법을 기성교단 보호 울타리 안에서 이런 주장을 하여 계시록을 왜곡시키고 해석학적 혼란을 부추기는 해석은 이제 그만 두어야 한다. 그렇치 않으면 이단들에게 빌미를 주어 더 교묘하게 유혹하는 일을 돕는 결과만 초래하게 될 것이다.

계시록 해석은 성경의 일관성과 통일성 있는 교리에 모순되지 않게 해석하는 것을 목숨같이 여겨야 한다. 그러면 다 풀리게 되어 있다.

풀리지 않는 것은 인간적인 생각으로 자의적 해석을 하기 때문이다. 성경은 하나님의 감동으로 기록한 것이기 때문에 자의적 해석이 통하지 않는다.(벧후1:20, 21) 자의적 해석을 하면 할수록 꼬이게, 혼란스럽게 되어 있다.

5절 - 그 입에 거짓말이 없고 흠이 없는 자들이더라

㉤ 그 입에 거짓말이 없고 흠이 없는(5절) 영화의 모습이다. 그 입에 거짓말이 없다는 것은 특히 영적으로는 성경을 거짓되게 하지 않는 것이다. (요일5:10; 2:22, 21; 마7:23; 계22:15).

흠이 없는 자가 되는 방법은 주님의 사죄의 은총을 입는 길 밖에 없다. 그러므로 자기의 흠을 낱낱이 찾아 예수님의 보혈의 공로로 자백하고 그리스도의 형상을 닮기까지 우리의 성화를 인도하시는 성령님께 순종해야 한다.
요일1:7 …그 아들 예수의 피가 우리를 모든 죄에서 깨끗하게 하실 것이요
요일1:9 만일 우리가 우리 죄를 자백하면 저는 미쁘시고 의로우사 우리 죄를 사하시며 모든 불의에서 우리를 깨끗하게 하실 것이요

* 관주응용 *

새노래의 의미 - 시40:3; 시96:1; 98:1; 144:9; 사42:10; 계5:9;20:4, 5
시 40:3 새 노래 곧 우리 하나님께 올릴 찬송을 내 입에 두셨으니 많은 사람이 보고 두려워하여 여호와를 의지하리로다
시 96:1 새 노래로 여호와께 노래하라 온 땅이여 여호와께 노래할지어다

2) 천사가 전하는 영원한 복음 (6-7)

6절 - 또 보니 다른 천사가 공중에(대기권 하늘) **날아가는데 땅에 거주하는 자들 곧 모든 민족과 종족과 방언과 백성에게 전할 영원한 복음을 가졌더라**

(1) 천사가 가진 영원한 복음

① 땅에 거하는 자들에게 전할 복음 - 땅에 거하는 자들이란 표현은 7장 이후 빈번히 나오는 표현으로 7장에 휴거되어 천상에 거하는 자들의 상대적 표현으로 땅에 거하는 자들에게 전하고 다른 각도에서 전파의 범위는 나라와 족속과 방언과 백성에게 전해야 하는데 이는 전 세계를 상징하는 의미다.
인종과 국경과 신분을 초월하여 이 세상에 남아 있는 모든 사람들이 들어야 할 복음이다.

② 영원한 복음 - 영원한 복음에 대한 견해는 다양하며 이미 전파된 복음 외에 다른 복음으로 해석하는 위험한 경향도 있음을 경계해야 한다

그러면 '영원한 복음' 을 바르게 이해하기 위해 아래 사항을 참고하자.

첫째, 일곱 대접심판(15:1)전 복음이며.

둘째, 알곡을 거두기 전(14:14-16) 복음이며.(지상성도 알곡)

셋째, 셋째 화의 기간 중의 복음이며(계11:14; 19:21)

넷째, 다른 복음은 없으며 복음은 진리성 때문에 영원한 것이므로 영원한 복음이며(벧전1:25; 갈1:7)

다섯째, 다른 복음을 전하면 저주를 받는데(갈1:8, 9) 천사가 저주받을 다른 복음을 전할 수 없다.

여섯째, 이 영원한 복음은 최후 멸망 직전에 최종적 사랑을 보이시며 기회를 주는 것이며.

일곱째, 이 복음은 지상 만국에 전파될 복음으로 지상 인간들에게 구원의 최후적 기회를 주는 복음인 것이다.

여덟째, 영원한 복음은 후 삼년 반 환란 기간 중에 일어나는 복음이다.

* 영원한 복음의 영적인 의미는?-**(창17:7; 시119:160; 사55:3; 겔16:60; 37:26; 막13:10; 16:15; 갈1:7,8; 벧전1:25)**

7절 - 그가 큰 음성으로 이르되 하나님을 두려워하며 그에게 영광을 돌리라 이는 그의 심판의 시간이 이르렀음이니 하늘과 땅과 바다와 물들의 근원을 만드신 이를 경배하라 하더라

* 천사는 창조주 하나님의 종말적 심판을 선포함으로서 회개를 촉구하고 있다.

① 하나님을 두려워하며 그에게 영광을 돌리라고 큰 음성으로 외친다 - 피조물의 존재 목적을 깨우쳐 주며 회개를 촉구하고 있다.
하나님의 창조의 목적이다.

② 이유는 심판하실 시간이 이르렀기 때문에 - 심판이 이르렀음을 알리며 회개를 촉구한다.
행17:31 이는 정하신 사람으로 하여금 천하를 공의로 심판할 날을 작정하시고…(롬2:5, 16)

③ 하늘과 땅과 바다와 물들의 근원을 만드신 이를 경배하라 - 피조물의 본분을 깨우쳐 주며 회개를 촉구하고 있다. **느9:6; 창1:1**
모든 피조물의 존재 목적은 하나님을 경배하는데 있다.
진정한 경배의 대상은 우리 하나님 아버지이시다.

3) 큰 성 바벨론의 멸망 (8)

계14:8-11의 바벨론의 멸망과 영원한 형벌의 개념은 - 계16:19과 18:10, 21에서 비로소 멸망됨으로 8-11절의 바벨론의 멸망은 예언이며 영원한 형벌도 계20:10, 14-15에 의하여 예언적 의미인 것이다.

8절 – 또 다른 천사 곧 둘째가 그 뒤를 따라 말하되 무너졌도다 무너졌도다 큰 성 바벨론이여 모든 나라애게 그의 음행으로 말미암아 진노(죄악세상에 대한 심판-대환난의 성격)**의 포도주를 먹이던 자로다 하더라**

(1) 무너진 큰 성 바벨론

① 바벨론의 의미

'하나님의 문'이란 메소포타미아 옛 도성으로 아모리 족속의 왕조로 하므라비 왕조 때 전성기였으니 앗수르 힛타이트 왕조의 지배하에 있다가 B.C 608년 멸망 후 신 바벨론 제국이였다가 바사 왕들의 지배를 받고 그들의 멸망으로 알렉산더 지배를 받은 나라로 티그리스 강과 유브라데 두 강 사이에 위치한 땅으로 성경 구약에서는 시날 땅, 또는 갈대아로 호칭되었다. 그런데 이 나라가 최후의 멸망의 상징적 대상이 되고 있는 것에 유의하자.

그러면 바벨론의 멸망에 대한 예언을 확인하고 예언을 연구하자.
시137:8; 사13:19; 21:9; 벧5:13; 계16:19; 17:5; 18:2, 10, 21

바벨론은 짐승으로 상징된 나라이며(14:9,11) 음행 곧 성도덕의 범죄와 우상숭배인 영적 음행 죄가 대표적인 것이며 최후의 멸망의 대표적인 상징인 바벨론에 대하여 역사적인 바벨론의 문명과 사회의 죄악을 비교하면서 적용하는데 유의 해야 한다.

이 바벨론은 적그리스도 666의 대표적인 통치체제이므로 새끼양 같은 두 뿔(두 권세 구조) 가진 다른 짐승(13:11-18)과 관계되어 있음으로 종교적이며 강력한 통치력을 구사하며 종교적으로 우상숭배를 하는 집단이며, 복음적인 측면에서는 가라지가 뿌려진 예언된 집단으로 생각된다.**요16:2; 마13:36-40**

(2) 원인
모든 나라를 음행으로 인하여 진노의 포도주를 먹였다. **겔16:15, 계17:2, 18; 18:3; 19:2**

렘 51:7~8 바벨론은 여호와의 손에 잡혀 있어 온 세계가 취하게 하는 금잔이라 뭇 민족이 그 포도주를 마심으로 미쳤도다 / 바벨론이갑자기넘어져 파멸되니 이로 말미아아 울라 그 상처를 위하여 유향을

구하라 혹 나으리로다

말세에는 바벨론의 음행에 미혹되어 음행, 혼합주의, 세상주의 포도주에 취해 세상도, 교회도 영적인 잠을 자는 시대이다. 그러므로 성도는 깨어있어 기도해야 된다.

눅21:34 너희는 스스로 조심하라 그렇지 않으면 방탕함과 술취함과 생활의 염려로 마음이 둔하여지고 뜻밖에 그 날이 덫과 같이 너희에게 임하리라

엡5:14 그러므로 이르시기를 잠자는 자여 깨어서 죽은 자들 가운데서 일어나라 그리스도께서 너에게 비추이시리라 하셨느니라 **마24:39**

4) 영원한 고난과 성도의 인내의 가치 (9-12)

적그리스도의 짐승과 그 우상에게 경배하는 자들에게 주어지는 경고이다.

9절 – 또 다른 천사 곧 셋째가 그 뒤를 따라 큰 음성으로 가로되 만일 누구든지 짐승과(13:1, 12) **그의 우상에게 경배하고 이마에나 손에 표를 받으면**

(1) 셋째 천상의 큰 음성

① 만일 누구든지 – 땅에 거하는 모든 자가 대상.

② 짐승과 우상에게 경배하면 – 하나님이 가장 가증스러워 하는 행위이다. **레20:23; 신7:25; 27:15; 왕상11:5**

③ 이마에나 손에 표를 받으면 – 행동과 사상이 적그리스도에게 예속되는 의미가 있다.

* 우상숭배와 음행의 영적 의미 – **갈5:20; 골3:5; 고전10:14; 5:10; 합2:18; 사45:16; 겔6:13; 고전6:18; 계18:3**

10절 - 그도(짐승의 표를 받은) **하나님의 진노의 포도주를 마시리니 그 진노의 잔에 섞인 것이 없이 부은 포도주라 거룩한 천사들 앞과 어린양 앞에서 불과 유황으로 고난을 받으리니**

④ 영원한 고난을 당함 – 하나님의 진노의 포도주를 마시게 된다. **시75:8; 사51:17; 렘25:15-38**

㉠ 진노의 잔에 섞인 것이 없이 부은 포도주라 - 마치 포도주에 아무것도 섞이지 않은 원액의 포도주처럼 하나님의 자비가 가감되지 않는 순수한 진노, 완전한 진노로 악한 세대에 대하여 진노하시는 하나님의 강력한 의지의 표현이다.

그만큼 심판이 가혹하고 혹독하고 맹렬할 것이다.

㉡ 천사들과 어린 양 앞에서 불과 유황으로 고난을 당함 - 이 형벌은 영원한 형벌이다. **계20:10; 21:8**

* 진노의 포도주의 영적의미 - **잠20:1; 사5:11; 호4:11; 계17:2,6; 시11:6; 사51:17; 겔23:33; 눅22:42; 요18:11**

사 51:17 여호와의 손에서 그 분노의 잔을 마신 예루살렘이여 깰지어다 깰지어다 일어설지어다 네가 이미 비틀걸음 치게 하는 큰 잔을 마셔 다하였도다

11절 - 그 고난의 연기가 세세토록 올라가리로다 짐승과 그의 우상에게 경배하고 그 이름의 표를 받은 자는 누구든지 밤낮 쉼을 얻지 못하리라 하더라

㉢ 그 고난의 연기가 세세토록 올라 가리로다. - 형벌의 영원

함을 상징적으로 표현한 끝이 없는 영원한 고통이다. **출15:18; 사34:10; 마25:41**

㉣ 밤낮 쉼을 얻지 못한다. 지옥형벌에는 결코 한순간도 안식이 없는 영원한 고통의 형벌만 있는 곳이다.

12절 - 성도들의(환난통과) **인내가 여기에 있으니 저희는 하나님의 계명과 예수의 믿음을 지키는 자니라**

(2) 성도들의 인내 - 무서운 불시험의 시련과 연단의 7년 대환난 후 3년반을 통과하기 위해서는 무엇보다도 인내가 필요한 것이다.

① 성도들 - 이 성도들은 현재 7째 나팔사건을 거치고 있는 환난통과 지상교회 성도들이다.

② 하나님의 계명을 지키고 - 구원의 조건으로 제시한 것이 아니다. 구원받은 성도로서 순종하는 것이다.

③ 예수의 믿음을 지킴 - 예수 그리스도를 믿는 믿음이다. **약2:1**

5) 일차 부활을 위한 성도들의 소망 (13)

계시록 7복 중에 두번째 복이 선언되고 있다.

13절 - 또 내가 들으니 하늘에서 음성이 나서 가로되 기록하라 자금 이후로 주 안에서 죽는 자들이 복이 있도다 하시매 성령이 가라사대 그러하다 저희 수고를 그치고 쉬리니 이는 저희의 행한 일이 따름이라 하시더라

(1) 하늘에서 나는 음성 - 천사가 외치는 음성이 아니라 천상 하늘에서 직접 들리는 복된 음성이다.

① 자금 이후로 주 안에서 죽은 자들이 복있다. - 자금 이후로는

첫째 부활 전까지를 의미하며, 첫째 부활 전까지 주 안에서 죽은 자들은 첫째 부활에 참여하는 복을 누리기 때문이다.
계20:6; 잠14:32; 시116:15

* 자금 이후로 죽는 자들의 의미 – 지금 상황은 셋째 화사건이다. 본절의 죽음을, 후삼년 반 기간 중에 환난통과 성도들의 죽음이라고 해석해서는 안된다. 이것은 첫째 부활을 기다리는 성도들에 대한 사도 요한 당시부터의 [자금 이후]로 해석되어야 한다.

만일 이 성경을 아직 부활치 못한 것으로 인정하여 계14:14–16의 곡식을 거두는데서 부활 승천으로 해석하면 먼저 천상에 나타난 성도의 존재인 계7:8, 14:1–5; 13:6의 계시를 해석할 길이 없으며 부활을 두 번씩이나 하는 것으로 해석하는 모순을 범하게 된다.
그러므로 요한에게 계시하여 예언하던 천사는 요한을 현재를 중심으로 첫째 부활에 참여하는 자들에 대한 예언으로 받아들여야 한다.

② 저희의 수고를 그치고 쉬게 됨을 성령님이 말씀하신다. 죽음도 이별도 고통도 없는 영원한 안식을 누리게 된다. 선한 싸움을 싸우고 달려갈 길을 마친 후에 천국에서 편히 쉬는 안식이다. **살후1:7;히4:11**

③ 저희의 행한 일이 따름이라 – 수고를 그치고 쉬게 되는 이유이다. 저들이 행한 일에 대한 상급으로 갚아 주시는 안식이다. 이것은 주 안에서 죽은 자들의 수고가 헛되지 않음을 나타낸다. 할렐루야!

* 관주응용 해석 *
① 성도의 죽음 – **잠14:32; 사57:1, 2; 시116:15; 잠11:18; 마5:12; 고전3:8; 고후9:6; 갈6:7; 딤후4:8**

시 116:15 성도의 죽는 것을 여호와께서 귀중히 보시는도다

6) 환난통과 성도들을 거두어 보호하심 (14-16)

피난처에서 양육받아(12:14) 알곡이 된 환난통과 유대인 성도들을 추수하는 사건이다.

14절 - 또 내가 보니 흰 구름이 있고 구름 위에 사람의 아들과 같은 이가 앉았는데 그 머리에는 금 면류관이 있고 그 손에는 이한 낫을 가졌더라

(1) 흰구름 위에 사람의 아들 같은 이가 앉아 있음

사람의 아들 같은 이는 인자이신 예수님이시다.

단7:13-14; 계1:7; 마24:30

① 머리에는 금면류관이 있고

② 손에는 이한 낫을 가짐 - 낫을 가짐은 추수를 의미하며, 성도추수는 주님이 직접 챙기는 주님의 사랑을 나타낸다.

(악인 추수는 천사들이 한다. 17-20)

15절 - 또 다른 천사가 성전으로부터 나와 구름 위에 앉은 이를 향하여 큰 음성으로 외쳐 가로되 네(인자 같은 이) **낫을 휘둘러 거두라 거둘 때가 이르러 땅에 곡식이 다 익었음이로다 하니**

(2) 다른 천상의 큰 음성 : 다른 천사는 성전으로부터 나온다.

하나님의 명령을 직접 전달하는 임무를 띠고 나옴을 나타낸다.

① 성전으로부터 나아와 구름 위에 앉은 이, 어린 양을 향하여 외친다.

② 네 낫을 휘둘러 거두라 - 하나님의 메세지를 전달하는 표현이다. 또 한글 킹제임스 성경에는 〈"주의 낫을 휘둘러 거두소서"〉라고 번역되었다.

③ 땅에 곡식이 다 익었다 - 예비처에서 연단받아 알곡으로 무르익어 추수할 때가 된 환난통과 지상교회의 성도들을 거두어 드릴 때가 찼음을 나타낸다. 익은 곡식은 성별(구별)을 의미한다.

겔48:14; 롬11:16

16절 - 구름 위에 앉으신 이가 낫을 땅에 휘두르매 〈βάλλω ; 발로 ;던지다〉 **땅의 곡식이 거두어 지니라**

(3) 구름위에 앉으신 이가 낫을 휘두르매 곡식이 거두어진다.

환난통과 성도는 거두어 보호하시고 땅에 사람들은 심판하기 위하여 모아 들인다.

마3:12 손에 키를 들고 자기의 타작 마당을 정하게 하사 알곡은 모아 곡간에 들이고 쭉정이는 꺼지지 않는 불에 태우시리라

7) 말굴레까지 피가 고인 1,600 스다디온의 형벌 (17-20)

7째 나팔 심판으로서 악은 반드시 심판하시는 하나님의 공의를 보여준다.

17절 - 또 다른 천사가 하늘에 있는 성전에서 나오는데 역시 예리 낫을 가졌더라

(1) 하늘에 있는 성전에서 나온 다른 천사가 예리한 낫을 가짐.

이는 하나님의 심판을 수행하는 대리자이다. 예리한 낫을 가졌는데 땅

에 포도송이를 거두기 위함이다. 여기의 낫은 심판을 상징한다. 즉 악인들의 형벌심판은 천사가 수행한다.

18절 - 또 불을 다스리는 다른 천사가 제단으로부터 나와 예리한 낫 가진 자를 향하여 큰 음성으로 불러 이르되 네 예리한 낫을 휘둘러 땅에 포도송이를 거두라 그 포도가 익었느니라 하더라

(2) 불을 다스리는 다른 천사가 제단으로부터 등장

① 큰 음성으로 예리한 낫 가진 자를 부른다.

② 네 예리한 낫을 휘둘러

③ 땅에 포도송이를 가두라 - 악인들의 악을 상징.

④ 그 포도가 익었느니라 - 악인들의 죄악이 절정에 다달았다는 표현이다(욜3:13). 사18:5. 후삼년 반 때 인간들의 상태이다.
마치 노아시대 죄악이 관영했던 것과 같은 이치이다.

가을이 되면 곡식도 익고 포도도 익듯이 말세가 되면 거룩한 성도는 더욱 성화되고, 불신자는 악이 점점 더해져서 하나님의 심판을 자초하게 된다.

19절 - 천사가 낫을 땅에 휘둘러 땅에 포도를 거두어 하나님의 진노의 큰 포도주 틀에 던지매

⑤ 천사가 낫을 땅에 휘둘러 포도를 거둔다.

⑥ 하나님의 진노의 포도주 틀에 던진다 - 포도를 포도주 틀에 넣어 밟듯이 악인들을 형벌한다는 상징적인 의미이다.

사18:5; 욜3:13; 사63:2, 3; 계19:15

20절 - 성 밖에서 그 틀이 밟히니 틀에서 피가 나서 말굴레에까지 닿았고 일천 육백 스다디온에(320Km) **퍼졌더라**(한 스타디온이 경기장 정도라면)

(3) 형벌의 결과

① 성 밖에서 그 틀을 밟음 - **계22:15**

② 틀에서 피가나 말굴레까지 닿고 일천육백 스다디온에 퍼짐 - 하나님의 심판이 얼마나 혹독하고 맹렬한가를 보여 준다. 아직 7대접 심판이 남아 있다.

14장을 필하면서 몇 가지 명심할 것은
첫째, 14장의 위치는 후 삼년 반의 셋째 화기간인 것이며
둘째, 1-5절의 천상성도 144,000인은 첫째 부활에 동참한 성도들이며
셋째, 계14:8-11은 앞으로 전개될 멸망의 예고이며
넷째, 12-13은 인간저자 요한 때부터 첫째 부활 전까지의 교훈이며

다섯째, 14-16은 여러 가지 주장들이 있음을 명심할 것이며 17-20과 관련지어 해석하는 경우와 떼어 해석하는 경우인데 필자는 신약적인 개념으로[포도]가 성도를 나타내지만(요15:1-3) 여기서는 멸망될 인간들을 나타냄 같이 알곡도 같은 해석의 방법을 이유 있게 적용했다.

여섯째, [피가 말굴레까지] 이는 20절은 심판이 얼마나 치열하며 전쟁이 얼마나 가혹한 것을 추측하게 한다는 것이며 그리하여도 아직도 7

대접의 최후 심판 전이다.

일곱째, 이 기간은 42개월로 지상환난통과 성도들은 광야에서 보호 받는 기간인 것에 유의하라.**계12:13-17**

* 일곱 천사의 대접심판(셋째 화기간. 후 3년 반) 15:1-16:21

15장 일곱 천사의 금대접 인수와 천상성도의 찬양

7째 나팔은 11:15에서 붙어 14장 까지 일곱째 나팔 사건은 종료되고, 그 나팔에 연결되어 있는 7대접사건이 계시록에서 가장 짧은 본장에서 예비된다. 일곱 대접을 받는 일곱 천사가 소개되고 그 날을 감해주시는 하나님의 은혜로(마24:22) 짐승과 그 우상과 그 이름의 수를 이기고 벗어난 자들이 유리 바닷가에서 서서 하나님의 거문고를 가지고 모세의 노래를 부르는데, 이들이 예비처에(마24:15-20; 계12:6, 14) 도피해 있는 유대인 중심의 환난통과 지상교회 성도들이다.

1) 마지막 일곱 재앙과 지상성도들의 찬양 (1-4)

7째 나팔 종결부분에서 추수된 환난통과 성도들이 예비처에서 노래하고 있다.

1절 - 또 하늘에 크고 이상한 다른 이적을 보매 일곱 천사가 일곱 재앙을 가졌으니 곧 마지막 재앙이라 하나님의 진노가 이것으로 마치리로다

(1) 마지막 재앙

이는 마지막 재앙이며 마치는 재앙으로 쏟아지는 급한 재앙이므로 피할 길이 없으며 최후 멸망을 계시하여 준다.

① 일곱 천사가 일곱 재앙을 가졌다. - 이것은 셋째 화로서 하나님의 심판을 종결짓는 절정의 사건으로서 진노가 완성된다는 점에서 마지막 재앙이다.

② 마지막 재앙이라 - 하나님의 진노가 이것으로 종결된다. 이 재앙을 통해 하나님의 진노가 모두 쏟아진다. 하나님은 오래 참고만 계신 분이 아니다. 그 분의 오래 참으심은 죄인들이 회개하고 돌아올 수 있

는 기회를 만들어 주고자 하시는 하나님의 사랑이다.

마침내 하나님의 사랑을 거부한 죄인들에게 작정된 마지막 진노의 심판이 임한다. 이 재앙이 마치면 사탄이 결박되고 천년세계가 건설되며 하나님의 나라가 도래한다.

2절 - 또 내가(요한) **보니 불이 섞인 유리 바다 같은 것이 있고 짐승과 그의 우상과 그의 이름의 수를**(계13:17-18) **이기고 벗어난 자들이 유리바다 가에 서서 하나님의 거문고를 가지고**

(2) 지상 성도들의 찬양 (2-4).

예비처에서 보호받은 지상성도들의 찬양이다. 이들은 환난 중 전 3년반 말기인 계11:13에서 출현한 유대인 중심의 성도들로 예비처에서 공의심판을 찬양하는 것이다.

① 찬양하는 장소 - 불이 섞인 유리바다 가이다. 이 유리바다는 천상의 수정 같은 유리바다와 구별된 불이 섞인 유리바다이다. 불은 지상 형벌을 상징한다. 성경에 천상의 아름다운 광경을 표현한 수정같은 유리바다가(4:6) 있다. 그러나 본문은 불이 섞인 유리바다 가이다. 이것은 본문에 찬양하는 무리가 서 있는 곳이 천상이 아니라는 것을 구분할 수 있는 요소를 제공한다.

불이 섞인 유리바다는 고난과 심판의 상징으로 순교자들이 서있는 모습이라고 하는 이들도 있다. 그러나 순교자들은 1차 부활에(휴거) 참여하여 하나님과 어린 양 앞에 서 있다(6:9-11,7:9-10). 현재 하나님의 마지막 진노가 쏟아질 3째 화 기간인데 아직까지 이땅에 순교자들이 남아 있다면 안되지 않는가?

② 찬양하는 무리들의 정체 - 그 날을 감해 주시는 하나님의 은혜로 짐승과 그 우상과 그 이름의 수를 이기고 벗어난 환난통과 지상성도들이다.

③ 찬양하는 모습 - 하나님의 거문고를 가지고

* 짐승과 우상과 그 이름의 수를 이기고 벗어난 자들은 천상 성도들인가? 혹은 환난통과 지상성도들인가?

첫째, 후 삼년 반 환난기간 나타난 적그리스도 우상과 적그리스도 짐승을 승리한 자들이다.

둘째, 적그리스도 짐승의 이름의 수 666을 이긴 성도들이다.(2절,13:17-18)

셋째, 이들은 지상 환난을 벗어난 자들임(2절)

넷째, 천상의 유리바다는 수정같은 유리바다이나(계4:6) 2절의 유리바다는 불이 섞인 유리바다임을 볼 때 지상 형벌을 상징하는 불이 섞인 유리바다 가에 선 것은 지상을 나타내는 것이다.

다섯째, 계시록의 다른 천상 성도들은 어린 양이신 예수님과 관계되어 있으나 3절의 성도들은 '모세'와 예수님이신 어린 양과 관계되어 있는 것이다.

여섯째, 2절의 성도들은 계7:9; 14:1-4의 성도들과 구별된 무리이며 마지막 환난 직전에 나타난 것이다.

그러므로 이들은 환난통과 지상성도들이며 3절의 찬양의 내용을 보아 예비처에서 보호받고 있는 것이다.

3절 - 하나님의 종 모세의 노래, 어린 양의 노래를 불러 이르되 주 하나님(최고 통치자이신 성부 하나님) **곧 전능하신 이시여**(주권자이시며 무소부재하시며) **하시는 일이 크고 놀라우시도다 만국의 왕이시여 주의 길이 의롭고 참되시도다**

④ 찬양의 내용

㉠ 하나님의 종 모세의 노래. 선민들이 애굽의 바로 군대를 벗어나 승리한 구원의 감격을 노래한 그 노래를 하고 있다. 이런 흐름으로 보아 예비처에서 보호받고 있는 유대인 중심의 환난통과 지상성도들이다. 그러므로 천상에서가 아니라 지상에서 노래를 하고 있다.

㉡ 어린 양의 노래 - 구원의 공로를 노래한다.
이 노래의 성격은 이스라엘 백성들이 추격해 오는 바로 군대를 벗어나 이기고 홍해를 건넌 후 구원의 감격을 노래한 것처럼, 하나님이 예비하신 피난처에서 짐승과 그 우상과 그 이름의 수를 이기고 벗어나 보호받고 있는 그들이 어린 양의 구원의 공로를 감사하며, 감격하며 노래하는 여호와를 찬양하는 영광송이다.

이스라엘 백성들이 애굽에서 나와 홍해바다를 건너 이편 언덕에 서서 바로군대가 바다에 빠져 죽은 모습을 보고 찬송을 부렀다. 말세에도 마찬가지이다. 승리한 성도들은 재앙 건너편 하나님의 예비처에서 하나님을 찬양하게 될 것이다.

7장에서 휴거된 성도들도 천상에 도착하자마자 구원을 찬양했다. 계7:9-10. 이렇게 요한계시록에서는 영생주기로 택정된 이방인 성도들이나(마24:31), 유대인 성도들의(마24:22) 노래하는, 택자들의 승리의 영광송이 울려 퍼지고 있다.

⑤ 찬양가사

㉠ 주 하나님 곧 전능하신 이시여, 만국의 왕(신관)이시여.

㉡ 하시는 일이 크고 기이하시도다. 위대하신 하나님이 하시는 크고 기이하신 일은 죄인을 구원하시는 일이다. 이스라엘 선민들을 애

굽의 속박에서 구원하셨고, 이방인 성도들을 죄악 세상에서 구원하시고, 마귀의 속박에서 구원하신 일이다.

ⓒ 주의 길이 의롭고 참되시도다. 하나님은 만국을 지배하시고 다스리시며 심판하시는 왕중의 왕으로서 그의 길은 의롭고 참된 것뿐이다.

4절 - 주여 누가 주의 이름을 두려워하지 아니하며 영화롭게 하지 아니하오리이까 오직 주만 거룩하시니이다(신성하시고) **주의 의로우신 일이 나타났으매 만국이 와서 주께 경배하리이다 하더라**

ⓓ 누가 주의 이름을 두려워 하지 아니하며 - 최고의 통치자이시며 주권자이시며, 무소부재하신 만국의 왕을 피조물이 감히 두려워 하지 않을 수 없는데 이는 숭배와 경외의 대상되심을 나타낸다.

ⓔ 영화롭게 하지 아니하오리까 - 피조물의 존재 목적이다.

ⓕ 오직 주만 거룩하시도다. 하나님의 윤리적 속성이다.
악을 심판하실 수 있는 분이심을 나타낸다.

ⓖ 주의 의로운 일이 나타났으매. 심판과 구원

ⓗ 만국이 와서 주께 경배하리이다. 마지막 진노가 끝나고 천년 그리스도 왕국 때 만국이 와서 주를 경배하게 될 것이다. **시22:23, 27**

2) 일곱 재앙인 일곱 금 대접 인수식 (5-8)

5절 - 또 이 일 후에(지상 성도들의 찬양이 있은 후) **내가**(요한) **보니 하늘에 증거 장막의 성전이 열리며**

(1) 하늘에 증거장막 성전이 열림 :

지상성도들의 찬양이 있은 후 요한이 하늘에 증거장막 성전이 열리는 것을 보게 된다. 참된 하나님의 법이 있는 천상의 증거장막 성전이 열린 것이다. **히8:1-2**

계11:19 이에 하늘에 있는 하나님의 성전이 열리니 성전 안에 하나님의 언약궤가 보이며 또 번개와 음성들과 우레와 지진과 큰 우박이 있더라

6절 - 일곱 재앙을 가진 일곱 천사가 성전으로부터 나와 맑고 빛난 세마포 옷을 입고 가슴에 금띠를 띠고

(2) 일곱 천사가 일곱 재앙을 가지고 천상성전에서 나온다. 성전에는 하나님의 율법이 있다. 천사가 성전에서 나온 것은 심판이 하나님께로부터 오는 것을 상징한다. 천사가 그 성전에서 나옴으로 하나님의 법을 어긴 악인들에게 의로운 심판이 시작된다는 메시지를 보낸다.

① 재앙을 가진 천사의 모습

㉠ 맑고 빛난 세마포를 입음 - 하나님 심판의 공의성을 상징한다.

㉡ 가슴에 금띠를 띠었다. - 하나님의 의로우심과 신실하심을 상징한다(사11:5). 이러한 모습은 구약시대 왕과 제사장들의 모습인데 이는 천사가 하나님의 권위로 대접재앙을 시행하는 것을 나타낸다.

7절 - 네 생물 중에 하나가 영원토록 살아 계신 하나님의 진노를 가득히 담은 금 대접 일곱을 그 일곱 천사에게 주니

② 네 생물 중 하나가 출현 - 네 생물은 하나님을 수종드는 실존인데, 사자, 송아지, 사람, 독수리 같은 모습으로 보좌를 둘러 서있는 네 생물 중에 하나가 일곱 대접을 일곱 천사에게 주었다. 이렇게 대접재앙도 형벌수단이 천사에게 전달되어 하나님의 명령대로 천사들은 그분의 진노를 실행한다.

㉠ 세세에 계신 하나님의 진노를 기득히 담은 금대접 일곱이다. 일곱 대접 사건의 성격을 나타낸다.

㉡ 금대접 일곱을 일곱 천사에게 전달. 천사에게 형벌수단이 이렇게 전달되는 모습이다.

렘 25:15 이스라엘의 하나님 여호와께서 이같이 내게 이르시되 너는 내 손 에서 이 진노의 술 잔을 받아가지고 내가 너를 보내는 바 그 모든 나라로 하여금 마시게 하라

8절 - 하나님의 영광과 능력으로 말미암아 성전에 연기가 가득 차매(과거) **일곱 천사의 일곱 재앙이 마치기 까지는 성전에 능히 들어갈 자가 없더라**

③ 하나님의 영광과 능력을 인하여 성전에 연기가 차게 된다. 악인들에 대한 하나님의 심판과 재앙의 신호이다. **시18:8-11**

④ 일곱 천사의 7재앙이 마치기 까지는 성전에 능히 들어갈 자가 없음 - [성전에 들어갈 자가 없음]은 천사의 출입에 관한 것이 아니며 성도들 가운데 능히 들어갈 자가 없음을 의미하는 것이다.

16장 일곱 대접 사건

이는 마지막 재앙이며 마치는 재앙으로 쏟아지는 급한 재앙이므로 피할 길이 없으며 최후 멸망을 계시하여 준다. 계15:1. 이 일곱대접 재앙은 일곱 나팔 사건에 비해 그 강도가 훨씬 강력하고 전 우주적이다.

1) 첫째 대접사건 - 종기재앙 (16:1-2)

1절 - 또 내가 들으니 성전에서 큰 음성이 나서 일곱 천사에게 말하되 너희는 가서 하나님의 진노의 일곱 대접을 땅에 쏟으라 하더라

(1) 성전에서 나오는 큰 음성

① 일곱 천사에게 큰 음성으로 지시한다.

② 가서 하나님의 진노의 일곱 대접을 땅에 쏟으라 한다. 그 동안 참아 오신 진노를 이 지구에 쏟아붓겠다는 강력한 심판의 의지를 표현하고 있다.

사59:18 그들의 행위대로 갚으시되 그 원수에게 분노하시며 그 원수에게 보응하시며 섬들에게 보복하실 것이라

사66:6 떠드는 소리가 성읍에서부터 들려오며 목소리가 성전에서부터 들리니 이는 여호와께서 그의 원수에게 보응하시는 목소리로다

2절 - 첫째 천사가 가서 그 대접을 땅에 쏟으매 짐승의 표를 받은 사람들과 그 우상에게 경배하는 자들에게 악하고 독한 종기가 나더라

(2) 첫째 대접재앙

① 대상 - 짐승의 표를 받은 사람들과 그 우상에게 경배하는 자들

이다. 적그리스도에게 경배하고 그 표를 받은 사람들이 대상이다. **계14:9**

② 재앙 - 악하고 독한 헌데(종기재앙). 이 재앙은 애굽에 내린 6번째 독종과 같은 재앙이다(출9:8-11). 성경에서 종기는 고통의 상징이다.(신28:35; 욥2:7)(피부암, 문둥병, 고칠 수 없는 종기)

2) 둘째 대접사건 - 바다생물의 멸망 (16:3)

3절 - 둘째 천사가 그 대접을 바다에 쏟으매 바다가 곧 죽은 자의 피 같이 되니 바다 가운데 모든 생물이(전체 생명체)**죽더라. 출7:20-21**

애굽재앙에서 나일강 일대의 물이 피로 변했다. 이 둘째 재앙으로 바다생물이 멸종했다. 나일강 일대의 고기 떼가 죽음당해 그 악취로 견딜 수 없었는데 수십만 종의 바다 생물이 죽는다면 어찌되겠는가?

바다의 가장 깊은 곳은 에베레스트산보다 더 깊어 1만m 달하는 곳도 있다. 바다의 평균 수심은 3795m나 된다. 이 깊이 따라 다양한 종류의 고기들이 입체적으로 분포되어 살고 있는데 이 모든 류에 바다 생물들이 떼죽음을 당해 바다위로 떠오르고 해변가에 몰려 악취가 날 때 모든 대륙까지 퍼져가고 이로 인하여 전염병이 창궐하여 죽음의 병으로 지상에 남아 있는 인류는 고통을 당하게 될 것이다.

3) 셋째 대접사건 - 강과 물이 피가 됨 (16:4-7)

4절 - 셋째 천사가 그 대접을 강과 물 근원에 쏟으매 피가 되더라

(1) 셋째 대접재앙

강과 물 근원에 쏟음 - 피가 된다. 바다가 피로 변한 것은 더 심각한 일이다. 당장 마실 물이 없어 죽어 가는 사람이 급증할 것이다. 인류는 이미 애굽의 재앙을 통해서 역사적 교훈을 받고 있다.

애굽의 재앙은 여호와의 마지막 대접재앙을 모형적으로 보여 주는 역사의 거울이다. **출7:17-21**

이 재앙은 국부적인 것이 아니라 우주적 재앙이라 다른 행성에서 물을 가져 올 수도 없다.

5절 - 내가 들으니 물을 차지한 천사가 이르되 전에도 계셨고 지금도 계신 거룩하신 이여 이렇게 심판하시니 의로우시도다

(2) 물을 차지한 천사의 선언

① 전에도 계셨고 시방도 계신 거룩하신 이여 - 역사의 주재자이신 거룩하신 이이다. 심판의 주체자시다.

② 이렇게 심판하시오니 의로우시도다. - 강과 물근원을 피가 되게 하는 하나님의 진노의 재앙이 주의 공의대로 실현되고 있음을 공개적으로 외친다.

6절 - 그들이 성도들과 선지자들의 피를 흘렸으므로〈ἐξέχεαν;엑셀케안〉 **그들에게**(불택자) **피를 마시게 하신 것이 합당하니이다 하더라**

③ 이 재앙의 당위성 - 성도들과 선지자들의 피를 흘렸기 때문이다. 본 구절의 성도들은 천상성도들인데 이유는 지금 셋째 화 셋째 대접 재앙이 쏟아지고 있는데 아직까지 선지자들이 지상에 남아있을 수

없기 때문이다.

셋째 대접은 심판 받은 자들이 성도들의 피를 흘린데 대한 보응으로 받는데, [흘렸으니]의 동사시상이 부정과거 능동태 3인칭복수로서 과거에 흘린 피이며, 현재 대환난에서 흘린 피에 대한 보응이 아니다. 과거이면 언제인가 7년 대환난 되기 이전 과거에 흘린 것이다. **사49:26**

7절 – 또 내가 들으니 제단이 말하기를 그러하다 주 하나님 곧 전능하신 이시여 심판 하시는 것이 참되시고 의로우시도다 하더라

(3) 제단에서의 화답 : 물을 차지한 천사의 공의로운 심판 선언에 대하여 제단에서 화답하게 된다.

① 주 하나님 곧 전능하신 이.

② 심판하시는 것이 참되고 의로우시도다. 하나님의 심판 행위가 정당함을 다시한번 확언한다.

4) 넷째 대접사건 – 태양의 재앙 (16:8–9)

8절 – 넷째 천사가 그 대접을 해에 쏟으매 해가 권세를 받아 불로 사람들을 태우니

(1) 넷째 대접재앙

태양에 쏟으매 해가 권세를 받아 사람들을 태운다. 태양을 만드신 하나님께서 그것을 심판의 도구로 사용하신다. 인간에게 필요한 에너지원이 되고 빛을 주던 태양이 이제는 사람을 태우는 재앙이 되는 것이다.

자신의 피조물을 자신의 뜻대로 주관하시는 하나님의 주권과 권능을 여실히 보여 준다.

9절 – 사람들이 크게 태움에 태워진지라 이 재앙들을 행하는 권세를 가지신 하나님의 이름을 비방하며 또 회개하지 아니하고 주께 영광을 돌리지 아니하더라

① 사람들이 크게 태움에 태워진지라 – 태양의 강렬한 에너지 방출로 인해 태양풍이 7배나 더 강하게 불어 닥칠 것이고 어찌보면 우주의 유해물질을 차단해 주는 대기권에 구멍이 날 수도 있을 것이다. 갑작스런 고온 현상으로 생태계 전체가 균형을 잃고 동식물이 다 타서 죽게 될 것이다.

② 하나님을 비방한다 – 성경에 기록된 대로 작정하신 재앙으로 죄악세상을 심판하시는 권세를 가지신 하나님을 비방할 만큼 악한사람들이다. **사52:5, 롬2:14**

③ 회개하여 영광을 주께 돌리지 않는다. 구원받는 택자들은 영광을 하나님께 돌리지만(계11:13), 멸망자들은 회개하지 않는 심판시대 양심이 화인 맞은 사람들의 특성이 있다. **눅13:5; 롬2:5**

5) 다섯째 대접사건 – 심한 고통과 종기의 재앙 (16:10-11)

10절 – 또 다섯째 천사가 그 대접을 짐승의 왕좌에(짐승의 국가 권좌) **쏟으니 그 나라가 곧 어두워지며 사람들이 아파서 자기 혀를 깨물고**

(1) 다섯째 대접재앙 **출10:21-23**

① 대상 – 짐승의 왕좌에 쏟음. 적그리스도 국가의 권좌에 쏟아지는 재앙이다.

② 재앙

㉠ 그 나라가 어두워지며 – 애굽의 9번째 재앙과 마찬가지로 짐승나라가 어두워진다.

㉡ 사람들이 아파서 혀를 깨물고 – 고통의 원인이 무엇인지를 말해주고 있다. 아파서 혀를 깨물었던 고통은 화상을 입어서 아픈 것과 첫째 재앙에서 얻은 종기였다. 물 한모금 마실 수 없는 고통가운데서 종기의 고통이 계속되어 온데다가 태양의 열기로 화상까지 입었으니 그 아픔이 얼마나 하겠는가?

11절 – 아픈 것과 종기로 말미암아 하늘의 하나님을 비방하고 저희 행위를(악한 일) **회개하지 아니하더라**

① 종기 **계16:2**

② 하늘의 하나님을 훼방하고 저희 행위를 회개치 아니하더라.

시7:12; 눅13:5; 롬2:5

시 7:12 사람이 회개하지 아니하면 저가 그 칼을 갈으심이여 그 활을 이미 당기어 예비하셨도다

6) 여섯째 대접사건 – 귀신의 영과 아마겟돈 전쟁준비 (16:12–16)

12절 – 또 여섯째 천사가 그 대접을 큰 강 유브라데에 쏟으매 강물이 말라서 동방에서 오는 왕들의 길이 예비되었더라

(1) 여섯째 대접재앙. 큰 강 유브라데에 쏟는다.

① 강물이 말라서 – 여섯째 대접 재앙이 쏟아질 때 유브라데강이 말랐다. 지금 유브라데강 상류인 터어키나 시리아에서 여러 댐(dam)을

건설해 놓았기 때문에 댐을 막으면 강이 마르도록 되어 있다.

아타투르크 댐이 그 대표적이다 과학이 발달함에 따라 성경예언이 성취되어 가고 있다. 유브라데강이 마르는 것은 동방의 대군들이 건너오기 위함이다.

② 동방에서 오는 왕들의 길이 예비됨 - 어린 양과 싸우는 아마겟돈 전쟁을 위하여 동방에서 오는 왕들의 길이 예비된다. 동방에서 오는 왕들이 누구냐는 많은 논란이 있으나 성경의 정확한 언급은 없다.

후 삼년 반, 장차될 일이기 때문에 알수 없다. 역사를 경영하시는 하나님께서 악한 날에 악한 일을 위하여 적당히 사용하는 도구, 인간이 나타날 것이다. **사11:15; 41:2**

13절 - 또 내가 보매 개구리 같은 세 더러운 영이 용의 입과 짐승의 입과 거짓 선지자의 입에서 나오니

(2) 개구리 같은 세 더러운 영

① 용의 입 - 사탄

② 짐승의 입 - 적그리스도

③ 거짓 선지자의 입 - 새끼양 같은 짐승

개구리 같은 세 더운 영은 귀신의 영으로서(14절) 사단과 적그리스도와 거짓선지자를 배후 조종하여 어린 양과 싸우게 할 것이다.

딤전4:1 그러나 성령이 밝히 말씀하시기를 후일에 어떤 사람들이 믿음에서 떠나 미혹하는 영과 귀신의 가르침을 따르리라 하셨으니 **벧후2:1**

14절 - 그들은 귀신의 영이라 이적을 행하여 온 천하 왕들에게 가서

하나님 곧 전능하신 이의 큰 날에 전쟁을 위하여 그들을 모으더라

⑤ 그들은 귀신의 영이다

㉠ 이적을 행하여 **살후2:9-10**

㉡ 온천하 임금들에게 가서

㉢ 전쟁을 위하여 그들을 모으더라 - 전능하신 하나님이 작정한 큰 날에 전쟁을 위하여 세 영이 온 천하 임금들을 히브리 음으로 아마겟돈이라는 곳으로 모은다(16절) **왕상22:6, 20-22; 대하18:21-22**

15절 - 보라 내가 도둑 같이 오리니 누구든지 깨어 자기 옷을 지켜 벌거벗고 다니지 아니하며 자기의 부끄러움을 보이지 아니하는 자는 복이 있도다

(3) 계시록 제 5복

① 예수님이 도둑 같이 오심. **벧후3:10; 계3:3**

② 누구든지 깨어 자기옷을 지켜 벌거벗고 다니지 아니하는 자. **계3:4, 18**

③ 자기의 부끄러움을 보이지 아니하는 자

16절 - 세 영이 히브리어로 아마겟돈이라 하는 곳으로 왕들을 모으더라

* 유브라데 강이 마르며 왕들의 행군이 열려 지는데(12절), 계9:14의 여섯째 나팔을 불 때에 유브라데에 결박된 네 천사가 놓이고 2억의 마병대가 동원된 전쟁(9:16-18)이 있었으나 본 절은 그보다 더 확대된 전쟁을 위하여 예비한다. 마지막 전쟁인 아마겟돈 전쟁은 후 3년 반의 마지막 기간에 해당되는 하나님의 지상 심판이다.

* 영적 해석 *

① 개구리 – **출8:2, 4;시 78:45; 출8:13**

개구리는 부정한 재앙을 상징하며 더러운 영을 상징하고 이방인 애굽인들은 생식과 번식을 주관하는 헥트신 같이 생각하는 동물이다.

② 귀신의 영과 전쟁 – **막9:22; 행5:16; 8:7; 계16:14; 18:2**

③ 성도가 지켜 입을 옷 –
사64:6; 슥3:3;롬 13:14; 갈3:27; 골3:12; 계7:13, 14; 19:8

④ 귀신이 행하는 이적의 성격 –
계16:14; 딤전4:1; 살후2:9; 요일2:21; 요8:44

특히 명심할 것은 14절 의 '이적을 행하여'의 행하여는 〈포이에오〉로서 제조하다, 만들다 는 의미로서 거짓을 조작함을 의미하는 것으로 위의 인용 성경과 함께 해석할 수 있다.

7) 일곱째 대접사건과 만국의 멸망 (16:17-21)

17절 – 일곱째가 그 대접을 공중에(공중) **쏟으매 큰 음성이 성전에서 보좌로부터 나서 이르되 되었다 하니**(완료능동태직설법 3인칭단수–하나님의 최종적이고 완전한 진노를 나타내는 표현이다.)

(1) 일곱째 대접재앙 – 대기권 공중 가운데 쏟아진다. 공기는 공중이란 뜻이다.

① 큰 음성이 성전에서 보좌로부터 난다.

계 16:1 또 내가 들으니 성전에서 큰 음성이 나서 일곱 천사에게 말하되

너희는 가서 하나님의 진노의 일곱 대접을 땅에 쏟으라 하더라

18절 - 번개와 음성들과 우렛소리가(시18:13) **있고 또 큰 지진이**(계 6:12) **있어 어찌 큰지 사람이 땅에 있어 온 이래로 이같이 큰 지진이 없었더라**

② 번개와 음성들과 뇌성이 있고 - 심판의 방편으로 마지막 심판을 예고하는 징조들이다. **시18:13; 삼하22:14; 시77:18; 출9:23-24**

③ 큰 지진이 있음 - 이 지진은 얼마나 크고 강력한지 사람이 땅위에 있은 이래로 그와 같은 지진이 없던 것이다. **계6:12**

19절 - 큰 성이 세 갈래로 갈라지고 만국의 성들도 무너지니 큰 성 바벨론이 하나님 앞에 기억하신 바 되어 그의 맹렬한 진노의 포도주 잔(죽음의 잔:요18:11; 막10:38; 계14:10)**을 받으매**

④ 큰 성이 세갈래로 갈라지고 - 바벨론 성으로서 적그리스도의 제국을 상징한다.

⑤ 만국의 성들이 무너지고 - 완전한 파괴를 상징한다.
미5:10-11, 사51-19, 계14:8

⑥ 큰성 바벨론이 하나님 앞에 기억하신바 되어 맹렬한 진노의 포도주 잔을 받는다. 누구도 막을 수 없는 하나님의 불 같은 진노를 상징한다.

20절 - 각 섬도 없어지고 산악도 간데 없더라

⑦ 각 섬도 없어지고 산악도 간데 없어진다. 18절의 큰 지진 결과 강력한 지진으로 섬과 산악이 붕괴되어 버린다. **렘4:24; 사40:4**

21절 – 또 무게가 한 달란트나 되는(백근, 50kg) **큰 우박이 하늘로부터 사람들에게 내리매 사람들이 그 우박이 재앙 때문에 하나님을 비방하니 그 재앙이 심히 큼이러라**

⑧ 중수가 한 달란트되는 큰 우박이 하늘로부터 사람들에게 내린다. 일곱 대접재앙은 천둥, 번개, 지진으로 이어지다 중수가 한 달란트되는 큰 우박이 하늘로부터 사람들에게 내렸다. 50kg의 우박덩어리가 전 세계를 쑥대밭으로 만들고도 남을만큼 큰 재앙이다. 웬만한 돌 덩어리가 떨어진다고 보면 이해가 갈까?
출9:22, 23, 24, 25; 수10:11; 겔38:22

* 중수가 한 달란트나 되는...심히 큼이러라'. 하나님의 진노는 일곱 번째 재앙에서 그 절정을 이룬다.

*일곱째 대접재앙을 인간들의 모습은 하나님을 비방한다. 양심이 화인 맞은 죄악된 인간의 모습이 대접재앙의 당위성을 보여준다.

17장 짐승을 탄 음녀의 심판
(일곱대접 심판 기간에 속한 후 삼년 반 종반이다)

본 장과 18장은 16:19에서 [큰 성이 세 갈래로 갈라지고 만국의 성들도 무너지니 큰 성 바벨론이 하나님 앞에 기억하신 바 되어 그의 맹렬한 진노의 포도주 잔을 받으매] 예언이 선포된 바 있는 하나님의 진노 대상인 큰 성 바벨론에 대한 심판을 보다 구체적으로 다루고 있다.

따라서 이는 일곱째 대접의 재앙에 대하여 심층적으로 기술하고 있다.

1) 큰 음녀의 죄악 (1-6)
일곱 대접을 가진 천사들 중 하나가 와서 요한을 오라고 한다. 그리고 많은 물 위에 앉은 큰 음녀가 받을 심판을 보여 주리라고 한다.

* 음녀의 정체 *

(1) 음녀의 정의 - 희랍원어로 〈πόρνη;포르네〉인데 그 의미는 '창녀, 매춘행위, 우상숭배자'라는 뜻으로 창녀, 매춘행위하는 여자, 우상숭배 하는 여자를 가르킨다.

(2) 음녀의 영적인 의미

첫째, 음녀는 주를 떠난 자이며(시73:27)

둘째, 음녀의 입은 꿀을 떨어뜨리며 유혹하며(잠5:3)

셋째, 귀한 생명(네페쉬=′π,ν- =영혼)을 사냥하며(잠6:26)

넷째, 음녀의 입은 깊은 함정이며, 여호와의 노를 당한 자가 빠진다(잠22:14).

(3) 17장의 음녀의 정체 - 성경에서 말하는 영적 음녀의 행위가 다

포함된다.

첫째, 여자는 음녀들의 어미 음녀이며(계17:15)

둘째, 음녀들의 어미인 여자 음녀는 임금들(나라가 아님)을 다스리는 큰 성이다(17:18).

셋째, 어미 음녀는 성도들과 예수증인들의 피에 취한 자이며(6절)

넷째, 음녀는 큰 성이며 큰 성은 바벨론이며 (계18:2, 15-16)

다섯째, 바벨론이 전세계 통치자들을 우상숭배하게 하고 음행하게 하였다(18:3).

이상의 사실에 의하여 음녀는 큰 성이며 세계 통치자들을 지배하는 자이며, 예수 그리스도를 믿는 성도들의 피에 취한 자들임을 볼때 기독교 2천년 사에 5000만 명의 순교자들의 피바다를 이룬 무리들이라 생각된다.

1절 – 또 일곱 대접을 가진(과거) **일곱 천사 중 하나가 와서 내게 말하여 이르되 이리로 오라 많은 물 위에 앉은 큰 음녀가 받을 심판을 네게 보이리라**

(1) 큰 음녀의 받을 심판 : 거짓종교적 지도체제.(세계단일종교 조직)

짐승 같은 통치자들과 결탁하여 성도들을 대적하는 무리이다.

일곱 대접을 가진 일곱 천사중에 하나가 요한에게 와서 많은 물 위에 앉은 음녀를 보여 주리라고 한다.

① 음녀의 통치 범위

많은 물위에 앉았다. 이러한 표현은 음녀가 끼치는 악한 영향력이 세상 모든 나라와 사람들에게 미치는 막대한 지배 범위를 나타낸다.(15절) - 이 음녀는 어느 한 나라를 지배하는 국부적 존재가 아니라 전세계를 음행으로 타락시킬 실존이다.

2절 - 땅의 임금들도 그로 인하여 음행하였고 땅에 사는 자들도 그 음행의 포도주에 취하였다 하고

② 음녀의 범죄 - 음녀는 짐승의 우상화 작업에 선봉장으로서 적그리스도 666을 신으로 숭배하고, 추앙하는 정치시녀이다.

㉠ 땅에 임금들과 음행하였다 - 음행은 우상숭배와 도덕적 타락, 그리고 악의 풍조를 따르는 행위를 상징한다.

사1:21; 겔6:9; 16:15-16; 호2:5

단일 종교적 집단체제가 말세에 세상 왕들에게까지 영향을 끼쳐 적그리스도를 숭배하게 하고, 타락시켜 악의 풍조를 따르게 한다. 이는 곧 종교의 타락을 의미한다. 적그리스도 치하에 모든 정치 지도자들은 큰 음녀와 결탁할 수밖에 없다.

㉡ 땅에 거하는 자들을 음행의 포도주로 취하게 했다. - 땅에 거하는 자들은 음녀가 시키는대로 짐승우상에게 경배하고 짐승의 표를 받는다. 그리하여 음녀가 주는 음행의 포도주에 취한 것이다.

겔23:19; 렘51:7; 계14:8; 나3:4

㉢ 성도들의 피와 예수증인들의 피에 취했다.(6절) - 일곱 머리와 열뿔 짐승을 탄 음녀가 성도들과 예수증인들을 박해하고 죽인 죄악이다. **마24:9-10**

3절 - 곧 성령으로 나를 데리고 광야로 가니라 내가 보니 여자가 붉은 빛 짐승을 탔는데 그 짐승의 몸에 하나님을 목독하는 이름들이

가득하고 일곱 머리(일곱 왕 17:9)와 열 뿔(왕 17:12)이 있으며

④ 음녀의 모습

㉠ 붉은 빛 짐승을 탔다. - 그 짐승은 참람된 이름들이 가득한 적그리스도이다(9-10, 계13:1-2), 참람된 이름들이 가득함은 하나님을 모독하는 이름들이다.

음녀가 짐승을 타고 있으므로 적그리스도와 동맹을 맺고 결탁하게 될 것이다. 이와 같은 적그리스도의 권세를 힘입은 음녀의 세력이 하나님을 모독하고 대적하는 세력이다.

4절 - 그 여자는(17:1) **자주 빛과 붉은 빛 옷을 입고 금과 보석과 진주로 꾸미고 손에 금잔을 가졌는데 가증한 물건과 그의 음행의 더러운 것들이 가득하더라**

㉡ 자주 빛과 붉은 빛 옷을 입었다 - 큰 부와 권세를 상징한 화려하고 사치스럽게 치장한 모습이다.

어린 양의 아내가 입은 세마포 옷을 모방한 왕들이 입는 옷을 입었다.

㉢ 금과 보석과 진주로 꾸미고 있다. - 부의 극치를 보여 준다.(타락과 몰락)

㉣ 손에 가증한 물건과 음행의 더러운 것들이 가득한 금잔을 가졌다. 렘51:7 사치와 하나님을 모독하는 죄악으로 충만한 모습이다.

5절 - 그의 이마에 이름이 기록되었으니 비밀이라,(이해가 잘 안 되는)

큰 바벨론이라, 땅의 음녀들과 가증한 것들의 어미라 하였더라

ⓜ 이마에 비밀스런 이름들이 기록되어 있다.

ⓑ 큰 바벨론이다. - 하나님을 대적하고 성도들 박해하는 큰 조직 즉 사탄의 조직이다. 그리스도를 대적하는 안티세력이다.

ⓢ 땅에 음녀들과 가증한 것들의 어미이다. - 이 땅에서 하나님을 대적하고 사람들을 미혹하여 예수신앙을 버리게 하는 모든 인간의 조직은 가증스런 음녀들이다. 이 음녀들의 어미가 큰 음녀이다.

6절 - 또 내가 보매〈εἶδον;에이돈;부정과거일인칭단수동사이므로 취한 것은 과거에 취한 것이며 환난기에 취한 것이 아니다〉 **이 여자가 성도들의 피와 예수의 증인들의 피에 취한지라 내가 그 여자를**(음녀) **보고 놀랍게 여기고 크게 놀랍게 여기니**

ⓞ 성도들의 피와 예수의 증인들의 피에 취한 상태이다. 이 여자 큰 음녀는 교회시대 동안에 흘린 성도들의 피에 취해 있는 상태를 보여준다.

⑤ 요한이 여자를 보고 놀랍게 여기고 크게 놀랍게 여긴다. 요한이 음녀를 보고 느낀 것을 나타낸다.

* 영적 해석 *

① 열 뿔의 의미 - **단7:24; 계13:1; 17:12; 17:16**

단7장 네 짐승의 환상에서 예언된 넷째 짐승(넷째 나라 로마)에서 일어날 열 왕이다.

② 음녀 멸망에 관한 연구 – **마13:25, 29, 30, 39, 40**

여기 가라지는 〈ζιζάνιον;지자니온〉인데 부실한 알곡, 쭉정이, 독보리, 쓸모 없는 해로운 식물로서 이 말은 '간음하다, 연애하다'의 의미인 아랍어 동사에서 온 명사로서 해석될 때에 가라지는 17:1의 음녀와 상관이 있고 마귀의 자녀들인 악한 자들로서 세상 끝에 심판 받을 자들임이 분명하다.

그리고 알곡과 공존하고 있다는 사실이다. 현재 기독교라는 이름으로 우상숭배하며(영적인 간음) 공존하고 있는 집단은 무엇일까 각자는 유의하여 보아야 할 것이다.

* 적용적 해석 – 음녀 즉 큰 바벨론이며(5절) 큰 성(18절)의 우상 숭배자는 세계단일종교조직이다. 특히 죄악과 관련된 참 하나님 신앙에 관하여 전혀 상관 없는 짐승 같은 통치자들과 결속하여(13:1,7) 성도들과 대적하는 무리인 것에 유의해야 한다.

그리고 이러한 음녀의 국가연합 통치는 최후 심판인 후 3년 반 기간에 윤곽이 분명하며(13:1, 17:3, 12) 그 전에 기독교 암흑시대에 뿌리내려 공존하는 가라지로 예언된 것이라고 본다(마 13:39, 40; 요16:1–4).

그리고 이 음녀의 멸망은 최후의 멸망인 것이다.

2) 여자가 탄 일곱 머리와 열 뿔의 비밀 (7–13)

7절 – 천사가 가로되 왜 놀랍게 여기느냐 내가(선한 영계 천사가) **여자와 그와 탄 일곱 머리와 열 뿔 가진 짐승의 비밀을 네게 이르리라**

요한이 그 환상을 보면서 기이히 여기고 있자(6.하 절) 천사는 그 음녀와 그녀가 탄 일곱 머리와 열 뿔을 가진 짐승에 대한 비밀을 밝히겠다고 한다.

8절 - 네가 본 짐승은(13:1-2의 일곱 머리와 열 뿔 짐승-42개월 권세 받은 왕인데13:1-2) **전에 있었다가 지금은 없으나 장차 무저갱으로부터**(20:1-3의 영계는 아님) **올라와 멸망으로 들어갈 자니**(17:11-여덟째 왕이 된 것임) **땅에 사는 자들로서 창세 이후로 그 이름이 생명책에 기록되지 못한 자들이 이전 전에 있었다가 지금은 없으나 장차 나올 짐승을 보고 놀랍게 여기리라**

(1) 사도 요한이 본 짐승

일곱 머리 열뿔 짐승으로 42개월 권세받은 왕이다. **계13:1-2, 5**

① 전에 있었다 - 지리적, 역사적 배경에서 과거에 적그리스도가 있었다. 지리적 배경, 역사적 배경에서 예언된 전에 있었던 적그리스도의 유형(類型))은 첫째, 단7:21-25에서 예언된 넷째 나라(로마)에서 일어날 열 한번째 뿔(왕)이다.

둘째, 단8장 수양과 수염소의 환상(2300주야 예언)에서 예언된 한 왕(단8:13-14, 19-26)으로서 만왕의 왕을 대적할 한 왕(25절)이다.

이 왕은 네 뿔에서 나온 작은 뿔로서 안티오커스 에피파네스이다 - 이 왕에 대적하여 나타난 인물이 마카비이다.(주전 165년 에피파네스에게 반역하고, 성전을 되찾아, 이를 정결케 했다(13-14). 이를 기념하는 날이 수전절(요10:22)이다.)

셋째, 단9장 70이레에서 예언된 한 왕(단 9:27)이 적그리스도 유형이다. 26절에 주후 70년 예루살렘은 로마의 대장 티투스(Titus F.

vespasianus 39-81)에 의해 멸망되고, 성전은 파괴되는 예언이다. 26절에 역사적인 왕을 모형으로 27절에 '한 왕'으로 예언된 자가 적그리스도이다.

② 지금은 없다.(시방~으나〈εἰμι ;에이미〉현재능동태직설법3인칭 단수)요한이 계시록을 쓸 당시에는 없던 지리적으로, 역사적으로 알고 있는 과거적 인물인 적그리스도는 현재 시제인 후 3년 반인 지금은 없다.

③ 장차 무저갱으로부터 올라 올 것이다.

무저갱 지옥의 사자 용의 권세를 받은(계13:1-2, 4) [장차 올라 올 자. 적그리스도(계13:1)]는 현재능동태 3인칭 단수로 요한 당시 올라 오기 시작했다. 올라오기 시작하여 후 삼년 반에 실제로 나타날 것이다.

*무저갱은 무엇인가 - 이는 악령들의 거처와 결박하는 장소로 표현되었으나 8절의 무저갱은 짐승이 올라온 무저갱이므로 세심한 관심을 기울여야 한다.

눅8:31은 귀신들의 감금장소로, 계9:11은 무저갱의 사자인 아바돈, 계20:1, 3은 용인 마귀요 사단을 천년동안 감금하는 영계의 장소로 지상이라 할 수 없다.

그러나 아래 성경은 특별히 관심을 기울여야 한다

계9;2; 11:7; 17:8 등은

첫째, 무저갱은 구멍으로 표현되었다(9:1-2)

둘째, 무저갱은 연기로 어두운 장소로 비밀이 보장된 장소이다(9:2)

셋째, 짐승이 올라 왔는데 그 짐승은 지상의 왕이므로 영계가 아니다(7절)

넷째, 무저갱에서 올라온 짐승은 지상의 전 3년반 기간에 지상의 증인 두 감람나무와 싸움을 하였으므로 영계의 무저갱이 아니다(7절)

다섯째, 8절의 무저갱은 땅에 거하는 자들의 칭송을 받는 짐승이 올라온 고로 영계의 무저갱이 아니다.

그러므로 8절의 무저갱은 일반적 의미로는 밑이 없는 심연, 또는 감옥 같은 심연으로 지옥의 사자 사탄의 조종을 받는 지상에 있는 어떤 나라를 상징하는 것으로 생각한다.

④ 멸망으로 들어갈 자이다(적그리스도의 궁극적 운명).
살후2:8, 계20:10

⑤ 땅에 사는 자들로서 창세 이후로 그 이름이 생명책에 기록되지 못한 자들이 놀랍게 여길 자이다.
땅에 사는 자들은 계7:9에 하늘에 올라간 자들의 대한 상대적 표현으로 7장이후 8장부터 자주 언급된다.
이들은 창세 이후로 생명책에 기록되지 못한 자들이다. 즉 생명책에 기록되지 못해 후삼년 반 기간동안 지상에 남아 있는 불신불택자들이(계13:8) 놀랍게 여기게 될 자이다. **살후2:9-12**

⑥ 이전에 있었다가 지금은 없으나 장차 나올 짐승이다. 사도 요한 당시를 기준으로 장차 후 삼년 반에 출현할 자로서 적그리스도이다.

9절 - 지혜 있는 뜻이 여기 있으니 그 일곱 머리는 여자가 앉은 일곱 산이요

(2) 일곱 머리의 일곱 왕의 비밀.
① 일곱 머리는 여자가 앉은 일곱 산이다. - 산은 권세를 상징한다. 세계를 멸망시킬 권세를 나타낸다. 사2:2; 렘51:25. 여자가 앉은 것은 이 여자의 강력한 권세가 어떠한 성격인가를 보여준다.

② 일곱 머리는 일곱 왕이다. 10절.

언급된 일곱 왕을 다니엘서의 예언에 기초하고 요한이 알고 있는 역사적, 지리적 배경을 근거로 일곱 왕은 애굽, 앗수르, 바벨론, 바사, 헬라, 당시의 로마이며, 일곱째 왕은 장차 미래에(마지막 때) 나타날 왕이다.(10절) 단2장 금신상에서 예언된 열왕의 시대에 등장할 것이 예언되어 있다.

10절 - 또 일곱 왕이라 다섯은 망하였고 하나는(한 뿔인 왕은) **있고 다른**(7뿔 중에 마지막 다른 왕) **하나는 아직 이르지 아니하였으나 이르면 반드시 잠시 동안 머무르리라**

③ 다섯은 망하였고 - 망한 다섯나라는 애굽, 앗수르, 바벨론, 메대파사, 헬라이다.

④ 한 뿔인 왕 하나는 있고 - 요한 당시 로마제국.

⑤ 다른 하나는 아직 이르지 아니했다. - 7뿔 중에 마지막 다른 일곱번째 왕은 요한 당시 나타나지 아니했다. 아직 나타나지 않은 것은 7년심판 대환난 후삼년 반이 이르지 아니했기 때문이다. 장차 미래에 반드시 나타나 잠깐동안(3년 반 동안) 자기 일을 계속할 것이다.

11절 - 전에(13:1-2) **있었다가 지금 없어진 짐승은 여덟째 왕이니**(42개월 권세 받은 왕) **일곱 중에 속한 자라 그가 멸망으로 들어가리라**

(3) 전에 있었다가 지금 없어진 짐승

① 전에 있었다가 지금 없어진 짐승(적그리스도)은 여덟번째 왕이

다. 적그리스도 짐승은 일곱머리 중에 속한 여덟번째 왕이다.

② 일곱번째 속한 자이다. – 일곱번째 뿔에 속한 왕이다. 전에 역사 속에 있었으나 시방 요한의 때는 없어졌다가 일곱번째 속한 자로서 여덟번째 후 삼년 반에 나타날 왕이 적그리스도이다.

적그리스도는 멸망이 예정된 실존이다.

12절 – 네가 보던 열 뿔은 열 왕이니 아직 나라를 얻지 못하였으나 다만 짐승과 더불어 임금처럼 한동안 권세를 받으리라

(4) 열 뿔의 정체

① 열 뿔은 열 왕인데 아직 나라를 얻지 못했다. – 요한이 본바 열 뿔은 아직 나타나지 아니한 열 왕으로서 이 열 뿔 열 왕이 적그리스도(666) 짐승에게 임금처럼 권세를 잠시동안 받고(12절) 자기 능력과 권세를 적그리스도 짐승에게 준다.(13절)

13절 – 그들이(열 뿔인 열 왕) **한 뜻을 가지고 자기의 능력과 권세를 짐승에게 주더라**

② 그들이 한 뜻을 가지고 자기의 능력과 권세를 짐승에게 준다. 이 세상의 왕들은 한 마음을 품어 동맹을 맺고, 짐승에게 권세를 양도하고, 어린 양으로 더불어 싸우려고 나아간다(14). 때가 되면 ,짐승은 세상의 왕들과 함께 음녀를 미워하고, 결국은 음녀를 죽이고 만다(16). 그러므로 열 뿔인 열 왕과 죽었다가 살아난 적그리스도 짐승인 666은 일시동안 권세를 받고 나타났다가 멸망한다. 이것은 후 삼년 반 기간의 사건이다.

결국 새끼양 같은 짐승과(계13:11) 결합될 열 왕과 죽었다가 살아난 적그리스도가(여덟번째 왕) 앞으로 결탁하여 히브리인과 평화를 계약하고 후3년 반인 이레 절반에 반역하여 환난통과 성도를 박해하고, 성전을 짓밟고 인간세상을 통치할 것이다.

* 생명책 - **시69:28; 빌4:3; 계3:5; 13:8; 20:12, 15; 21:27**

3) 어린 양과 승리 (14)

본문은 19:11-16에서 어린 양이신 예수님이 전쟁을 승리하실 것에 대한 예언적인 말씀이다.

14절 - 그들이 어린 양과 더불어 싸우려니와(미래) **어린 양은 만주의 주시요 만왕의 왕이시므로 그들을 이기실 터이요**(미래) **또 그와 함께 있는 자들 곧 부르심을 받고 택하심을 받고 진실 한 자들은 이기리로다**(미래)

(1) 어린 양의 승리

① 그들이 싸운다. - 열 뿔인 열 왕과 짐승이 대동단결하여 도전한다.

② 어린 양이 이긴다. - 만주의 주시며 만왕의 왕이시므로 이긴다. 우리 주님은 온 우주만물을 지배하고 통치하는 왕이시므로 이기고 이긴다.

(2) 부르심을 입은 자들의 승리 - 택자들의 승리. 성도들의 승리

① 그와 함께 있는 자들

② 부르심을 받고 택하심을 받은 자들

③ 진실한 자들의 승리

* 관주응용 해석 *

① 만왕의 왕 예수님 - 단8:25; 딤전6:15; 계17:14; 19:16

② 예수님과 성도의 승리 - 롬8:37; 12:21; 고전15:57; 요일5:4, 5

4) 열 뿔과 음녀와의 분쟁과 멸망 (15-18)

15절 - 또 천사가 내게 말하되 네가 본바 음녀의 앉아 있는 물은 백성과 무리와 열국과 방언 들이니라

(1) 열 뿔과 음녀의 분쟁

① 음녀의 지배 범위 - 물에 앉음. 물의 의미는 백성과 무리와 열국과 방언들인데 이는 곧 전세계를 상징한다. 음녀의 미혹에 넘어간 전 세계를 상징한다.

16절 - 네가 본바 열 뿔과(왕들) **짐승이**(여덟째 왕인) **음녀를 미워하여 망하게 하고 벌거벗게 하고 그 살을 먹고 불로 아주 사르리라**

② 열 뿔과 짐승이 음녀를 미워한다 - 음녀는 붉은 빛 짐승을 타고 있어 불가분의 관계인 것처럼 보였는데 막강한 권력을 등에 업고 세상 임금들을 호령하며 적그리스도 짐승에게 온갖 충성을 다하여 그를 신적 존재로 떠받들었는데 이제는 짐승이 열 왕들과 함께 음녀를 파멸시키고 있다.

㉠ 미워하고 - 음녀를 미워하는 1단계는 미워하는 것이다. 자기에게 충성하는 자에게 미움이 싹튼다는 것은 이해할 수 없는 불가사이한 정치적 신비이다.

ⓛ 망하게 하고 – 음녀의 권세 직위를 공직에서 퇴출시키는 것일 것이다.

ⓒ 벌거벗게 하고 – 음녀의 화려한 영광을 다 빼앗아 버린다. 왕족들과 귀족들 위에 군림하던 것을 다 박탈하여 벌거숭이처럼 만들어 버린 것이다.

ⓡ 살을 먹고 불로 아주 사른다 – 음녀에게 격렬한 분노를 발하여 참혹한 최후를 당하게 한다. 하나님을 대적하고 성도를 핍박하는 악인들의 동맹은 오래가지 못하고 무너진다는 값진 교훈을 주고 있는 부분이다. **겔23:22, 23**

17절 – 이는 하나님이 자기 뜻대로 할 마음을 저희에게 주사 한 뜻을 이루게 하시고 저희 나라를 그 짐승에게 주게 하시되 하나님 말씀이 응하기까지 하심이라

(2) 하나님의 배후 역사 – 음녀의 멸망을 계획하시고 시행하시는 분은 하나님이시다. 계획과 목적을 가지신 하나님께서 자신의 뜻을 이루려는 마음을 그들에게 주어 한 마음이 되게 하시고 그 나라를 짐승에게 내어 주게 하시되 하나님의 말씀들이 이루어지기까지 하셨다.

① 자기 뜻대로 할 마음을 저희에게 준다.

② 저희 나라를 그 짐승에게 주게 하신다.

③ 하나님의 말씀이 응하기까지 허용하신다 – 계획과 목적과 뜻이 이루어지기 까지이다. **겔16:37**

18절 – 또 네가 본 그 여자는 땅의 임금들과 다스리는 큰 성이라 하더라

⑶ 여자의 정체 : 땅의 왕들을 다스리는 큰 성이다(바벨론). **계18:2**

* 적용적 해석 *

17장의 음녀의 멸망은 16장의 바벨론 멸망과 만국의 멸망의 심판 속에 포함된 내용들로 받아들임이 옳은 것으로 생각한다. 그 이유는 16:19-21에서 바벨론이 멸망했고 그 음녀는 여자로 표현되어 큰 바벨론으로(4-5) 설명되었고 18:2에서 무너짐이 선언 되었기 때문이다.

그러므로 무너진 바벨론의 실상과 구체적인 실상을 제17장에 설명하고 있다. 그리고 이 모든 상황은 후 3년 반 대환난 기간에 있었으므로 바벨론과 무역하여 사치하던 자들과 관계는 18장에서 자세히 기술하여, 어떻게 번영을 누리다가 완전히 멸망하게 된 상태와 그 이유들을 설명하고 있다.

18장 지상문명의 멸망과 지상성도의 보호(바벨론 심판)

바벨론은 큰 강에 위치하고, 이 세상 상인들의 배로 가득찬 도시로 묘사되고 있는데 모든 죄악이 발생하는 온상이다. 본장의 바벨론 심판은 적그리스도를 숭배한 죄악 세상에 대한 심판이다.

1) 큰 성 바벨론 음녀의 죄상과 멸망 (1-3)

한 천사가 하나님의 명령으로 큰 권세를 가지고 하늘에서 내려오는데 이 천사가 힘센 음성으로 바벨론이 무너질 것을 외친다.

1절 - 이 일 후에(음녀 멸망에 관한 일) **다른 천사가 하늘에서 내려오는 것을 보니 큰 권세를 가졌는데 그 영광으로 땅이 환하여지더라**

(1) 다른 천사가 하늘에서 내려온다

① 큰 권세를 가졌다. 하나님이 부여하신 권세다.

② 그 영광으로 땅이 환하여 지더라. 큰성 바벨론 심판이 공의롭고 장엄한 것을 나타낸다.

2절 - 힘센 음성으로 외쳐 이르되 무너졌도다 무너졌도다 큰 성(17:18, 4-5; 16:20-21) **바벨론이여 귀신의 처소와 각종 더러운 영**(사탄, 마귀의 영)**이 모이는 곳과 각종 더럽고 가증한 새들이 모이는 곳이 되었도다**

③ 힘센 음성으로 외친다 - [힘센]이 음성과 관련하여 사용됨은 이곳뿐이다. 바벨론 멸망이 확실한 사실임을 나타낸다. 온 세상이 들을 수 있도록 큰소리로 외쳤다.

④ 큰 성 바벨론이 무너졌다 - 음녀와 짐승으로 구성된 세계 단일 정부의 형태를 나타낸다.(종교와 정치 그리고 상업의 중심지이다.) **사 13:19-22; 21:9**

㉠ 귀신의 처소와 각종 더러운 영이 모이는 곳이다. - 사탄의 음모와 조직, 타락한 혼합종교의 온상이 되었던 곳이다.

㉡ 각종 더럽고 가증한 새들이 모이는 곳이다. - 바벨론이 완전히 파멸하고 황폐하여 들짐승과 새들이 득실거리는 귀신의 처소가 되었다. 말세에 타락하고 부패한 소돔 고모라성 같은 도성을 말한다.
사13:19, 21, 22; 렘51:8, 37; 마24:28

마지막 때는(세상의 끝) 이세상 임금의 노릇을 하는 사탄이 적그리스도를 등장시키고, 음녀를 앞세워서 온 세상을 미혹하는 시대이다.

3절 - 그 음행의 진노의 포도주로 말미암아 만국이 무너졌으며 또 땅의 왕들이 그와 더불어 음행하였으며 땅의 상인들도 그 사치의 세력으로 치부하였도다 하더라

(2) 무너진 원인 : 음행의 포도주가 하나님의 진노를 초래했다.

① 음행의 진노의 포도주로 말미암아 - 영적으로 음행은 배교, 우상숭배를 상징하는데(호4:10; 렘3:2) 적그리스도 제국시대 적그리스도 666을 섬기고 경배했다.

② 땅의 왕들이 그와 더불어 음행했다. 영적으로, 윤리적으로 음행했다.

③ 땅의 상인들도 그 사치의 세력으로 치부하였다. 이 적그리스도의 제국시대에도 돈은 힘으로 통한다. 권력은 돈이요 힘이다. 그래서

그 사치의 세력을 얻어서 돈을 벌수 있고 치부하게 된 것이다.
그래서 세상통치자들과 무역업자들이 큰 성 바벨론과 결탁하여 적그리스도를 섬기고 부와 사치와 육신적 음행에 빠지게 된 것이다.
계14:8; 16:19; 사47:15; 렘51:7; 애4:5; 벧후2:3

2) 지상 성도에게 권면하심 (4)
이는 멸망할 바벨론 성에 택함받은 백성에 대한 하나님의 사랑의 권고이다. 대환난 후3년반 기간 중에 보호처에서 보호받고 있는 선민들에게 적그리스도와 거짓선자들의 미혹을 받지 않도록 권면하는 음성이다.

4절 - 또 내가 들으니 하늘로부터 다른 음성이 나서 이르되 내 백성아 거기서 나와 그의 죄에 참여하지 말고 그의 받을 재앙들을 받지 말라

① 하늘에서 음성이 들려 온다. - 멸망의 도성(장망성)에서 택자들을 불러내 구원하시는 하나님의 끝없는 사랑의 음성이다.

② 내 백성아 거기서 나와 - 교회란 말은 죄악 세상에서 불러냄을 받은 성별된, 구별된 자들을 의미한다. 하나님은 시대를 초월하여 적그리스도 제국시대의 7째 대접재앙에서 택자를 불러 내신 것이다.

③ 그의 죄에 참여하지 말라 - 택함받은 백성들은 장망성에서 나와야 하는데 어떻게 나오느냐? 죄에 참여하지 않는 것이다. 바벨론의 죄는 하나님을 배도하고 적그리스도를 추앙하는 것이다. 여호와 신앙에서 떠나 짐승666의 우상을 경배하고 섬기는 것이다. 혼합주의 거짓종교와 결탁하여 성도를 박해하고 죽이는 것이다.
사치와 방탕과 그리고 음행과 온갖 불법을 자행하여 인간을 신으로 만드는 바벨론 문화와 종교 그리고 배도정신에 취한 것이다.(세계정부

운동 종교 통합운동) 거기서 나와 죄에 참여하지 않는 것이다.

④ 그의 받을 재앙들을 받지 말라. 바벨론이 받는 재앙은 하나님의 진노를 대접에 담아 쏟아내는 무섭고 혹독한 7째 대접 재앙이다.
슥2:6-7; 창19:12; 민16:26, 27; 사48:20; 52:11; 렘50:8; 6:45

3) 음녀 바벨론의 교만한 죄악과 보응 (5-8)

5절 - 그의 죄는 하늘에 사무쳤으며 하나님은 그의 불의한 일을 기억하신지라

(1) 바벨론의 죄악

① 그 죄가 하늘에 사무쳤다 - 바벨론의 죄가 쌓이고 쌓여서 하늘에 닿았다는 의미이다.**렘51:9; 스9:6**

② 하나님이 그 불의한 일을 기억하고 계신다 - 사람의 뜻과 마음을 다 아시는 하나님께서는 인간의 모든 불의를 다 알고 계신다. 그 죄가 하늘에 닿을 때까지 참고 계실 뿐이다. **계16:9**

6절 - 그(음녀 바벨론. 17:5, 18)**가 준 그대로 그에게 주고 그의 행위대로 갑절을**(두배) **갚아 주고 그의 섞은 잔에도 갑절이나 섞어 그에게 주라**

(2) 하나님의 보응의 원리

하나님은 큰 성 바벨론의 죄악과 불의한 일을 기억하시고 공정히 판단하셔서 심판 때에 핑계할 수 없도록 공의롭게 보응하신다.
보응의 원리는 그가 준 그대로 주고, 행위대로 갑절을 갚아 주고, 그의

섞은 잔에 갑절이나 섞어서 그에게 되돌려 준다. **렘51:24; 출21:23-25; 렘17:18**

7절 - 그가 얼마나 자기를 영화롭게 하였으며 사치하였든지 그만큼 고통과 애통으로 갚아 주라 그가 마음에 말하기를 나는(음녀 바벨론) **여왕으로 앉은 자요 과부가 아니라 결단코 애통함을 당하지 아니하리라 하니**

① 자기를 영화롭게 하고 사치한 만큼 고통과 애통함으로 보응하신다.

② 여황이라 함은 천지의 주관자로 자기를 신격화하며, 과부가 아니라 결단코 애통을 당하지 아니하리라한 만큼 하루 재앙으로 보응하신다. **사22:14; 47:1-2, 8-9; 습2:15**

악인들이 영화를 누린만큼 보응하신다. 영화를 누리고 사치한만큼 고통과 애통함이 비례한다.

8절 - 그러므로 하루 동안에 그 재앙들이 이르리니 곧 사망과 애통함과 흉년이라 그가 또한 불에 살라지리니 그를 심판하시는 주 하나님은 강하신 자이심이라

③ 사망과 애통함과 흉년으로 보응하시고

④ 불에 태워 보응하신다.

⑤ 하루 동안에 재앙들이 이르게된다. 바벨론에 이루어질 순식간에 심판이 닥치게 된다. 예기치 않는날 하루동안에 하나님의 심판이 이르게 된다. **잠27:1**

(3) 심판하시는 주 하나님은 강하신 자이시다.

[강하신]은 〈ἰσχυρός″ ;이스퀴로스〉로서 강력, 능력, 권능, 힘, 강대함의 뜻이다. **욥9:19; 고전10:22; 시24:8; 욜2:11**

고전 1:25 하나님의 미련한 것이 사람보다 지혜 있고 하나님의 약한 것이 사람보다 강하니라

4) 같은 음행에 동참한 왕들의 고통 (9-10)

9절 - 그와 함께 음행하고 사치하던(육욕에 빠져 허랑방탕하며 사치하던) **땅의 왕들이 그가 불타는 연기를 보고 위하여 울고 가슴을 치며**

(1) 그와 함께 사치하던 땅의 왕들의 고통이다. 바벨론과 함께 음행하고 사치하던 통치자들이다.

① 불타는 연기를 보고 위하여 울고 가슴을 친다. 바벨론이 심판을 받아 불타는 모습을 목격하고 울고 가슴을 친다.

창19:28; 사34:9-10

10절 - 그의 고통을 무서워하여 멀리 서서 이르되 화 있도다 화 있도다 큰 성 견고한 성 바벨론이여 한 시간에 네 심판이 이르렀다 하리로다

② 고통을 무서워한다.

③ 멀리 서서 화를 외친다. 재앙의 극심함과 혹독함을 묘사하고 있다.

④ 큰 성, 견고한 성이 한 시간에 심판에 이르렀다고 외친다. 하나님의 심판은 그렇게 오랜 시간을 끌지 않는다. 전능자가 하시는 일이기 때문에 한 시간에 멸망한다. **사21:9; 렘51:8-9; 욜1:15**

5) 음녀와 무역하던 영업내용과 업자들의 통곡 (11-19)

무역업을 통해서 바벨론의 실상을 조명해 준다.

11절 – 땅의 상인들이 그를 위하여 울고 애통하는 것은 다시 그들의 상품을 사는 자가 없음이라

(1) 무역하던 상품내용 29가지

바벨론과 공조하여 부를 축적하던 무역업자와 상인들이 무역을 할 수 없게되자 애통한다. 고객을 잃어버린 것이다. 다 불타 망했으니 그들의 상품을 살 자들이 사라져버린 것이다.

암5:16; 사23:1; 겔26:17; 습1:11, 18

12절 - 그 상품은 금과 은과 보석과 진주와 세마포와 자주 옷감과 비단과 붉은 옷감이요 각종 향목과 각종 상아 그릇이요 값진 나무와 구리와 철과 대리석으로 만든 각종 그릇이요

① 그 상품은 금과 은과 보석과 진주요, 고운 세마포와 자주색 옷감과 비단과 주홍색 옷감이요, 각종 향목(香木)과 온갖 상아 그릇이요, 매우 값진 나무와 놋과 쇠와 대리석으로 만든 온갖 그릇이다. **겔27:5-9**

세상의 보화들, 사치스런 옷감들, 고귀한 자료들로 만들어진 가구들이 사치와 향락을 누리는데 이용된 것들이다. 이렇게 바벨론 제국과 공조하여 무역업자와 상인들이 부귀영화를 누린 것이다.

13절 - 계피와 향료와 향과 향유와 유향과 포도주와 감람유와 고운 밀가루와 밀이요 소와 양과 말과 수레와 종들과 사람의 영혼(전인적인 인간)**들이라**

② 육계(肉桂)와 향료와 향유와 유향과 포도즙과 기름과 고운 가루와 밀이요, 짐승과 양과 말과 병거와 노예들과 사람들의 혼(魂)이라. 여러 가지 향품(향수)들은 방탕한 생활들을 상징한다.

③ 사람들의 영혼이다. 어떤 자료에는 인신매매로 보기도 한다. 영혼(사람)을 상품으로 취급하는 적그리스도 제국시대는 인간의 존엄성과 가치를 완전히 짓밟아 버린다. 적그리스도 짐승 666을 신격화하는 과정에서 사람들은 짐승처럼 학대를 받고 돼지, 소, 개처럼 이리저리 끌려 다닐 것이다. **겔27:13, 암2:6**

14절 - 바벨론아 네 영혼이 탐하던 과실이 네게서 떠났으며 맛있는 것들과 빛난 것들이 다 없어졌으니 사람들이 결코 이것들을 다시 보지 못하리라

④ 바벨론이(음녀) 탐하던 과실. 바벨론이 탐욕스럽게 쥐고있던 세상물질과 부를 상징한다.

⑤ 맛있는 것들, 빛난 것들 - 이러한 상품내용을 사람들이 다시는 보지 못한다. **약5:1, 4, 5**

15절 - 바벨론으로 말미암아 치부한 이 상품의 상인들이 그의 고통을 무서워 하여 멀리 서서 울고 애통하여

(2) 무역하던 상인들의 애통

바벨론으로 인하여 부자가 된 상인들이, 음녀 바벨론의 고통을 두려워함으로 멀리 서서 울고 애통한다(11절) **암5:11**

16절 - 이르되 화 있도다 화 있도다 큰 성이여 세마포 옷과 자주 옷과 붉은 옷을 입고 금과 보석과 진주로 꾸민 것인데

① 음녀의 어미 바벨론이 여황으로 치장한 모습이다. 자기영광과 부와 권력을 과시하기 위해 보석으로 꾸민 음녀 바벨론이 화 있다고 외친다. 상인들의 애가.

계 17:4 그 여자는 자주 빛과 붉은 빛 옷을 입고 금과 보석과 진주로 꾸미고 손에 금잔을 가졌는데 가증한 물건과 그의 음행의 더러운 것들이 가득하더라

* 물질문명의 세상은 보석과 진주와 같이 값지고 아름다운 것으로 사치스럽게 치장하고 교회와 성도를 유혹한다. 이 유혹에 빠져 말세에는 교회들이 세속화 되는 것이다. 여기에서 신부된 교회는 돌아서야 한다.

17절 - 그러한 부가 한 시간에(한 시간에 10:8) **망하였도다 모든 선장과 각처를 다니는 선객들과 선원들과 바다에서 일하는 자들이 멀리 서서**

② 그러한 부가 한 시간에 망하였다.

③ 선장과 각처를 다니는 선객들과 선원들 그리고 바다에서 일하는 자들이 멀리 서서 외친다. 선원들의 애통이다. **사23:14; 렘51:8; 욘1:6**

18절 - 그가 불타는 연기를 보고 외쳐 이르되 이 큰 성과 같은 성이 어디 있느냐 하며

④ 불이 다타버린 연기를 바라보고 이 큰 성과 같은 성이 어디 있는

뇨 하며 외친다. 선원들의 탄식. **사23:8-9; 렘51:37; 겔27:30-31**

19절 - 티끌을 자기 머리에 뿌리고 울며 애통하여 외쳐 이르되 화 있도다 화 있도다 이 큰 성이여 바다에서 배 부리는 모든 자들이 너의 보배로운 상품으로 치부하였더니 한 시간에 망하였도다

⑤ 티끌을 자기 머리에 뿌리고

⑥ 울고 애통하여 화있도다 화있도다 라고 외친다.

⑦ 바다에서 배들을 부리는 자들이 음녀 바벨론의 보배로운 상품으로 말미암아 치부하였는데 한 시간에 망하였다고 애통한다. 바벨론의 영화가 한줌의 재가 되어 날아가버린 멸망에 대한 애가이다. **렘51:8; 겔27:30**

6) 천상성도를 위로하심 (20)

지상에서는 바벨론의 멸망을 보고 왕들과 상인들과 선원들이 울고 탄식하는 것과는 대조적으로 하늘에서는 즐거워 하라는 음성을 듣는다.

20절 - 하늘과 성도(천상에 있는 성도들이다)**들과 사도들과 선지자들아 그로 말미암아 즐거워하라 하나님이 너희를 위하여 그에게 심판을 행하셨음이라 하더라**

① 음녀 바벨론으로 인하여 즐거워 하라 - 하늘과 성도들과 사도들과 선지자들에게 즐거워하라 한다. 여기에 [성도]는 휴거되어 천상에 있는 성도들을 의미한다. 이유는 사도들과 선지자들이 7째 대접재앙이 쏟아지고 있는 지상에 남아 있을 수 없기 때문이다.

지상에서는 슬픔과 애통이 있다는 의미에서 대조적으로 하늘에서는 기뻐할 이유가 있는 것이다.

② 즐거워하는 이유 - 하나님이 너희를 위하여 그에게 심판을 바벨론 음녀에게 행하셨기 때문이다.

하나님의 공의로운 심판을 통해 하나님의 의와 선의 승리로 인하여 기뻐하고 즐거워 하는 것이다. **사44:23; 렘51:47, 48**

(진리와 교회의 궁극적 승리로 인한 즐거움이다.)

(7) 바벨론 성의 완전한 멸망의 상태 (21-24)

하나님의 진노의 심판으로 말미암아 멸망한 바벨론이 다시는 회복되지 못할 것에 대한 선언이다.

21절 - 이에 한 힘센 천사가 큰 맷돌 같은 돌을 들어 바다에 던져 이르되 큰 성 바벨론이 이같이 비참하게 던져져 결코 다시 보이지 아니 하리로다

(1) 한 힘센 천사의 출현

이 천사는 큰 맷돌 같은 돌을 바다에 던지는 멸망에 대한 상징적인 행동을 한다.

① 큰 맷돌 같은 돌을 들어 바다에 던짐 - 바벨론의 멸망이 완전하고 영원함을 나타낸다.

② 큰 성 바벨론이 이같이 비참하게 던져져 결코 다시 보이지 아니하리라 한다. 맷돌이 바다에 던져지면 완전히 가라앉아 다시 올라 올 수 없듯이 바벨론이 완전하고 완벽하게 멸망된 모습이다.

슥5:7-8; 렘51:63-64

22절 - 또 거문고 타는 자와 풍류하는 자와 퉁소 부는 자와 나팔 부는 자들의 소리가 결코 다시 네 안에서 들리지 아니하고 어떠한 세공업자든지 결코 다시 네 안에서 보이지 아니하고 또 맷돌 소리가 결코 다시 네 안에서 들리지 아니하고

③ 거문고 타는 자와 풍류하는 자와 퉁소 부는 자와 나팔 부는 자들의 소리가 결코 다시 네 가운데서 들리지 아니하고. 적막하게 황폐한 바벨론의 상태이다.

④ 세공업자가 보이지 아니하고, 맷돌 소리가 결코 다시 네 가운데서 들리지 아니한다. 바벨론의 산업활동의 붕괴와 일상생활이 붕괴 상태이다. **사24:8, 9; 렘16:9; 겔26:13**

23절 - 등불 빛이 결코 다시 네 안에서 비치지 아니하고 신랑과 신부의 음성이 결코 다시 네 안에서 들리지 아니하리로다 너희 상인들은 땅의 왕족들이라 네 복술로 말미암아 만국이 미혹되었도다

⑤ 등불 빛이 결코 다시 네 안에서 비치지 아니하고 - 바벨론 멸망의 특징은 어두움이다. 바벨론 문명이 완전히 멸망으로 불 하나 밝힐 수 없는 칠흑같이 어두운 멸망의 도성을 나타낸다.

⑥ 신랑과 신부의 음성이 결코 다시 네 안에서 들리지 아니하리로다. 인생의 희로애락, 모든 행복의 요소들이 다 사라져 버린 적막한 멸망의 도성을 나타낸다.

바벨론의 산업활동 및 문화활동과 결혼, 그리고 일상생활을 전면적으로 할 수 없는 완전 멸망의 상태이다.

⑦ 너희 상인들은 땅의 왕족들이고 네 복술을 인하여 만국이 미혹되었기 때문이다고 외친다.

사 47:9 한 날에 갑자기 자녀를 잃으며 과부가 되는 이 두가지 일이 네게 임할 것이라 네가 무수한 주술과 많은 주문을 빌릴지라도 이 일이 온전히 네게 임하리라

나 3:4 이는 마술의 주인된 아리따운 기생이 음행을 많이 함을 인함이라 그가 그 음행으로 열국을 미혹하고 그 마술로 여러 족속을 미혹하느니라 **욥21:17; 잠4:19; 24:20; 겔27:33-34;사47:9;나3;4**

24절 - 선지자들과 성도들과 및 땅 위에서 죽임을 당한 모든 자의 피가 이 성 중에서 발견 되었느니라〈εὑρίσκω;휴리스코〉 **하더라** (분사완료로 죽임을 당한 모든 자의 피가 보였는데 '보였느니라'는 부정 과거 수동태 3인칭 단수이므로 과거에 일어난 순교의 사건이며 후 3년 반 사건이 아니다)

⑧ 바벨론 멸망의 이유 - 선지자들과 성도들과 땅 위에 죽임을 당한 모든 자의 피가 이 바벨론 성 중에서 발견되었 때문이라고 외친다. 바벨론이 피의 도성이 된 것이다. **렘2:34; 눅11:49 ,51; 행7:52; 살전2:15**

19장 우리 주 그리스도의 지상강림

(슥14:12-16 전쟁의 방법)

1) 천상성도들이 음녀의 멸망에 대하여 하나님께 찬양 (1-3)

(7년 대환난 심판의 마지막이 다가올 때 천상성도들의 찬양의 광경이다.) 바벨론 멸망으로 슬픔과 애통으로 가득한 18장과는 대조적으로 우리 주 그리스도의 영광스런 지상강림과 어린 양의 혼인잔치로 인한 기쁨으로 가득찬 영광스런 광경이 본장에는 펼쳐진다.

이제는 휴거된 천상 성도들이 백마를 타고 이 땅에 다시 오시는 우리 주 그리스도와 함께 왕노릇하는 영광도 얼마남지 않았다.
곧 천년세계로 이어지기 때문이다.

1절 - 이 일 후에(음녀 바벨론의 멸망에 대한 계시 후에) **내가**(요한) **들으니 하늘**(천상영계의)**에 허다한 무리의 큰 음성 같은 것이 있어 이르되 할렐루야 구원과 영광과 능력이 우리 하나님께 있도다**

(1) 하늘에 허다한 무리들의 찬송
음녀 바벨론의 멸망에 대한 계시후에 천상의 찬송을 요한이 듣는다.

천상의 허다한 무리는 누구인가? 바로 이들이 계7:9-10에서 아무라도 셀 수 없는 큰 무리가 흰 옷을 입고 손에 종려가지를 들고 보좌 앞과 어린 양 앞에 출현하는 광경을 보았는데 이들이 그때 휴거된 천상성도들로서 [허다한 무리들]이다.
이들이 바벨론심판의 의로움을 찬양하는 것이다.

① 찬송의 자세 - 큰 음성으로

② 찬송의 내용

㉠ 할렐루야! 구원과 영광과 능력이 우리 하나님께 있도다. - 18장에 3哀歌가 있었던 것과는 대조적으로 4중 할렐루야가 나온다. 할렐루야의 뜻은 [여호와를 찬양하라]는 의미이다. 1절 허다한 무리들의 [할렐루야] 에 대한 화답으로 24장로와, 네 생물과, 보좌에서 나온 음성이 할렐루야를 외친다.

신32:43; 시150:1; 106:1; 115:18; 딤전1:17; 계5:13

구원은 우리 주님의 십자가 희생으로 성취된 구속사역이며, 영광과 능력은 그 구원으로 나타난 하나님의 주권을 찬양한다.

2절 - 그의 심판은 참되고 의로운지라 음행으로 땅을 더럽게 한 큰 음녀를 심판하사 자기(하나님) 종들의 피를 그 음녀의 손에 갚으셨도다 하고

㉡ 그의 심판은 참되고 의로운지라. 인간의 재판은 불공평하고 잘못되기 쉬우나 하나님의 심판은 참되고 의롭다. 하나님은 거룩하시고 의로우시기 때문에 말씀 표준에 어긋나는 것은 다 심판하신다.

㉢ 음행으로 땅을 더럽게 한 큰 음녀를 심판하심을 찬양한다. 심판이 참되고 의로운 이유이다. 모든 나라 땅의 임금들과 땅에 상고들을 음행에 빠지게 한 악인에 대한 심판이다. **계14:8; 17:2; 18:3**

㉣ 자기 종들의 피를 그의 손에 갚으셨도다 라고 찬송한다.

계16:6; 17:6; 18:24

천상의 찬양은 택자들의 구원을 노래하고 죄악의 실체인 음녀심판의 공의성을 찬양한 것이다. 지금까지 계속 되풀이되는 찬양의 내용이다. (11:18; 15:3; 16:17). 여호와의 공의는 잠자지 않고 말세심판의 필연성으로 나타난다. 하나님은 철저히 감찰하시고 완전한 지혜로 사심이 없이 판단하시기 때문에 그 심판은 참되고 의로울 수밖에 없다.

신32:35; 계6:10; 15:3; 삼하3:39; 시28:4

롬 12:19 내 사랑하는 자들아 너희가 친히 원수를 갚지 말고 진노하심에 맡기라 기록되었으되 원수 갚는 것이 내게 있으니 내가 갚으리라고 주께서 말씀하시니라

3절 - 두 번째로 할렐루야 하니 그 연기가 세세토록(영원토록) **올라가더라**

(2) 천상의 두번째 찬송 - 두번째 여호와를 찬양하라 할때에 연기가 세세토록 올라간다. 단순한 반복이 아니라 극적 장면의 효과를 높이는 강조형 찬양이다. [세세토록]은 시간의 영원성에 대한 강조형이다.

바벨론은 다시는 재건되지 않고 영원히 멸망에 처하게 된 것이다.

사34:10 낮에나 밤에나 꺼지지 않고 그 연기가 끊임 없이 떠오를 것이며 세세에 황무하여 그리로 지날 자가 영영히 없겠고

2) 24장로와 네 생물의 경배와 찬양 (4-5)

4절 - 또 이십사 장로와 네 생물이 엎드려 보좌에 앉으신 하나님께 경배하여 이르되 아멘 할렐루야 하니

(1) 경배의 태도

천상성도들의 찬양이 끝나자 이번에는 24장로들이 아멘으로 화답하여

[할렐루야] 하고 찬양을 한다. 요한계시록에서는 이것이 저들의 마지막 찬양이 된다.

① 이십사 장로와 네 생물이 엎드려

② 경배하며

③ 아멘 할렐루야 – 그렇게 되옵소서 여호와를 찬송하라.

대상16:36; 느8:6; 시72:19; 계4:9~10

5절 – 보좌에서 음성이 나서 이르되 하나님의 종들 곧 그를 경외하는 너희들아(성도들아) **작은 자나 큰 자나 다 우리 하나님께 찬송하더라**

(2) 보좌에서 화답

24장로와 네 생물의 경배와 찬양을 올릴때 보좌에서 음성이 난다.

① 하나님의 종들아 – 게시록에서 하나님의 종들의 개념은 하나님을 경외하는 성도들을 총칭하는 개념으로 사용된다(19:5, 10; 22:3, 9). 그러므로 7:3의 [인 맞은 하나님의 종들]에 대한 해석도 일관성 있는 해석을 해야 한다. 그런데도 7:3의 종을 특별한 종으로 해석하는 것은 무엇인가를 목적으로 하는 자의적 해석이다. 이것은 큰 모순이다.

② 작은 자나 큰 자나 다 우리 하나님께 찬송하라고 한다 – 찬양해야 할 대상은 크고 작은 구별이 없는 구원받은 모든 성도들인 것이다. 성도들에게, 공의로운 심판을 집행하시는 하나님을 계속해서 찬양할 것을 노래로서 권면한 것이다.

3) 천상성도들의 찬양 (6–8)

5절의 찬양하라는 보좌의 음성을 듣고 천상성도들이 찬양한다.

6절 - 또 내가 들으니 허다한 무리의 음성과도 같고 많은 물소리와도 같고 큰 우렛소리와도 같은 소리로 이르되 할렐루야 주 우리 하나님 곧 전능하신 이가 통치하시도다

(1) 전능하신 하나님의 통치하심을 찬양한다.

허다한 무리의 음성도 같고 많은 물소리도 같고, 큰 뇌성도 같은 여호와를 찬양하라는 음성을 요한이 듣는다.

① 허다한 무리는 계7:9-10에서 휴거되어 천상에 올라간 이방인 교회 성도들로서 천상성도들이다.

② 많은 물소리도 같고, 큰 뇌성도 같은 찬양의 소리이다. 이는 천상성도들의 찬양소리의 장대함과 웅장함을 묘사한 것이다.
계14:2-3;겔1:24

③ 주 우리 하나님 곧 전능하신 이가 통치하시도다고 찬양한다. 전능하신 하나님의 통치하심을 찬양한다. 공의로 죄악세상을 심판하시고 의로 통치하심을 찬양한 것이다. 지금은 세상의 군왕들이 정치가들이 이 세상을 통치하지만 최후에는 하나님께서 만국을 의로 통치하실 것이다.**시47:7; 93:1; 97:1**

7절 - 우리가(천상성도들) **즐거워하고 크게 기뻐하며 그에게 영광을 돌리세 어린 양의 혼인 기약이 이르렀고 그 아내가**(성도들) **자신을 준비하였으므로**(준비되었으니)

(2) 찬양하라는 보좌의 음성을 듣고 천상성도들이 즐거워하고 크게 기뻐하며 영광을 돌린다.

① 찬양하고 영광 돌리는 이유 – 어린 양의 혼인 기약이 이르렀고 아내가 예비되었기 때문에 즐거워하고 기뻐하며 영광을 돌린 것이다. **사61:10**
환난통과 휴거를 주장하시는 분들은 본 구절을 근거로 하지만, 본 절에 [이르렀고]와 [예비하였으니]는 모두 부정과거 3인칭 단수동사로서 지금은 대접심판 기간인(16:17) 이 때 이미 어린 양의 혼인 기약이 부정과거로 확정되어 이루어졌고 또한 어린 양의 아내가 예비되었는데 부정과거로서 과거에 이미 예비된 것이다.

그러므로 환난통과 후 성도들의 휴거를 의미하는 것이 아니다. 왜냐하면 후 3년 반 환난이 아직 남아 있으며(11–22절) 7–9절 상태는 부정과거이기 때문이다.〈계속 8–9의 동사 시상들의 참고〉
본문은 역사적 과거로 휴거사건을 통해서 혼인잔치가 확정되었고 어린 양의 아내가 예비된 사실에 대하여 **찬양하는 것이지** 여기서 휴거된 것을 의미하는 것이 아니다. 그래서 19:1–8까지는 테마가 '찬양'이다.

그러므로 다른 각도에서는 휴거는 어린 양의 혼인잔치 사건이다. 1차 부활 성도와 변화된 성도들이 공중에서 주님을 만나는 휴거 사건은 성도들의 일생일대 최대의 기쁨의 사건이며, 행복의 사건이며, 환타지아 사건이다.

8절 – 그에게(어린 양의 아내 성도들에게) **빛나고 깨끗한**(순결한) **세마포 옷을 입도록 허락하셨으니 이 세마포 옷은 성도들의 옳은 행실**(복수)**하더라**

③ 예비된 어린 양의 아내에게 세마포 옷을 입혀 주신다. 본절의 세마 옷을 입게 하셨는데 [입도록 허락하셨으니]는 부정과거 가정법3인칭 단수동사로서 현재보다 앞선 과거에 입게한 것으로 환난 중이나 통

과 후에 입게한 것이 아니라 계7:9-14에서 이미 입은 것을 의미한다.

빛나고 깨끗한 세마포 옷은 천상에서 누리는 상급적인 묘사이며, 성도들의 옳은 행실로서 한홀 한홀 짜지는(weave) 상급이다. 그러므로 세마포 옷은 한번에 순간적으로 입는 옷이 아니라 예수님을 구주로 믿고 구원 받아 하나님의 자녀가 되는 순간부터 말씀대로 사는 하루하루의 성도의 삶이 세마포 옷은 준비하는 성도들의 삶이 되는 것이다.

시119:9; 마5:16; 벧전1:15

다른 각도에서 혼인잔치 때 입는 예복이라 할 수 있는데 이러한 이유 때문에 인간 누군가가 세마포 옷을 입혀주는 것처럼, 어떤 특별한 단체에서 입혀 주는 것처럼 오해하고 성경을 이탈하는 주관적이고 자의 해석을 시도하는 이들이 있다. 이런 해석을 경계해야 한다.

* 적용적 해석 *

① 어린 양의 혼인잔치 - 이에 대한 해석은 다양하고 복잡하며 불분명하다. 그러나 어린 양의 혼인잔치의 예고가 19:7에 나타났고, 아내인 신부가 예비되었으며(8절), 아내 된 신부는 성도이며 옳은 행실로 상징된 세마포로 장식을 하였으며(8절) 복 있는 자로 선포되었으나 어린 양의 혼인잔치는 피비린내 나는 7년 대환난의 기간이 아닌 것이 분명하다.

이유는 신랑으로 상징된 어린 양이신 우리 주 예수님은 만왕의 왕으로 최후승리를 위하여 전쟁을 13-16, 21절에서 계속 하시고 계시기 때문이다(계21:9-10).

그러므로 분명한 것은 교회의 휴거사건인 어린 양 혼인잔치는 대환난 전이다.

본 절은 후 삼년 반의 대환난 기간 중 바벨론 음녀 멸망과(18:24) 만왕의 왕의 최후 승리(19:14-16,20-21)의 막간 영계의 한 영화로운 계시인 것이다.

② 세마포의 성경적 의미 - 성도들의 옳은 행실이다. 세마포라는 상징적 표현으로 기술되어 있지만 상징적 해석으로 모순을 낳게 해서는 안된다. 이단들이 또는 탈선한 자들이 세마포를 남용해서 진리를 왜곡시키고 있기 때문이다.

본문 자체에서 세마포의 의미를 [성도들의 옳은 행실]이라고 못박아 놓고 있기 때문이다. 그런데도 본문의 문자적 의미를 무시하는 해석은 잘못 해석하게 되는 것이다. 본문의 해석을 정확히 해석해 놓고 그 의미에 합당한 적용적 해석을 해야 모순되지 않는다.

시 119:9 청년이 무엇으로 그의 행실을 깨끗하게 하리이까 주의 말씀만 지킬 따름이니이다

마 5:16 이같이 너희 빛이 사람 앞에 비치게 하여 그들로 너희 착한 행실을 보고 하늘에 계신 너희아버지께 영광을 돌리게 하라

벧전 1:15 오직 너희를 부르신 거룩한 자처럼 너희도 모든 행실에 거룩한 자가 되라

이와 같은 말씀에 따라 적용적 해석을 한다면 예수님 믿고 하나님의 자녀가 된 이후 주님 앞에 서는 그날까지 성령님의 도우심으로 말씀대로 사는 하루하루의 삶이 세마포를 입는 신부의 삶인 것이다(계22:7). 세마포 옷은 어느날 한번에 걸칠 수 있는 옷이 아니다.

인격화되고 체질화된 옷이다. 본문해설 참조.

* 관주응용 해석 *

① 어린 양의 혼인 잔치 - **마22:8, 25:10; 계19:7,9; 살전4:17-18; 막2:20; 마25:1**

4) 7복중 4째 복 선언과 천사와 계시록 인간저자 요한과의 대화 (9-10)

9절 - 천사가 내게 말하기를 기록하라 어린 양의 혼인 잔치에 청함을 받은 자들은 복이 있도다 하고 또 내게 말하되 이것은 하나님의 참된 말씀이라 하기로

* 본문에 '청함을 받은 자들은 복이 있는데' [청함을 입은]은 〈κεκλημένοι.;케클레메노이〉로서 완료수동태 복수동사이므로 대환난 말기에 청함을 받은 미래가 아니며 과거에 완료되어 현재에 진행된 상태이다.
그러므로 대환난 통과 휴거설의 근거를 9절에 두는데 이는 동사 시상을 무시한 잘못 해석한 것이다.

(1) 천사의 음성

① 요한에게 기록하라고 한다.

㉠ 어린 양의 혼인잔치에 청함을 받은 자들은 복이있다.
계시록 7복 중 제4복이다. "어린 양의 혼인잔치에 청함을 받은" 사건을 하나님 자신이 보증하신만큼 최상의 행복이다.(휴거사건)

㉡ 이것은 하나님의 참된 말씀이라 - 실제로 있는 혼인잔치에 청함을 받는 사건에 대한 하나님의 신실한 보증이다.

10절 - 내가 그 발 앞에 엎드려 경배하려 하니 그가 나에게 말하기를 나는 너와 및 예수의 증언을 받은 네 형제들과 같이 된 종이니 삼가 그리하지 말고 오직 하나님께 경배하라 예수의 증언은 예언의(예언의 영) **영이라 하더라**

(2) 요한이 천사의 말을 듣고 경배하려고 한다. 요한이 하나님이 자신이 말씀으로 보증하시는 “어린 양의 혼인잔치에 청함을 입은” 제4복을 듣고, 그 복을 선언하는 천사에게 경배할 만큼 흥분과 감격과 기쁨을 주체할 수 없는 순간이었다. 얼마나 행복한 순간이였는지 사도인 요한이 잠시 경배의 대상을 잃어버리고 천사에게 경배하려고 한 것이다.(요한의 겸손)

(3) 천사의 대답

① 나는 너와 및 예수의 증언을 받은 형제들과 같이 된 종이다. 선한 천사들의 속성을 본다. 악한 천사 마귀는 금식하는 예수님에게 다가와 경배하라고 유혹하지만 선한 천사는 자기의 의무와 위치를 알기에 요한이 경배하지 못하도록 한다.

② 오직 하나님께 경배하라 - 오직 우리 하나님만 유일무이한 경배의 대상이다.

③ 예수의 증언은 예언의 영이니라 - 천사는 자기는 하나님의 말씀을 대언하는 자임을 잊지않고 고백한다.

대언의 영은 예언의 영인데 참된 예언은 예언자가 성령의 감동으로 예수 그리스도를 증거하는 목표에서 빗나가서는 안된다(요15:26) 그리고 예언의 표준은 성경이다. 성경이 예수님에 대하여 증언하는 것이기 때문이다.(요5:39) 따라서 성경을 이탈하는 예언은 대언의 영으로 하는 것이 아니다. **요15:26; 5:39, 46**

5) 피 뿌린 옷을 입으신 만왕의 왕 (11-16)

이 사건은 요한계시록의 두번째 클라이막스이다. 백마를 타신 만왕의 왕께서 하늘의 군대를 이끌고 만국을 다스릴 권세로 지상에 강림하신다.

이로써 성경의 모든 예언 중에 미완료 상태로 남아 있던 예언이 백 100% 성취되고 하나님의 계시는 완결상태에 다다른다.

사31:4下; 64:1, 3; 66:15; 미1:3

11절 – 또 내가 하늘이 열린(계4:1) **것을 보니 보라 백마와 그것을 탄 자가 있으니 그 이름은 충신과 진실이라 그가 공의로 심판하며 싸우더라**

(1) 예수님의 지상강림(재림) : 하늘이 열리면서 백마탄 자가 강림하신 것을 요한이 보게 된다. 지금까지는 하늘의 문이 열리고(4:1), 하늘의 성전이 열렸으나(11:19, 15:5), 이제는 하늘의 그 자체가 열려 하늘의 주인이 심판의 주로 강림하신 것이다. 4:1에 저자 요한에게 계시의 문이 열렸으나, 이제는 만왕의 왕과 그 군대가 나오기 위해 하늘이 열린다.

① 강림 방법 – 백마를 타고 오신다. 말은 전쟁의 상징인데 의로운 전쟁임을 나타내는 백마를 타고 오신다. 구름이 아니고 백마를 타고 오신다. 주님께서 성도들을 데리러 공중강림하실 때는 구름을 타고 오시지만 심판주로 오실 때는 백마를 타고 하늘군대와 함께 오신다. 공중강림 때와 지상 재림하실 때의 모습이 전혀 다르게 구분되어 있다.

사64:1; 66:15; 미1:3

② 강림하신 목적 – 심판전쟁하려 오신다. 공중강림 때는 성도들을 데리러 오시고(요14:1-3; 행1:11) 지상강림하실 때는 싸우며 심판하려 오신다. **살후2:8; 사11:4; 호6:5; 살후1:8-9; 계2:6**

살후 2:8 그 때에 불법한 자가 나타나리니 주 예수께서 그 입의 기운으로 저를 죽이시고 강림하여 나타나심으로 폐하시리라

③ 강림하시는 모습 – ㉠ 이름은 충신과 진실이라
충신은 〈πιστός ;피스토스〉로서 [믿을만한, 신실한, 진실한]의 뜻이다. 진실은 〈ἀληθινός ;알레디노스〉인데 [진실한, 참된]이란 뜻이다.

충신과 진실이란 이름은 우리 주님은 약속을 지키시는 진실하고 믿을만한 분이심을 뜻한다.

그러므로 주님은 반드시 오신다고 약속하신대로 속히 오실 것이며, 신실한 약속대로 다시 오셔서 죄악 세상을 심판하실 것이다.
히10:23-25; 딤후2:13

12절 – 그(백마탄 자) **눈은 불꽃같고 그 머리에는 많은관들이**(왕관) **있고 또 이름 쓴 것 하나가 있으니 자기 밖에 아는 자가 없고**

㉡ 눈은 불꽃같고 – 모든 인류의 마음을 감찰하시고 비밀을 다 아시는 주님의 전지성을 나타낸다.

㉢ 머리에는 많은 관들이 있고 – 면류관은 최후 승리자가 쓰는 왕관으로서 백마타신 어린 양이 쓰심은 왕중에 왕으로서 세상의 모든 왕들을 지배하시고, 역사를 지배하시는 절대 권세를 나타낸다.

㉣ 이름 쓴 것 하나가 있는데 백마 타신자 밖에는 알수 없다.
단10:6; 계1:14; 사62:3; 슥9:16; 마28:18

④ 강림 장소 : 예루살렘 앞 곧 동편 감람산에 강림하신다.(올리브산) **슥14:4上; 행1:11**

성도를 데리러 오시는 공중 강림은 공중에 오시지만(살전4:16-17) 지상 강림은 감람산에 오신다.

이렇게 성경은 분명하게 공중 강림과 지상 강림이 구분되어 있는데도 공중 강림과 교회휴거가 분명하고 정확하게 해석되지 못함으로 성경적 종말 신앙에 심각한 오류가 생기는 것이다.

이 지상 강림의 장소를 비유나 영적으로 해석하여 한국기독교사에 많은 이단들이 예루살렘 동편 해뜨는 나라 동방 예의지국 한국이라고 하여 계룡산, 청계산 등 인간재림주들이 강림하는 웃지못할 일이 많았다.

문자적으로 예루살렘 동편 곧 감람산에 만왕의 왕께서 천하의 왕으로 오시는 것이다. 그 왕은 제자들과 도마에게 보여주신 못 자국난 손과 옆구리에 창 자국난 신령한 부활의 몸으로 감람산에서 올라가신 그대로 감람산에 강림하실 것이기 때문에 인간 재림주들을 만나면 꼭 못 자국, 창 자국을 확인해야 할 것이다.

13절 - 또 그가 피 뿌린 옷을 입었는데 그 이름은 하나님의 말씀이라 칭하더라

ⓜ 피뿌린 옷을 입었다. - 심판 중에 흘린 원수들의 피로서 전쟁의 승리를 나타낸다. **사63:3, 6**

ⓗ 하나님의 말씀이라 칭하는 이름이 있고

요1:1 태초에 말씀이 계시니라 이 말씀이 하나님과 함께 계셨으니 이 말씀은 곧 하나님이시니라

요1:14 말씀이 육신이 되어 우리 가운데 거하시매 우리가 그 영광을 보니 아버지의 독생자의 영광이요 은혜와 진리가 충만하더라

14절 - 하늘에 있는 군대〈στράτευμα;스트라튜마 ;군인, 군대. 딤

후2:3〉**들이 희고 깨끗한 세마포 옷을 입고 백마를 타고 그를 따르더라**〈ἀκολουθέω;아콜루데오 ;미완료수동태 3인칭단수동사로서 주님이 진노하시는 심판이 미완료상태에서 현재 계속 진행되는 의미로서 휴거가 이니다〉

④ 하늘의 군대들이 동행한다. 여기 하늘의 군대는 휴거된 성도들이다. 이들은 8절에서 증거한 희고 깨끗한 세마포 옷을 입고 백마를 타고 그를 따르는 어린 양의 아내들이다. 그런데 강림목적이 싸우러 오신 것이기 때문에 군대들이라고 표현한 것이다. 이들은 7:9-10에서 휴거되어 주와 함께 천상에 있다가 주와 함께 왕권을 가지고 오는 천상성도들이다. **살전3:13; 유1:14-15; 슥14:5下**

15절 - 그의 입에서 예리한 검이 나오니 만국을 치겠고 친히 그들을 철장으로 다스리며(사11:4-5) **또 친히 하나님 곧 전능하신 이의 맹렬한 진노의 포도주 틀을 밟겠고**

(2) 심판주의 모습

① 입에서 나오는 예리한 검으로 만국을 치고 - 예리한 검은 말씀의 검이다. 그는 말씀으로 우주만물을 창조하시고, 말씀대로 섭리하시고, 기록된 말씀대로 장차 세상을 심판하신다. **히4:12; 요일1:1; 계1:16**

② 친히 그들을 철장으로 다스리시며 - 온 세상을(세계역사) 다스리시는 통치자의 권세를 나타낸다.(우리 주님은 정복자이시다.) **시2:9; 사11:4**

③ 전능하신 이의 맹렬한 진노의 포도주 틀을 밟겠고 - 포도주틀은 하나님의 진노의 상징이다. 포도주는 원수들이 흘린 피의 상징이다. **사63:3, 6**

16절 - 그 옷과 그 다리에 이름을 쓴 것이 있으니 만왕의 왕이요 만주의 주라 하였더라(최고통치자로서 왕의 왕, 만주의 주시다)

④ 다리에 이름을 쓴 것이 있으니 만왕의 왕이요 만주의 주시다. 최고의 통치자로서 왕중의 왕이시다.
다리에 이름을 쓴 것은 - 말을 타신 주님의 외투와 넓적다리를 가리우는 부분의 옷을 뜻한다.

* 영적 해석 * ① 흰말 탄 만왕의 왕은 누구신가
첫째 : 충신과 진실의 이름을 가지신 분(11절)
둘째 : 그의 옷은 사63:2-3에 예언된 옷을 입은 자이시다.
셋째 : 그의 이름은 말씀(로고스)인데(14절) 요1:1의 말씀이며 이 말씀은 예수님이시며 하나님이심(요1:1-3, 18; 20:28)
넷째 : 그 입에서 검이 나오는데 계1:16에 예수님이시며
다섯째 : 만왕의 왕이시니 계17:14에 어린 양이 만왕의 왕이시며 만주의 주이시므로 예수님이(딤전6:15)시다.

② 만왕의 왕과 흰말 탄 군대들의 전쟁은 구약의 예언성취이다.
계19:13-16; 단2:44, 45; 사63:3; 살후2:8
사 63:3 만민 중에 나와 함께 한 자가 없이 내가 홀로 포도즙틀을 밟았는데 내가 노함을 인하여 무리를 밟았고 분함을 인하여 짓밟았으므로 그들의 선혈이 내 옷에 뛰어 내 의복을 다 더럽혔음이니(46)

6) 인류역사의 지상 최후 멸망과 사람들의 고기 새들의 잔치 (17-21)

17절 - 또 내가 보니 한 천사가 태양 안에 서서 공중에 나는 모든 새를 향하여 큰 음성으로 외쳐 가로되 와서 하나님의 큰 잔치에 모여

(1) 하나님의 잔치 **겔39:17-20**

① 한 천사가 태양 안에 서서 공중에 나는 모든 새들에게 외치는 사건을 요한이 본 것이다.

② 하나님의 큰 잔치에 모여라 - 지상에서 아마겟돈 전쟁으로 죽은 자들의 시체를 먹는 죽음의 잔치이요 악인들을 멸하신 인육잔치이다. **사34:2-3; 마24:28**

18절 - 왕들의 살과 장군들의 살과 장사들의 살과 말들과 그것을 탄자들의 살과 자유인들이나 종들이나 작은 자나 큰 자나 하고 모든 자의 살을 먹으라 하더라

③ 작은 자나 큰 자나 인육 고기를 먹으라고 한다.
신28:26; 렘7:33; 16:4; 겔29:5

19절 - 또 내가 보매 그 짐승(적그리스도)**과 땅의 임금들과 그들의 군대들이 모여 그 말 탄 자와 그의 군대와**(천상성도들과 천사들) **더불어 전쟁을 일으키다가**

(2) 최후 전쟁

① 짐승과 땅의 임금들의 군대들과 - 적그리스도 666인 짐승과 짐승제국의 왕들과 그 휘하의 군대들이다.

② 말탄자와 그 군대들이 전쟁한다. - 백마타신 우리 구주 어린 양과 그 휘하에 군대들인 심판하는 권세를 가진 휴거성도들과 전쟁을 하게 된다. 말탄 자의 군대 안에는 천상의 군대도(천사) 포함되는지는 불분명하다. 그러나 첫째 부활에 참여한 성도들이 신령한 부활체를 입어

천사와 방불한 상태가 되어(눅20:36) 백마탄 자를 따르는 군대가 된다.

20절 - 짐승이(음녀가 탔던 짐승 17:3, 7) **잡히고 그 앞에서 표적을 행하던 거짓 선지자도 함께 잡혔으니 이는 짐승의 표를 받고**(계13:17-18) **그의 우상에게 경배하던 자들을**(계13:14-15) **표적으로 미혹하던 자라 이 둘이 산채로 유황불 붙는 못에 던져지고**(변화되어 직접 형벌된 상태) 둘째 사망

(3) 백마 탄 자의 승리

① 짐승과 거짓 선지자가 생포된다. 짐승은 적그리스도 666이다. 거짓선지자는 짐승의 표를 받고 우상에게 경배하던 자들을 미혹하던 자이다(13:11-16). 이둘은 생포되어 산 채로 지옥불에 던져진다.

② 이 둘이 산채로 유황 불못에 던져진다.

할렐루야! 여기 유황 불못은 지옥이다(자세한 것은 필자저 [요한계시록흐름이해, 주제연구 영원한 심판 p175~]

21절 - 그 나머지는 말 탄 자의 입으로부터 검에(말씀의 검 히4:12) **죽으매 모든 새가(17) 그들의 살로 배불리더라**

③ 나머지는 말 탄 자의 입에서 나오는 검으로 죽는다. - 짐승과 거짓 선지자는 산채로 유황불못에 던져지고 그 나머지 군대들은 백마 탄자의 입에서 나오는 검에 죽어 새의 먹이가 된다.

④ 모든 새가 그 고기로 배불리게 된다.

* 적용적 해석

슥12:1-14의 유대인의 회개는 언제인가? - 후3년반 대환란인 아마

겟돈 전쟁 후가 될 것인데 그것은 슥12:11에 "므깃도 골짜기 하다드림몬에 있던 애통과 같을 것이라"는 성경에 의하여 바벨론의 멸망 직후가 될 것이다.

슥12:10-11 내가 다윗의 집과 예루살렘 주민에게 은총과 간구하는 심령을 부어 주리니 그들이 그 찌른 바 그를 바라보고 그를 위하여 애통하기를 독자를 위하여 애통하듯 하며 그를 위하여 통곡하기를 장자를 위하여 통곡하듯 하리로다 / 그 날에 예루살렘에 큰 애통이 있으리니 므깃도 골짜기 하다드림몬에 있던 애통과 같을 것이라.

20장 지상천년 세계와 지상역사의 종말

지상천년 세계는 지상강림하신 주님께서 이 땅에 하나님의 나라(천년 그리스도 왕국. the millennium)를 세우시고 왕이 되어 천년 동안 통치하시는 왕국이다.

① 천년세계의 예언 : **단2:44; 슥14:8-9; 암9:11-15; 겔34:23-31; 36:22-31; 겔39장**

② 천년세계에서 생활 : **사65:20-23, 25; 사11:6-9; 습3:14-20**

③ 천년세계의 사람들 : **계11:13; 12:6, 14; 롬11:26; 단7:18,22**

④ 천년세계의 성격 : 여호와께서 시온산과 예루살렘에서 왕이 되어 다스리시는 그리스도의 왕국이다. **사24:23; 미4:7**

⑤ 천년왕국설 : 전천년설, 후천년설, 무천년설.

1) 용(사탄)이 무저갱에 1000년간 감금됨 (20:1-3)

짐승과 거짓 선지자의 심판에 이어 그들의 총수인 사탄을 잡아 결박하여 무저갱에 던져 가둔다.

1절 - 또 내가(요한) **보매 천사가 무저갱 열쇠와 큰 쇠사슬을 그의 손에 가지고 하늘로부터 내려와서**

(1) 천사가 하늘에서 내려옴

무저갱의 열쇠와 큰 쇠사슬을 가지고 하늘로서 내려 오는 것을 요한이 본다.

① 무저갱은 사탄을 감금하는 영계의 감옥인데(눅:31) 천사가 무저갱의 열쇠와 큰 쇠사슬을 가지고 내려오는 것은 천사가 사탄을 지배하는 권세를 하나님께로 받은 사실을 나타낸다.

2절 - 용(사탄의 다른 이름)**을 잡으니 곧 옛 뱀**(사탄의 다른 이름)**이요 마귀요 사탄이라 잡아서 천 년 동안 결박하여**

① 용을 잡는다 - 이 용은 옛뱀이요 마귀요 사탄이라고 하는 영적 실존으로 악의 총수이다. 마귀는 중상, 모략, 미혹하는 자이며, 사탄은 훼방, 원수, 대적자란 뜻이다.

② 일 천년 동안 결박한다 - 문자적인 일 천년이다.
이유는 사탄이 결박되어 잠깐 놓이게 되는 제한적인 기간이기 때문이다. 3절, 7절. 천년이란 실제적인 기간이다.
(자세한 연구가 필요하신 분들은 필자저 요한계시록흐름이해 .p164, 주제연구 : 천년세계 참고)

3절 - 무저갱에 던져 넣어 잠그고 그 위에 인봉하여 천 년이 차도록 다시는 만국을 미혹하지 못하게 하였는데 그 후에는 반드시 잠깐(가장 짧은 시간) **놓이리라**

③ 무저갱에 던져 잠그고 인봉한다 - 사탄을 1000년 동안 일시적으로 가두는 영계의 장소이다.
여기는 마귀와 귀신들 악한 세력들이 감금된 곳이다.

④ 다시는 만국을 미혹하지 못하게 한다. 마귀를 인봉한 목적이다.
미혹하는 마귀 곧 사탄이 잡혀 천년동안 가두어 있는 동안에 악이 없어지고 악과 죄의 결과인 인간의 모든 불행이 사라지고 지상에는 평화의 천년 세계가 실현되는 것이다.

⑤ 그 후에는 반드시 잠간 놓이리라 - 그 잠간 사이에 천년세계 사

람들을 많이 미혹하여 성도들과 곡과 마곡의 전쟁을 일으킨다.

* 영적 해석 *

① 일천년은 상징적인가 실수인가 - 2-3절의 일천년이 상징으로 무한대나 영원으로 해석하는 경우에 무천년설의 근거를 제공하며 그 무천년설에는 지상 영원 무천년설과 영원천국 무천년설로 갈라져 여호와증인 같은 무리들은 지상영원 무천년설을 주장하고 있는 것이다.

그러므로 천년에 관하여 분명한 해석이 필요하다.

그러나 한가지 명심할 것은 피창조이래 마귀인 사탄이 참패 당하는 계시이므로 여기에 합리적으로 자기자신을 은폐하려는 거짓행위가 없다고 할 수 없는 점이다,

그러면 성경의 인도를 받자

계20:2, 3, 7, 10; 12:19; 눅8:31; 눅8:28-30; 계20:11-15

계 20:2 용을 잡으니 곧 옛 뱀이요 마귀요 사탄이라 잡아서 천 년 동안 결박하여 - 사단을 일천년 동안 결박하는 한정된 기간이다

계 20:3 무저갱에 던져 넣어 잠그고 그 위에 인봉하여 천년이 차도록 다시는 만국을 미혹하지 못하게 하였는데 그 후에는 반드시 잠깐 놓이리라

- 천년이 차고 그 후에 풀어 놓는 제한된 기간이다

계 20:7 천 년이 차매 사탄이 그 옥에서 놓여 - 천년 후에 옥에서 나옴

계 20:10 또 그들을 미혹하는 마귀가 불과 유황 못에 던져지니 거기는 그 짐승과 거짓 선지자도 있어 세세토록 밤낮 괴로움을 받으리라

- 감금되는 기간 제한된 천년 후에 유황 불못에 던져 세세토록 형벌을 받는 다음 단계가 있다.

계 12:9 큰 용이 내쫓기니 옛 뱀 곧 마귀라고도 하고 사탄이라고도 하며 온 천하를 꾀는 자라 땅으로 내쫓기니 그의 사자들도 저와 함께 내쫓기니라

눅 8:31 무저갱으로 들어가라 하지 마시기를 간구하더니 - 제한된 1000년 기간 후에는 무저갱에 던져진다

계 20:11-15 까지는 불신불택자들의 백보좌 심판 전에 일어나는 사건이다. 그러므로 이상의 성경에서와 같이 1000년은 상징적 수가 아니라 실제수로서 천년을 의미한다

② 무저갱은 무엇인가 - 무저갱에 관한 해석은 아래 두 면의 계시로 인하여 획일적인 해석이 불가능한 것이며 기존 신학설에서도 정설이 없음을 기억하라.

㉠ 계9:1-11; 11:7; 17:8 등은 분명하게 지상의 인간들과 관계가 되어 있으며 전쟁과 관계가 되어 있으며 짐승으로 상징된 왕과 관계되어 있는 것이다.

㉡ 계20:1, 3, 7, 8, 10; 눅8:31은 마귀인 사탄과 관계 있으며 눅8:31은 귀신들과 관계되어 악령의 옥으로 계20:7 표현되어 있다는 점이다.

독자들은 성급한 결론을 내리지 말고 불신자들이 지상수명 120세를 살면 무저갱으로 간다는 주장을 하여 눅16:22-31의 복음을 폐하는 일이 없어야 한다.

* 적용적 해석 *

① 유대인들의 구원과 구약예언과의 관계

* 겔38:1-33; 39:1-8는 대환난의 참상 예언이며,

* 39:8-16, 39:17-20은 대환난 직후의 시체처리를 새들에게 의뢰하

고 시체를 매장하는 것은 이스라엘로 환난통과 생존유대인들이 맡게 된다. * 계19:17-20은 겔39:17-20의 예언이 성취되고 남은 자 이스라엘의 구원이 성취되는 것이다.

* 이스라엘의 환난통과 구원될 남은 자에 관한 성경-**롬9:27; 11:5; 미5:7, 8; 습3:13; 렘23:3; 31:7; 욜2:32; 암5:15; 9:12; 옵1:14**

* 대환난 기간이 육적 이스라엘 구원인 것은 롬11:1-5; 11:14, 25-27 등에 분명하다(마24:15-22).

2) 첫째부활 성도들이 그리스도와 더불어 왕의 통치 (20:4-6; 살전 4:13-18; 슥14:4-8)

드디어 천년세계의 축복은 시작된다. 사탄을 생포하여 무저갱에 던져 잠그게 됨으로 모든 악은 제거되고 그리스도의 왕국 천년세계는 시작되는 것이다. 본문은 첫째 부활에 참여한 자들이 그리스도와 더불어 왕 노릇하는 영화로운 계시인 것이다.

4절 - 또 내가 보좌들을 보니 거기에 앉은 자들이 있어 〈ἐκάθισαν;에카디산 ;부정과거 능동태3인칭 복수동사로서 이미 과거에 보좌에 올라간 자들이다. 언제인가-계7:9-14〉 **심판하는 권세를 받았더라**〈ἐδόθη ;에도데 ;부정과거수동태로서 이미 환난 통과 이전에 받은 것이다〉 **또 내가 보니 예수를 증언함과 하나님의 말씀 때문에 목 베임을 당한 자들의 영혼들**(부활한 신령한 영혼체, 부활체)**과 또**(그리고, 그들은) **짐승과 그 우상에게 경배하지 아니하고 그 이마와 손에 그의 표를 받지 아니한 자들이 살아서 그리스도와 더불어 천 년 동안 왕 노릇하니**

(1) 첫째 부활에 참여한 자들

① 보좌에 앉아 심판하는 권세를 받은 자들 - 이들은 휴거된 성도들이다(본문 동사시상 해설 참조)
성경에는 하나님의 보좌(계4:2; 7:9; 19:4)가 있고, 이십사 장로들의 보좌도(계4:4), 휴거된 성도들의 보좌(엡2:6; 계3:21; 20:4)가 있는데 본문에 보좌가 성도들의 보좌로서 계7:9~10의 휴거된 이방인 성도들의 보좌이다.

② 예수를 증언함과 하나님 말씀 때문에 목 베임을 당한 자들 - 이들은 순교자인데 짐승과 우상에게 경배하지도 아니하고 그 이마와 손에 표를 받지 아니한 자들이라고 부연 설명을 해주고 있다.

개역성경의 [또]는 또한 부류을 설명하는 듯한 뉘앙스이지만 원어의 의미는 [그리고, 그들은]으로 번역할 수도 있다. 킹제임스 한글번역은 [그들로] 번역하고 있다. 그렇더라도 이러한 번역을 뒷받침하는 성경의 본문이 없다면 논란의 여지가 있겠으나 5~6절에서 이들이 첫째 부활에 참여한 자들이라고 증거하고 있기 때문에 이러한 해석이 가능한 것이다.

첫째 부활에 참여한 자들은 교회시대동안 구원받아 주님 공중강림하실 때 부활과 변화로 휴거되어 올라간 이방인 성도들이 그 대상이다.

그날을 감해 주시는 하나님의 은혜로 이마와 손에 표를 받지아니한 자들은 12:6, 14에서 예비처로 도피한 육적 이스라엘이고, 야곱의 남은 자들(18:4)이기 때문이다. 이들은 왕권을 가지고 천년세계에 들어가는 것이 아니고 천년 그리스도 왕국에 백성으로 들어가는 자들이기 때문에 첫째 부활의 대상이 아니다.

본문에도 순교자들을 짐승과 우상에게 경배하지도 아니한 자들이라고 부르고 있기 때문에 혼동될 여지가 있지만 이들도 하나님의 은혜로 짐승과 우상에게 경배하고 표를 받는 박해를 이기고 순교자 반열에 들어갔다고 보면 본문이 넉넉히 이해되리라 본다.

그러므로 천년세계에 왕권을 가지고 들어가는 자들은 첫째부활에 참여한 이방인 성도들인데 이 속에는 순교자들이 포함되어 있고(6:9-11), 과거에 보좌에 앉은 자들 중에는 변화된 성도와 자연수를 마치고 예수안에서 죽어 부활에 참여한 성도들도 있다. **살전4:16-17**

5절 - (그 나머지 죽은 자들은(불택자로 죽은 자들) **그 천 년이 차기까지 살지 못하더라) 이는 첫째 부활이라**

*그 나머지 죽은 자들은 7년 대환난 기간 중에 죽은 불신불택자들이다. 이들은 천년이 차서 백보좌 심판 직전까지 살지 못한다. 이들이 심판의 부활로 살아날 불신불택자들이다(계20:11-12). 천년 그리스도 왕국에서 백성이 될 사람들은 죽지 않는다. **단12:11-12**

* 적용적 해석 *

① 첫째 부활의 의미 - 성경에서 부활은 성도의 부활과 불신불택자의 부활이 있다. 택자들의 단수 부활, 불택자들의 단수부활로 구분된다. **요5:29; 행24:15**

이 택자들의 부활을 첫째 부활이라고 하고 불택자들의 부활을 성경대로 둘째사망이라고 부른다(6절)

그런데 택자들의 부활을 첫째 부활이라고 하는 것은 다음과 같다.

첫째 부활은 주님의 공중강림과 관계되어 있다. 주님이 공중강림하실 때 두 가지 사건이 일어나는데 첫째는 부활사건이다. 주님의 공중 임재 직전에까지 예수님 믿고 죽은 모든 성도들이 단수로 부활한다.

이후에 믿는자의 부활은 없다(144,000 특수성도, 일반성도를 나누는 것은 심각한 모순이다) 남은 부활은 불택자들이 백보자 심판때 살아나는 악인의(심판) 부활이 남아있는 것이다.

그러므로 이 때에 초유의 성도부활은 첫 번째 사건으로 일어나는 것이다. 그러므로 이방인 성도가 처음 부활했다는 의미에서 첫째 부활이다. 순서적 첫째가 아니다. 순서로 본다면 첫째는 성도들의 생명의 부활이고 두 번째는 악인들의 심판의 부활이다. 성경에는 이런한 부활사건 외에는 기록이 없다. '첫째'를 순서적으로 이해하고 성도의 부활을 복수로 해석하는 것은 무지이다.

둘째는 변화의 사건이다. 주님 공중강림할 때 살아 남은 자들은 홀연히 변화되어 부활성도와 함께 공중에서 주를 맞이하게 된다.
살전 4:16-17;고전15:51-52

그러므로 첫째 부활은 주님의 공중임재와 관계되어 있는 개념인 것을 이해하여야 한다. 첫째 부활은 이방인 성도들의 생명의 부활인 것이다.

② 첫째 부활의 시기에 관하여 - 첫째 부활이 계시록의 어떤 사건과 관계되어 있는가에 관하여 연구하자. 때로는 대환난 기간에 몇 번씩 하는 것같이 해석할 수 있으며 첫째 부활의 용어가 나타난 계20:4-6에서 일어난 것으로 해석할 수도 있는데 무엇이 타당성이 있는가에 관하여 연구하자.
첫째, 첫째 부활은 주님의 공중 임재와 관계 되어 있으니 지상강림 전

이다. 살전4:17
둘째, 보좌들에 앉은 심판권세를 받은 자들은 [살아서](과거)로 보아 이미 부활된 자들이다(4절)(본문 원어 동사시상 해설참조)
셋째, 4절의 '영혼'은 영이 아니며 마20:28의 영혼으로 변화된 영혼체(부활체)이다.
넷째, 대환난 기간 동안 천상성도들은 계속 나타나는데 예를 들면 계7:9, 14:1-3, 계14:4, 18:20, 19:1-2, 6-8 등에 천상 성도들이 나타나는데 모두 환란 기간이다.

본 필자는 위의 여러 성경증거에 의하여 계7:9-17의 첫째 부활은 6째인봉을 떼신 때와(계6:12-17) 일곱인을 떼시는 그 사이라고 믿는다(8:1). 그러므로 성경 장으로는 7장이라고 믿는다.

6절 - 이 첫째 부활에(부활. 변화된 성도들 모두) **참여하는 자들은 복이 있고 거룩하도다 둘째 사망이 그들을 다스리는 권세가 없고 도리어 그들이 하나님과 그리스도의 제사장이 되어 천 년 동안 그리스도와 더불어 왕 노릇 하리라**(열 고을 통치 눅19:17-19)

(2) 첫째 부활에 참여한 이방인 성도들의 복.

① 둘째 사망을 면제받는 복 - 7복 중에 5째 복이다. 지옥형벌(심판)을 면제받는 축복이다.

② 하나님과 그리스도의 제사장이 되어 천년 동안 왕노릇하는 복이다. 계5:10에서 약속이 성취되는 것이다. 그리스도와 더불어 왕노릇하고 주님의 심판권에 참여하여 이스라엘의 열두 지파(유대인 성도들)를 심판하게 될 것이다. **마19:28; 눅22:29-30**
마 19:28 예수께서 가라사대 내가 진실로 너희에게 이르노니 세상이

새롭게 되어 인자가 자기 영광의 보좌에 앉을 때에 나를 좇는 너희도 열 두 보좌에 앉아 이스라엘 열 두 지파를 심판하리라

③ 왕 노릇에는 상급의 차등이 있다. **눅19:17-19** 그것은 열 고을 다섯 고을 다스리는 차등이다. 교회생활 하는 동안 지극히 작은 일에 충성하여 므나를 남긴 만큼의 상급의 차등이다.

* 관주응용 해석 *

① 성도들의 왕권 - **고전4:8; 딤후2:12; 계5:10; 22:5**

② 성도들의 제사장권 - **롬15:16; 벧전2:5, 2:9; 계5:10; 벧후1:1; 엡2:19; 행15:11**

③ 신천지의 핵심문제

계20:4-6의 말씀을 왜곡시켜 육체영생을 주장한다. 000씨도 영생하고, 신천지인들도 영생한다는 것이다.

예수님의 영이 000씨 육체에 임하고, 하늘에 있는 144,000명의 순교자 영이 신천지 12지파 144,000명의 육체에 임하여 신인합일을 이루어 이 땅에서 죽지 않고 1000년 동안 살아서 000씨도 죽지 않는다고 믿고, 신천지 사람들도 영원히 육체의 영생을 누린다고 미혹한다.

이러한 교리의 중독으로 신천지는 하루빨리 144,000명을 채워서 영생불사체를 이루기 위해 전투적으로 한국교회에 도전해 오는 심각한 문제를 일으키고 있다.

모든 이단들이 이 성경구절을 근거로 영생불사체를 주장하며 미혹해 왔다.

000씨에게는 예수의 영이 임하고, 신천지 베드로 지파장에게는 베드로의 영이 임하고, 마태지파장에게는….

그래서 저들은 이 날을 학수고대 하고 있다. 손꼽아 기다리고 있다. 영생불사의 몸으로 천하를 다스린다는 망상가운데 되지도 않는 꿈을 쫓아 모든 것을 걸고 올인하고 있다.

이 날을 위해 이혼한 가정이 속출하고, 가출한 청소년들, 그 좋은 직장 다 버리고 144,000명 채우기 위해 올인하고 있어 사회적 문제가 생기고 있다.

본문의 말씀은 저들의 주장대로 영계의 순교자 영이 신천지인들에게 임한다는 뜻이 아니고 천년그리스도 세계에서 왕노릇 할 실존들이 누구인가를 보여주고 있다. 4下절

(자세한 해설은 본 주해설교. 계20:4-6의 해설 참조)

3) 사탄의 석방과 최후의 반란과 멸망 (20:7-10)

7절 - 천 년이 차매 사탄이 그 옥에서 놓여

(1) 천년이 차매 사탄이 무저갱 옥에서 풀려난다. - 천년 기간이 끝나고 사탄이 옥에서 놓여 나와 많은 사람들을 또 미혹하여 대 전쟁을 일으킨다. 이렇게 사탄마귀가 하는 일은 미혹하는 일이다.

8절 - 나와서 땅의 사방 백성 곧 곡과 마곡을 미혹하고 모아 싸움을 붙이리니 그 수가 바다의 모래 같으리라

① 사탄이 나와서 땅의 사방 백성 곡과 마곡을 미혹한다 - 마곡은 노아의 손자요 야벳의 아들이었다(창10:2). 겔38:2에는 [마곡 땅에 있는 곡 곧 로스와 메섹과 두발 왕]이라고 기록하고 있다.

따라서 곡과 마곡은 이스라엘의 동북에 자리 잡은 강대국으로 이스라엘 백성들에게 환난을 가져오는 민족이었다. 그러므로 곡과 마곡의 전쟁은 이와 같은 전쟁의 모형이다. 즉 사탄에게 미혹된 바다 모래 같은 무리들이 성도들에게 전쟁을 통해 환난을 가져준다.

② 미혹하고 모아 싸움을 부추긴다. 그 수가 바다 모래 같이 많다. 천년 그리스도의 왕국의 사람들이 얼마나 많이 살았는가를 짐작할 수 있는 표현이다.

9절 - 그들이(불택자) **지면에 널리 퍼져 성도**(지상)**들의 진과 사랑하시는 성을 두르매 하늘에서 불이 내려와 그들을**(불택자) **태워버리고**

③ 사탄에 미혹된 불택자들이 지면에 널리 퍼져 - 사탄에 미혹된 불택자들이 전 세계에서 모여 지평선 저편에서 올라오는 모습이다. 그 무리들이 예루살렘과 성도의 진을 포위한다

④ 성도들의 진과 사랑하는 성을 둘러싼다 - 예루살렘의 역사를 통해 이런 전쟁을 수없이 당해 왔지만 이제는 마지막이요 가장 무서운 경우이다.**겔38:9-16**

(2) 하늘에서 불이 내려와 불택자들을 태워버리고

아마겟돈 전쟁에서는 백마탄자 우리 주님의 입에서 나오는 검으로 멸하였으나 여기서는 하늘에서 내려온 불에 싸워보지도 못하고 소멸된다. 인간사에 전쟁이 영원히 종식되는 순간이다. 하늘에서 내리는 불은 하나님의 직접적인 심판을 뜻한다.**왕하1:10, 12**

10절 - 또 그들을 미혹하는 마귀가 불과 유황 못에 던져지니 거기는 그

짐승(마귀의 지상일군 13:5-6, 14-15, 17-18; 17:3-4; 16-17; 19:20)**과 거짓 선지자도**(종교 사기꾼) **있어 세세토록 밤낮 괴로움을 받으리라**

(3) 저희를 미혹하는 마귀가 불과 유황 못에 던져진다

그 곳은 원래 마귀와 그 사자를 위하여 예비된 곳이요(막25:42) 저악한 무리들의 영원한 처소인 것이다.

(4) 불과 유황 못에는 짐승과 거짓 선지자도 있어 세세토록 밤낮 괴로움을 받는다

짐승과 거짓 선지자는 먼저 가 있었다. 계19:19-20. 이렇게 창세전에 예정된 사탄마귀의 운명은 영원한 지옥불에 떨어져 끝난다. **마25:41** 할렐루야! 할렐루야! 할렐루야!

4) 흰 보좌의 심판과 불택자 만민 부활 (20:11-12)

11절 - 또 내가(요한) **크고 흰 보좌와 그 위에 앉으신 이를 보니 땅**〈γῆ; 게:지구, 세계, 세상, 단수〉**과 하늘이 그 앞에서 피하여 간 데 없더라**

(1) 흰 보좌 심판(백보좌)

흰 보좌 위에 앉으신 자를 요한이 보니 땅과 하늘이 그 앞에서 피하여 간데 없어져 장구한 지상세계가 사라지게 된다. **벧후3:10-13**

흰 보좌는 하나님의 심판이 절대적으로 순결하고 조금도 부정함이 없음을 나타낸다. **시9:7; 89:14**

① 심판의 때

㉠ 천년세계 후(7절)
㉡ 마귀가 유황 불 못에 던져진 후(10절)

12절 - 또 내가(요한) **보니 죽은 자들이**(불택자들.5절) **큰 자나 작은 자나 그 보좌 앞에 서있는데 책들이 펴있고 또 다른 책들이 펴졌으니 곧 생명책이라 죽은 자들이 자기 행위를 따라 책들에 기록된 대로 심판을 받으니**

② 심판의 대상 - 무론대소하고 보좌 앞에 서있는 죽은 자들. 이들은 천년이 차기까지 1차부활에 참여하지 못하고 죽은 불택자들이며(5절) 다른 각도에서는 생명책에 기록되지 못한 불신불택자들이다.
계13:8

이렇게 성도들은 백보좌 심판의 대상이 아니다. 하나님의 독생자를 믿는 성도들은 심판을 받지 아니한다.
성도들이 잘못하면 징계는 받지만(히12:7~13) 형벌받는 심판은 받지 아니한다. 심판은 독생자를 믿지 않는 불신자들이 받는다. **요3:16~18**

③ 심판의 방법 - 책들에 기록된 대로 심판을 받는다. 불택자들의 행위를 따라 기록된 심판의 책이다.
단 7:10 불이 강처럼 흘러 그 앞에서 나오며 그에게 수종하는 자는 천천이요 그 앞에 시위한 자는 만만이며 심판을 베푸는데 책들이 펴 놓였더라

본문의 심판은 〈κρίνω;크리노〉로서 '결정하다, 정죄 하다, 판결하다,

벌하다' 라는 뜻이다. 사법상 죄인을 정죄하여 판결한 후 형벌하는 심판을 의미한다.

* 관주응용 해석 *

① 불신자들에 대한 심판 - **잠19:29; 20:8; 요5:29; 3:18; 살후2:12; 계20:13**

② 세 종류의 책 :

* 생명책 - 영적인 호적으로서 창세 이후 구원받은 성도들의 이름을 기록한 책이다. 이책에 기록된 성도들은 지옥갈 수 없다. **단12:1; 빌4:3; 계3:5; 13:8; 21:2**

* 심판책 - 불신자들의 행위를 기록하여 그 기록된대로 심판하는 책이다. **계13:8, 17:8, 20:12(책들), 20:15**

* 기념책 - 주를 경외하는 자들의 기념비적인 봉사나 헌신들을 기록하여 기념하는 책이다. 영어 성경에는 비망록이다. 이 기념책은 하나님의 비망록이다. 성도들은 이책에 기록된대로 상급을 받는다.
말3:16; 출17:14

그러나 성도들이 범죄하면 의로운 행실들이 기억되지 않고 지워지게 된다. **겔18:24**

5) 영원한 지옥형벌과 지상역사의 종말 (20:13-15)

13절 - 바다가 그 가운데에서 죽은 자들을 내주고 또 사망과 음부도 그 가운데에서 죽은 자들을 내주매 각 사람이 자기의 행위대로 심판을 받고

(1) 영원한 지옥형벌 : 백보좌 심판 때 불신불택자 각 사람이 자기의 행위를 따라 심판을 받아 영원한 지옥형벌을 받게 된다.

① 바다가 그 가운데서 죽은 자들을 내어 주고 - 바다가 그 가운데서 죽은 자들을 내어 준다.

② 사망과 음부도 그 가운데서 죽은 자들을 내어 주고 - 인류의 죄값으로 사망하는 죽음과, 불신불택자로 죽은 영들을 가두었던 음부가 더 이상 필요없다.

14절 - 사망과 음부도 불못에 던져지니 이것은 둘째 사망 곧 불못이라

③ 사망과 음부도 결국 불못에 던져진다

④ 이것이 둘째사망 곧 불못이다 - 영원한 지옥형벌이다. 이렇게 백보자 심판때 심판부활로 나온 사람들이 영원한 지옥형벌에 처하게된다.

15절 - 누구든지 생명책에 기록되지 못한 자는 불못에 던져지더라(요5:29)

⑤ 누구든지 생명책에 기록되지 못한 자는 이 지옥 불못에 던져진다. 이것이 악인들이 당하는 심판부활 후 영원한 형벌이다.**요5:29**
사망으로서 둘째 사망이다.

21장 영원한 천국 (새 예루살렘 성)

본 장은 현재의 우주가 사라지고 전혀 다른 차원의 세계가 펼쳐진다. 사탄과 그 휘하 짐승들이 심판을 받고 그들을 따르던 악인들도 멸망한 후에 신천신지의 영광스런 광경으로 계시록은 그 절정에 다다른다.

그것은 모든 성도들의 소망이 궁극적으로 완전히 성취되는 것을 의미한다.

1) 새 하늘과 새 땅의 광경과 성도의 형편 (21:1-8)

1절 - 또 내가(요한) **새**〈καινός″ ;카이노스 ;새로운〉 **하늘과 새**(새로운) **땅을 보니 처음 하늘과 처음 땅이 없어졌고 바다도 다시 있지 않더라**

(1) 요한이 새 하늘과 새 땅을 보게 된다. 요한이 본 환상적인 차원이 아니라 천상세계에 건설된 실재의 나라이다. 현 세계의 변화가 아니라 전혀 새로운 세계의 창조인 것이다.(전지전능자가 건설하는 나라).

① 처음 하늘과 처음 땅이 없어지고 - 범죄로 인하여 죄와 사망이 지배하던 옛 피조세계인 지금 현존하는 우주는 없어지고 본질적으로 전혀 새로운 하늘과 새로운 땅을 보게 된다. **사65:17; 벧후3:13, 10**

② 바다도 다시 있지 않더라 - 천년세계에서는 바다에 대한 언급은 없었으나 새로운 세계에서는 바다가 제거된다. 영적으로 바다는 짐승의 주소였기 때문에 사라져야 한다.

2절 - 또 내가 보매 거룩한 성 새 예루살렘이 하나님께로부터 하늘에서 내려오니 그 준비한 것이 신부가 남편을 위하여 단장한 것 같더라 (흰보좌 심판을 다 마치고 성도들과 하나님께서 함께 거할 영계)

(2) 거룩한 성 새 예루살렘이 하나님께로부터 하늘에서 내려온다
흰 보좌 심판을 다 마치고 성도들과 하나님께서 함께 거할 영원한 천상 세계이다.

① 광경

신부가 남편을 위하여 단장한 것같이 준비되었다. -본절에서는 예루살렘이 의인화 되어 있으나 10절 이하에서는 영역으로 보여지고 있다. 성도들의 영원한 처소로서 하나님과 백성들과 관계성을 묘사.

3절 - 내가 들으니 보좌에서 큰 음성이 나서 이르되 보라 하나님의 장막이(σκηνή ;스케네 ;거처) **사람들과 함께 있으매 하나님이 그들과 함께 계시리니 그들은 하나님의 백성**(복수)**이 되고 하나님은 친히 저희와 함께 계셔서**

(3) 보좌에서 들리는 큰 음성

① 하나님의 장막이 사람들과 함께 있다. 장막은 구약 회막에서 나온 배경으로 하나님이 함께 하심의 상징이며, 문자적으로는 [거처]로서 하나님이 함께 하심을 뜻하며, 성도들의 영원한 거처를 상징으로 나타낸다.

② 하나님이 저희와 함께 거하신다 - 영원 세계에서 생활모습이다.

③ 저희는 하나님의 백성이 되고

④ 하나님은 친히 저희와 함께 계신다 – 새 하늘과 새 땅에서 완성될 하나님과 성도의 관계를 나타낸다. **레26:11–12; 겔37:27–28**

4절 – 모든 눈물을 그 눈에서 딱아주시니 다시는 사망이 없고 애통하는 것이나 곡하는 것이나 아픈 것이 다시 있지 아니하리니 처음 것들이 다 지나 갔음이러라 (사25:8, 시116:8, 계21:4)

⑤ 모든 눈물을 그 눈에서 씻어 주신다.

⑥ 다시 사망이 없고 애통하는 것이나 곡하는 것이나 아픈 것이 다시 있지 아니한다. – 이러한 것들이 지상생활에서는 사실이었으나 처음 것들이 다 지나갔기 때문에 영원 천국에서는 없어지게 된다. 영원한 천국에서 누리는 위로와 안식이다.

천국은 눈물과 사망과 애통과 아픈 것의 원인이 제거되고 하나님의 위로와 희락으로 충만한 천상세계이다. 할렐루야! 할렐루야!! 할렐루야!!! **사25:8; 30;19; 35:10; 65:19; 계7:17**

5절 – 보좌에 앉으신 이가 이르시되 보라 내가 만물을 새롭게 하노라 하시고 또 이르시되 이 말은 신실하고 참되니 기록하라 하시고

(4) 보좌에 앉으신 이의 음성 – 하나님이 말씀하시는 음성을 요한이 직접 듣는다. 그것은 새로운 창조에 관한 선언이었다.

① 만물을 새롭게 하노라 – 예전 만물이 다 사라지고 하나님이 친히 주관하시는 새로운 만물이 전개된다. 구 질서가 사라지고 환희의 새 질서를 받는 때이다. **사42:9; 43:18–19; 65:17; 고후5:17**

② 이 말은 신실하고 참되니 기록하라 하심 - 지금 선언하신 말씀이 참되심을 보증하는 것이다. **민23:19**

6절 - 또 내게 말씀하시되 이루었도다〈givnomai ;기노마이 ;끝내다, 만들어지다, 존재하게 하다〉 **나는 알파와 오메가요 처음과 마지막이라 내가**(보좌에 앉으신 이) **생명수 샘물을 목마른 자에게 값없이 주리니**

③ 또 말씀하시되 다 이루었다 하심 - 성도의 영원한 처소, 새 하늘과 새 땅이 완성됨을 나타낸다.

④ 나는 알파와 오메가라 처음과 나중이라 하심 - 하나님과 그리스도의 속성으로 하나님은 만물의 창조자시요 심판자 되심을 나타낸다. 옛 질서의 오메가는 지나가고 신 질서의 알파가 시작되는 것이다.

⑤ 생명수 샘물로 목마른 자에게 값없이 주리라 하심 - 다시는 주리지도 않고 목마르지도 않게 하신다. 백성들의 필요와 갈증을 채워주시며 무한하신 사랑과 호의를 베풀어 주신다. **시36:9; 사55:1; 계22:17**

7절 - 이기는(요일5:4-5) **자는 이것들을 상속으로 얻으리라 나는 그의 하나님이 되고 그는 내 아들이 되리라**

⑥ 이기는 자들은 이것들을 유업으로 얻으리라 하심. - 이것들은 새 예루살렘 성(새 하늘과 새 땅, 신천신지)을 가리킨다. 이기는 자는 예수님이 하나님의 아들이심을 믿는 모든 성도들이 이긴 자이다. **요일5:4-5**

유업은 1절-6절에 기록된 천국 유업인데 성도들이 바로 천국을 유업으로 얻을 상속자이다.

사65:9; 롬8:17; 엡3:6; 딛3:7; 고전6:10, 9; 갈5:21; 마19:29

⑦ 나는 저희 하나님이 되고 그는 내 아들이 되리라 하심 – 3절의 반복으로 이번에는 하나님께서 친히 하시는 음성이다. **슥8:8**

8절 – 그러나 두려워하는 자들과 믿지 아니하는 자들과 흉악한 자들과 살인자들과 음행하는 자들과 점술가들과 우상 숭배자들과 거짓말 하는 모든 자들은 불과 유황으로 타는 못에 던져지리니 이것이 둘째 사망이라

⑧ 지옥 둘째 사망에 들어 갈 자들은 8종 악인들로 규정하고 있다. – 두려워하는 자들, 믿지 아니하는 자들, 흉악한 자들, 살인자들, 음행자들, 점술가들, 우상숭배자들, 모든 거짓말 하는 자들이 불과 유황으로 타는 못에 참여하게 된다.
만약 성도가 이런 죄에 빠지면 하나님이 징계하시고 회개시킨 후 천국에 가게 하신다고 믿는다. **고전5:5**

2) 새 예루살렘의 장관과 성도의 생애 (21:9-27)

9절 – 일곱 대접을 가지고 일곱 재앙을 담은 일곱 천사 중 하나가 나아와서 내게 말하여 이르되 이리 오라 내가(천사) **신부**(단수) **곧 어린 양의 아내를**(단수. 상징적인) **네게 보이리라 하고**

(1) 어린 양의 아내를 보여 주심

음녀는 죄악의 도성 큰 성 바벨론과 연관 되어 있고, 어린 양의 아내는 거룩한 도성 새 예루살렘과 연관되어 있음을 대조시키며 보여 주고 있다.

① 일곱 대접 재앙을 담당한 일곱 천사 중에 하나가 나아와서

(17:1) 요한에게 이리 오라고 한다.

② 어린 양의 신부를 보여 주리라 한다 - 즉 어린 양의 아내이다.
계21:2; 19:7

10절 - 성령으로 나를(요한) **데리고 크고 높은 산으로 올라가 하나님께로부터 하늘에서 내려오는 거룩한 성**(단수) **예루살렘을**(단수) **보이니**

③ 성령님 안에서 요한을 데리고 크고 높은 산으로 올라감 - 영계의 높은 산이다. 산은 영적으로 신앙과 계시의 장소를 나타낸다.
겔40:2; 고후12:2

④ 하나님께로부터 하늘에서 내려오는 거룩한 성을 보여 준다 - 새 예루살렘 성은 건물을 말하는 것이라기 보다는 그 안에 거하는 사람들을 의미하는 것이다. 그러므로 단수인 성 예루살렘은 휴거된 성도들의 모임인 천상교회를 나타낸다. **요14:2-3**

11절 - 하나님의 영광이 있어 그 성의 빛이 지극히 귀한 보석 같고 벽옥과 수정 같이 맑더라

(2) 어린 양의 아내 거룩한 성 예루살렘의 광경

① 하나님의 영광이 있고 - 하나님의 임재로 말미암아 빛나는 광채를 나타낸다. 하나님의 영광을 입고 있는 귀하고 순결한 성이다. 결국 성도는 영원한 천국에서 하나님의 영광의 빛을 받아 해의 영광, 달의 영광, 별의 영광, 별과 별의 각각 다른 영광으로 영생하게 된다.

고전15:40-41 하늘에 속한 형체도 있고 땅에 속한 형체도 있으나 하늘에 속한 것의 영광이 따로 있고 땅에 속한 것의 영광이 따로 있으니 / 해의 영광도 다르고 달의 영광이 다르며 별의 영광도 다른데 별과 별의 영광이 다르도다

이 놀라운 은총은 성도들이 지상에 있을 때 그리스도의 형상을 닮은 성화에 비례하는 영광의 빛이다.

그러므로 성도들은 이 땅에 잠시 사는 동안 영원한 가치의 기회를 잃어버리지 않고 그리스도의 형상을 닮아가는 일에 최선을 다해야 한다.
엡4:13, 15-16
기독교 성도생활의 최고의 가치는 성화이다.

엡4:13 우리가 다 하나님의 아들을 믿는 것과 아는 일에 하나가 되어 온전한 사람을 이루어 그리스도의 장성한 분량이 충만한 데까지 이르리니
엡4:15 오직 사랑 안에서 참된 것을 하여 범사에 그에게까지 자랄지라 그는 머리니 곧 그리스도라
엡4:16 그에게서 온 몸이 각 마디를 통하여 도움을 받음으로 연결되고 결합되어 각 지체의 분량대로 역사하여 그 몸을 자라게 하며 사랑 안에서 스스로 세우느니라

② 그 성의 빛이 지극히 귀한 보석 같고 - 신부의 영광스럽고 순결한 모습이다. 하나님이 빛이시고 어린 양이신 그리스도가 빛이신 것처럼(요8:12) 그의 신부도 빛 가운데서 비치는 것이다. **고전15:40-41**

③ 벽옥과 수정같이 맑더라 - 벽옥이나 수정은 그리스도의 속성으

로 벽옥은 자비를, 수정은 맑고 투명함을 상징한다.

흠과 티가 없는 모습이다.

* 어린 양의 신부는 무엇을 의미하나 – **사61:10; 요3;29; 마9:15; 25:1; 엡5:8, 9; 마5:14; 고전15:41, 42; 잠13:9; 슥9:16; 마13:43; 계19:8; 21:9,10**

12절 – 크고 높은 성곽이 있고 열 두 문이 있는데 문에 열두 천사가 있고 그 문들 위에 이름을 썼으니 이스라엘 자손 열 두 지파의 이름들이라

④ 크고 높은 성곽이 있고

⑤ 열 두 문이 있는데 문에 열두 천사가 있고 – 섬기고 봉사하는 일을 위해 천사가 배치되어 있는 것이 아닌가 한다. 땅에 왕들이 자기 영광을 가지고 그리로 들어 갈 때 각 문에 배치된 천사들이 환영하고 섬기지 않을까 한다. **히1:14**

⑥ 그 문들 위에 이스라엘의 열두지파 이름들이 있다.(7:8 영적인 해석 ②참조) 천국에 들어갈 택함받은 이스라엘 자손들을 상징한다. **겔48:30-35**

13절 – 동쪽에 세 문, 북쪽에 세 문, 남쪽에 세 문, 서쪽에 세 문.이니

⑦ 동편에 세 문 북편에 세 문 남편에 세 문 서편에 세 문이 있다. 새 예루살렘성에 동서남북으로 열려진 문이 12개 있다. 12는 완전 수를 나타낸다.

14절 - 그 성의 성곽은 열 두 기초석이 있고 그 위에는 어린 양의 열두 사도의 열 두 이름이 있더라(엡2:20)

⑧ 성곽은 열두 기초석이 있고

⑨ 그위에 어린 양의 십 이 사도의 열두이름이 있다 - 사도적 교회 조직체를 나타낸다.

특히 12사도가 언급된 것은 본서에서 처음이다. 성문에는 12지파의 이름이 있고 성곽 12기초석 위에는 12사도 이름이 있어 신약과 구약이 조화를 이루고 있다. 천상교회는 신구약을 총망라한 교회요 모든 시대 모든 성도들의 총체인 우주적 교회인 것이다. **엡2:20-22**

15절 - 내게 말하는 자가 그 성과 그 문들과 성곽을 측량하려고 금 갈대를 가졌더라

⑩ 요한에게 말하던 자가 성과 문들과 성곽들을 척량하려고 금갈대를 가짐 - 금은 순수성과 순전성을 상징함으로 거룩한 도성을 척량하는데 금갈대로 척량하게 된것이다. **겔40:3**

16절 - 그 성은 네모가 반듯하여 길이와 너비가 같은지라 그 갈대자로 그 성을 측량하니 만 이천 스다디온이요 길이와 너비와 높이가 같더라

㉠ 성은 네모가 반듯하여 길이와 너비와 높이가 같은지라

㉡ 갈대로 그 성을 척량하니 일만 이천 스다디온이요 길이와 너비와 높이가 같았다. 그 성은 네모가 반듯하며 장광이 똑같은 정방향의

모습이다. 정방향은 균형, 안정, 정의 등을 상징하며 이는 하나님의 속성으로서 천국을 상징하고, 하나님의 완전한 통치를 나타낸다.

예루살렘성을 척량하니 12.000스다디온으로 길이와 너비가 똑같다. 1스다디온은 약180m이므로 12,000 스다디온은 약 2000km된다. 2000km의 정방향은 실로 웅대한 모습이다. 12는 완전한 수, 선민의 수를 상징함므로 완전한 크기를 뜻하는 것이다.

17절 - 그 성곽을 측량하매 백사십사 규빗이니 사람의 측량 곧 천사의 측량이라

㉢ 성곽을 척량하니 일백사십사 규빗이니 사람의 척량 곧 천사의 척량이었다. – 사람의 척량 단위로 천사가 척량한 것이다. 천사가 성곽을 척량하니 144규빗이었다. 1규빗은 45cm이다. 이것을 미터법으로 환산하며 약 65m정도 된다. 그러나 65m가 성곽의 높이인지 둘레인지는 불분명하다.

18절 - 그 성곽은 벽옥으로 쌓였고 그 성은 정금인데 맑은 유리 같더라

㉣ 성은 벽옥으로 쌓였고. 성의 재질은 벽옥인데 하나님의 영광의 광채를 나타낸다.

㉤ 성은 정금인데 맑은 유리 같더라. 성의 고귀성과 순전성을 나타내며 광휘에 넘치는 모습에서 흠과 티가 없는 신분의 모습을 조명해 준다.

19절 - 그 성의 성곽의 기초석은 각색 보석으로 꾸몄는데 첫째 기초석

은 벽옥(영광, 거룩, 불변성, 순결성)**이요 둘째는 남보석이요 셋째 는 옥수요 넷째는 녹보석이요**(은혜와 자비)

ⓑ 그 성의 성곽의 기초석은 각색 보석으로 꾸몄는데-공동체의 하나됨과 통일성을 나타낸다.

ⓢ 첫째 기초석은 벽옥이요 둘째는 남보석이요 셋째는 옥수요 넷째는 녹보석이요(본문해설참조)

20절 - 다섯째는 홍마노요(공명정대) **여섯째는 홍보석이요**(공의) **일곱째는 황옥이요**(절대성과 거룩성) **여덟째는 녹옥이요**(소망) **아홉째는 담황옥이요 열째는 비취옥이요**(공의로운 심판) **열한 째는 청옥이요**(승리) **열두째는 자수정이라**

ⓞ 다섯째는 홍마노요 여섯째는 홍보석이요 일곱째는 황옥이요 여덟째는 녹옥이요 아홉째는 담황옥이요 열째는 비취옥이요 열한 째는 청옥이요 열둘째는 자정이라.(본문 단어해설 참고)
이것은 12지파의 이름을 새긴 대제사장의 흉패의 12돌의 이름과 같다.

21절 - 그 열 두 문은 열두 진주니 각 문 마다 한개의 진주로 되어 있고 성의 길은 맑은 유리 같은 정금이더라

ⓩ 열 두 문은 열두 진주니 문 마다 한 진주요 - 새 예루살렘의 영광스럽고, 장엄하고, 아름다운 장관을 묘사하고 있다. 성도의 궁극적 소망의 극치이다.
문이 한개의 진주로 되었는데 하늘나라의 부요함을 나타내며, 보석은 천국의 진리, 신앙의 중요성을 표현하는 보석으로 상징된다.

마13:45-46; 딤전2:9

ⓩ 성의 길은 맑은 유리 같은 정금이더라 - 온 성의 길이 정금으로 되고 맑기가 유리 같다. 이 화려한 길을 하나님과 함께 거니는 성도들의 영광을 상징한다.

22절 - 성 안에서 내가 성전을 보지 못하였으니 이는 주 하나님 곧 전능하신 이와 및 어린 양이 그 성전이심이라

ⓚ 성안에 성전을 요한이 보지 못했다. 죄를 속죄하는 구약적 개념의 성전이 필요없기 때문이다.

ⓣ 이유 - 주 하나님 곧 전능하신 이와 및 어린 양이 그 성전이시기 때문이다. 성전은 구약적인 표현인데 성전은 하나님과 백성이 만나는 처소이다. 그런데 하나님과 어린 양이 같이 계시는 천국에는 그 전체가 그대로 성전이므로 성전이 필요 없는 곳이다. **골2:9**

23절 - 그 성은 해나 달의 비침이 쓸 데 없으니 이는 하나님의 영광이 비치고 어린 양이 그 등불이 되심이라

ⓟ 성은 해와 달의 빛이 쓸데 없으니 - 이유는 하나님의 영광이 비취고 어린 양이 그 등이 되시기 때문이다. 다른 어떤 피조물의 빛이 필요없다. **사24:23; 60:19-20; 계22:5**

24절 - 만국이 그 빛 가운데로 다니고 땅의 왕들이(땅의 왕권을 얻은 성도들) **자기 영광을 가지고 그리로 들어가리라**

ⓗ 만국이 그 빛 가운데로 다니고 - 사60:3의 예언 성취이다. 거

기에는 이방인과 유대인의 차별이 없이 모든 백성들이 다 같이 들어와 하나님의 영광의 빛 가운데로 다닌다.

㉮ 땅의 왕들이 자기 영광을 가지고 그리로 들어오리라 - 이들은 천년세계에서 그리스도의 제사장이 되어 그리스도와 함께 왕노릇하던 자들이다.

그들은 천국에 들어갈 때도 그대로 자기들이 받은 영광스런 왕의 영광을 가지고 들어 간다.

25절 - 낮에 성문들을 도무지 닫지 아니하리니 거기에는 밤이 없음이라

㉯ 성문들을 낮에 도무지 닫지 아니하리니 - 이유는 거기는 밤이 없기 때문이다. 문은 밤에만 닫으므로 밤이 없는 천상에서는 성문을 닫을 필요가 없는 것이다. 영적으로 밤은 무지와 불신앙(롬13:12), 역경과 환난(사21:12), 죽음(요9:4), 사탄이 지배하는 때(요13:30)이다. 따라서 이러한 요소가 없는 천국에 밤이 없는 것이다. **사60:11,20; 슥14:7.**

26절 - 사람들이(성도들) **만국의 영광과 존귀를 가지고 그리로 들어가겠고**

㉰ 사람들이 만국의 영광과 존귀를 가지고 그리로 들어 온다 - 이들은 천년 그리스도 왕국의 만국 백성들로서 모든 성도들도 각자의 영광과 존귀를 가지고 그리로 들어 온다. 이처럼 천국은 왕은 왕대로 백성은 백성대로 자기에게 함당한 영광을 가지고 들어 오는 하나님의 공평이 완성되는 나라이다.

27절 - 무엇이든지 속된 것이나 가증한 일 또는 거짓말하는 자는 결코

그리로 들어오지 못하되 오직 어린 양의 생명책에 기록된 자만 들어가리라

㉣ 그 성에 들어 올수 없는 자 – 무엇이든지 속된 것이나 가증한 일 또는 거짓말 하는 자는 결코 그리로 들어오지 못한다. **사35:8; 52:1; 겔44:9**

㉤ 그 성에 들어가는 자 – 오직 어린 양의 생명책에 기록된 자들뿐이다. 다른 각도에서는 영생주기로 작정된 믿는 자들이다.
행13:48; 히10:22; 벧전2:9–10; 벧후3:13

* 적용적 해석 *
새 하늘과 새 땅은 이 땅인가 영계인가?
첫째, 예수님께서 성도에게 약속하신 예비된 집은 이 땅이 아니다.
요14:2, 3
둘째, 성도들은 부활 변화시에 구름 속으로 끌어 올려 주와 함께 항상 있게 된다. **살전4:17; 마13:43**
셋째, 하늘과 이 땅은 불사르기로 되어 있음 **벧후3:7, 10, 13**
넷째, 하늘나라는 이 세상에 속하지 아니함 **요18:36**
다섯째, 처음 하늘과 처음 땅은 없어짐 **계21:1**
여섯째, 처음 바다가 없어 짐 **계21:1**
일곱째, 태양계의 빛이 쓸데 없는 영계임 **21:23**
여덟째, 밤이 없는 영계임 **21:25; 22:5**
아홉째, 천상 하나님의 보좌가 있는 세계 **22:3**
열째, 현재의 천지는 없어질 예언 **시102:26; 마24:35**
열한째, 새 하늘과 새 땅은 창조될 것임 **사65:17; 66:22**

22장(1) 천국의 위대한 광경과 어린 양의 보좌

1) 위대한 천국광경

새 예루살렘 전체 광경과 생명강과 생명수들을 소개한다. 그 광경은 잃어버린 에덴동산을 배경으로 하고 있다. 완전하고 영원한 에덴이 회복되고 있다. **창2:8-13; 3:22; 겔47장; 시46:4**

1절 - 또 그가(21:9 일곱 대접 천사 중 하나) **수정같이 맑은 생명수의 강을 내게**(요한) **보이니 하나님과 및 어린 양의**(요1:29) **보좌로부터 나와서**

(1) 천국의 위대한 광경

① 수정같이 맑은 생명수 강이 있고 - 이 강을 실제로 보지 않고 상징적으로 보는 견해가 있는데 문자대로 실제로 있는 강이다. 이 강이 어떠한지는 신비로 남겨둠이 해석자의 바른 자세일 것이다.

② 이 강은 하나님과 어린 양의 보좌로부터 흘러나와 길가운데로 흐르는 광경을 요한이 본다. 발원의 출처를 나타낸다.

시36:8, 9; 46:4; 슥14:8

2절 - 길 가운데로 흐르더라 강(생명수 강) **좌우에 생명나무가 있어 열두 가지 열매를 맺되 달마다 그 열매를 맺고 그 나무 잎사귀들은 만국을 치료하기 위하여 있더라**

③ 강 좌우에 생명나무가 있어 열 두 가지 실과를 맺히되 달마다 그 실과를 맺히고 - 영생을 상징한다.

④ 나무 잎사귀들은 만국을 소성하기(고치기) 위하여 있더라 -

겔47:12, 9, 10, 11; 계2:7

3절 - 다시 저주가 없으며 하나님과 그 어린 양의 보좌가 그 가운데에 있으리니 그의 종들이 그를 섬기며 (λατρεύω ;라트류오 ; 봉사하다, 섬기다, 예배하다, 종교적 경의를 표하다)

⑤ 다시 저주가 없으며 - 〈κατανάθεμα ;카타나 데마 ;저주〉 **슥14:11**

⑥ 하나님과 그 어린 양의 보좌가 그 가운데 있으리니 그의 종들(종들의 개념-22:3 해설 참고)이 그를 섬기며 그 얼굴을 보게 된다.
시16:11; 슥14:11; 계7:15

4절 - 그의 얼굴을 볼 터이요 그의 이름도(어린 양의) **그들의 이마에**(성도들) **있으리라**

⑦ 그분의 이름이 성도들의 이마에 있다 - 성도들이 천국에서 누리는 최고의 복이다. 구약사상은 하나님은 너무 거룩하셔서 사람들이 감히 그 얼굴을 볼 수 없다는 것이다. 그러나 천국에서는 그 얼굴을 보게되고 그 이름을 이마에 새기게 된다.
마5:8; 고전13:12; 요일3:2-3; 계3:12

5절 - 다시 밤이 없겠고 등불과 햇빛이 쓸 데 없으니 이는 주 하나님이 저희에게 비치심이라 그들이 세세토록 왕 노릇 하리로다

⑧ 다시 밤이 없겠고 등불과 햇빛이 쓸데 없으니 - 영원한 세계 천국에서는 밤이 없고 등불과 햇빛이 필요없다. 이유는 주 하나님이 저희

에게 비추심이라. 그 나라는 영원한 [하루]이며 영원히 [오늘]이다.

하나님은 그 얼굴을 저희에게 비추시며(민6:15) 천국은 그 빛으로 언제나 충만하고 밝게 빛난다.
영적으로는 밤은 죄와 무지의 상징이다. 천국에는 죄도, 무지도 없다 하나님을 아는 지식으로 충만한 백성들이 그분을 섬기는 세계이다.
사11:9

⑨ 성도들이 세세토록 왕노릇하는 광경이다 - 그리스도의 천년세계에서는 1000년 동안 왕노릇하였지만 천국에서는 영원한 왕이다.
천년세계와 영원한 세계의 차이점이 나타난다. 그러나 여기 왕권은 통치권을 의미하기 보다 왕의 영광을 나타낸다. 왕자적 영광이 영원히 계속되는 것이다.
마20:25-27; 시84:11; 잠4:18; 사60:19-20; 벧전1:3-4.

22장(2) 최후의 말씀

1) 천사의 말씀 (22:6-11)

6절부터 21절 까지는 요한계시록의 전체 결론이다. 실질적으로 장차 될 일은 5절에서 끝나고 6-21절까지는 여러가지 권면과 격려의 말씀이다.

6절 - 또 그가(7대접천사)**내게 말하기를 이 말은 신실하고 참된지라 주 곧 선지자들의 영의 하나님이 그의 종들에게 반드시 속히** 〈ἐν τάχος;신속히, 곧〉 **되어질 일을 보이시려고 그의 천사를 보내셨도다**

(1) 천사의 축복선언

① 이 말은 신실하고 참된지라 - 요한계시록 내용이 종말론적 예언의 진실성을 증언하는 것이다. 반드시 기록된대로 이루어질 사실을 하나님이 확증을 주신다.

② 선지자들의 영의 하나님이 천사를 보내셨다 - 선지자들을 통해서 예언하신 하나님께서 천사들을 통해 요한에게 지시하신 것이다. **행3:18, 벧후1:2.**

③ 하나님이 그 종들에게 결코 속히 될 일을 보이시려고 - 예언의 내용은 속히(타코스;신속히) 될 일을 보여 주신 것이다. **계1:1, 19**

7절 - 보라 내가 속히 오리니 이 책의 예언의 말씀을 지키는 자는 복이 있으리라 하더라

④ 축복 선언

㉠ 예수님이 속히 오신다 - 이 증언은 미래형이 아니라 현재형으로서 예수님은 벌써 오시고 있는 것이다. 주님이 직접 하신 말씀이다.

㉡ 이 책의 예언의 말씀을 지키는 자들이 복이 있다 - 요한계시록에 나오는 여섯번째 복이다. 하나님이 예언하신대로 받아들이고 믿고, 그대로 가르치고 따르고 행하는 것을 의미한다.

그런데 한국교회는 지나치게 상징적으로 해석하는 풍토가 있다. 요한계시록은 90%가 문자적으로 해석해야 된다. 예를 들면 천년왕국, 1260일, 42개월, 3년 반의 환난, 24장로, 7인, 7나팔, 7대접, 7교회, 두 증인, 1200 스다디온, 7복, 열 뿔, 열 왕 등등 전부 문자 그대로 받아들여야 한다.

그러나 한국교회는 오히려 거꾸로 이 모든 숫자를 대부분 비유나 상징으로 해석한다. 그러기 때문에 백인백색의 해석이 나와 해석학적 혼선과 혼란만 가중되는 것이다.

이것은 예언의 말씀을 지키는 것이 아니다. 원 저자이신 하나님이 계시하신대로 받아 들여야 된다.

8절 - 이것들을 보고 들은 자는 나 요한이니 내가 듣고 볼 때에 이 일을 내게 보이던 천사의 발 앞에 경배하려고 엎드렸더니

(2) 요한이 천사에 대한 경배와 거절 당한다.

① 이 예언의 말씀을 보고 들은 자는 요한이다. - 인간 저자는 본서를 마칠 즈음에 자신을 밝힌다. 계시록 내용이 하나님께서 천사를 통해 자신에게 준 하나님의 계시의 말씀을, 자기가 본 하나님의 말씀과

예수의 증거를 다 전했음을 고백하고, 요한계시록 말씀의 진정성을 인간저자 자신이 증언한다.

② 요한이 듣고 볼 때에 이 일을 보이는 천사 앞에 엎드려 경배하려고 한다 – 감격과 두려움에 싸인 인간의 모습이다.

9절 – 그가 내게 말하기를 나는 너와 네 형제 선지자들과 또 이 두루마리의 말을 지키는 자들과 함께 된 종이니 그리하지 말고 하나님께 경배하라 하더라

③ 천사가 거절함 – 나는 너와 네 형제 선지자들과 또 이 두루마리의 말을 지키는 자들과 함께 된 종이니 그리하지 말라고 거절한다.

④ 천사의 권면

㉠ 오직 하나님께 경배하라고 권면한다 – 유일한 경배의 대상이다. 오직 계시의 근원이시며 역사의 왕이신 하나님만이 유일한 경배의 대상이다. **시45:11; 출34:14; 골2:18**

10절 – 또 내게 말하되 이 두루마리의 예언의 말씀을 인봉하지 말라 때가 가까우니라

㉡ 이 두루마리의 예언의 말씀을 인봉하지 말라고 한다. "말라"는 절대부정사이다. 그럼으로 "절대 봉하지 말라"는 주님의 명령이다. 그런데 계시록 말씀을 전혀 알아서는 안될 책으로 취급하고 敬遠(경원)하는 태도는 불신의 태도인 것이다. 마지막이 가까왔기 때문에 읽고, 듣고, 지켜야 한다.

㉢ 때가 가까왔기 때문이라고 한다. 하나님이 계시하신 장차 될 일이 실현될 시기가 가까웠기 때문이다.

단12:4, 9; 벧전4:7; 계1:3; 22:16

11절 - 불의를 행하는 자는 그대로 불의를 행하고 더러운 자는 그대로 더럽고 의로운 자는 그대로 의를 행하고 거룩한 자는 그대로 거룩하게 하라

㉣ 불의한 자는 그대로 불의하게 두고 더러운 자는 그대로 더럽게 두라고 한다 - 때가 너무 임박하여 변화의 여지가 없지만 아직 시간이 있을 동안에 변화하라는 보충적 의미도 내포하고 있다.

㉤ 의로운 자는 그대로 의롭게 두고 거룩한 자는 그대로 거룩하게 두라고 한다. 의로운 자, 거룩한 자는 마지막 때라고 해서 바뀌지 않기 때문에 그대로 두라는 영적 의미를 나타낸다.

딤후3:13; 시81:12; 단12:10

마지막 때에 사람들이 자신들의 마음과 행위대로 열매를 거두게 됨을 교훈한다.

2) 예수님의 말씀 (22:12-16)

12절 - 보라 내가 속히 오리니 내가 줄 상이 내게 있어 각 사람에게 그가 행한대로 갚아 주리라

(1) 보라 내가 속히 오리라 하심 - 7절 참고

습 1:14 여호와의 큰 날이 가깝도다 가깝고도 심히 빠르도다 여호와의 날의 소리로다 용사가 거기서 심히 애곡하는도다 계 1:7 볼지어다 구름을 타고 오시리라 각인의 눈이 그를 보겠고 그를 찌른 자들도 볼 터이요 땅에 있는 모든 족속이 그를 인하여 애곡하리니 그러하리라 아멘. **살전1:10; 눅12:40; 행1:11**

(2) 주님이 속히 오시는 목적. 내가 줄 상이 내게 있어 각 사람에게 그의 일한대로 갚아 주리라 하신다.

주님이 속히 올 것이므로 성도의 수고가 헛되지 않고 일한대로 상받게 됨을 약속하시며 열심히 일하라는 권면이 내포되어 있다.

사3:10; 40;10; 고전3:8.

*성도에게 보상하시는 예수님 - **고후9:6, 10; 갈6:7; 약3:18; 시19:11; 잠11:18; 마5:12; 막9:41; 막10:42; 눅6:23; 고전3:8, 14; 히10;35**

13절 - 나는(예수님) **알파와 오메가요**(21:6) **처음과 마지막이요 시작과 마침이라**

(3) 나는 알파와 오메가요 처음과 나중이요 시작과 끝이라 하심

하나님의 속성이다. 영원토록 존재하시는 창조주로서 우주만물의 시작의 근원자이시며 또한 최후 심판자이심을 나타낸다.

사44:6; 48:12; 계1:8

14절 - 자기 두루마기를 빠는 자들은 복이 있으니 이는 저희가 생명나무에(창2:9; 계22:2, 19) **나아가며 문들을 통하여 성에 들어 갈 권세를 받으려 함이로다**

(4) 그 두루마기를 빠는 자들은 복이 있다 하심

계시록 7복 중 마지막 복. 두루마리를 빠는 것은 우리 주 그리스도의 보혈로 죄 씻음받는 것을 말하며, 모든 성도들을 총칭하는 의미이다.

① 생명 나무에 나아가며 문들을 통하여 - 7복의 첫째 내용은 생명수 강가의 생명나무에 나아가 생명과실을 따먹는 권세를 말한다.

② 성에 들어 갈 권세를 얻으려 함이로다 하심 - 두번째 내용은 영광스런 예루살렘 성에 들어가는 어린 양의 신부가 되는 것이다.
렘4:14; 요일3:3; 계7:14

15절 - 개들과 점술가들과 음행하는 자들과 살인자들과 우상 숭배자들과 및 거짓말을 좋아하며 지어내는 자는 다 성밖에 있으리라

③ 성밖에 있는 자들 - 개들과 술객들과 음행자들과 살인자들과 우상숭배자들과 및 거짓말을 좋아하며 지어내는 자마다 성밖에 있으리라 하심 - 앞 절과 대조적으로 그 성에 들어가지 못할 자들을 밝힌다.
갈5:19-21; 엡5:3-5

16절 - 나 예수는 교회들을 위하여 내 사자를 보내어 이것들을 너희에게 증언하게 하였노라 나는 다윗의 뿌리요 자손이니 곧 광명한 새벽 별이라 하시더라

(5) 예수님은 교회들을 위하여 내 사자를 보내심
교회는 예수님의 몸이다(골1:24). 그 몸된 교회에 사자를 보내신다.**계1:20**
① 사자를 보내신 목적 - 이것들을 증거하게 하였다 하심. 예언의 말씀(계1:3)인 요한계시록 말씀을 의미한다.

(6) 나는 다윗의 뿌리요 자손이니 곧 광명한 새벽 별이라 하심

과거와 미래, 신분과 직무가 밝혀져 있다. 즉 우리 주님은 초림에 있어 다윗의 자손으로 오셨고 다시 오실 때는 광명한 새벽별로 오신다. (5:5; 2:28참고)

3) 성령과 신부의 초청 (22:17)

신부는 어린 양의 신부로서 새 예루살렘 성을 가리킨다(21:9-10). 성령님은 교회의 설립자이시요(오순절) 보호자로서 선지자들을 통해 계시의 말씀을 선포하시는 분이시다. 이 성령님과 신부가 같이 주 오심을 기원한다. 따라서 우리 주 예수 그리스도의 다시오심을 갈망하는 교회의 열망을 보이고 있다.

17절 - 성령과 신부가 말씀하시기를 오라 하시는도다 듣는 자도 오라 할 것이요 목마른 자도 올 것이요 또 원하는 자는 값없이 생명수를 받으라 하시더라

(1) 초청의 대상 - 주 오심을 열망하는 한편 교회가 생수를 받아 해갈하라고 초대하는 것이다.

① 듣는 자도 오라 하심 - 이 예언의 말씀을 듣는 자를 초대한다. 그러므로 듣는 자가 복이 있고(계1:3), 들을 귀 있는 자는 들으라 하신다. **계2:7, 11, 17, 29**

② 목마른 자도 올 것이요 - 이 세상에 물을 마시고 목말라 하는 자들을 초대한다. 누구든지 나오기만 하면 만족을 얻는다. 마지막 때 요한계시록 말씀은 목마를 때 마시는 생수이다. **암8:11**

③ 원하는 자는 - 사모하며, 갈망하며 목마른 자는 누구든지 마실 수 있다.

(2) 초청의 이유

값없이 생명수를 주시려고. 이것은 초청이면서 명령이다. 생명의 물을 먹지 않으면 영생할 수 없기 때문에 누구든지 원하는 자에게 주어지는 초청은 반드시 마셔야 할 생명수에 대해서는 명령형으로 되어 있다. **사55:1; 요4:14; 7:37**

4) 요한의 경고 (22:18-19)

가감할 수 없는 계시록 말씀의 절대적 가치를 증거하는 것이다. 계시록 말씀뿐만 아니라 성경 전체는 가감할 수 없는 절대적 가치를 지닌다.

18절 - 내가 이 두루마리의 예언의 말씀을 듣는 모든 사람에게 증언하노니 만일 누구든지 이것들 외에 더하면 하나님이 이 두루마리에 기록된 재앙들을 그에게 더하실 것이요

(1) 경고의 대상 - 이 예언의 말씀을 듣는 각인이다.

(2) 경고의 내용

① 더하지 말라 - 계시록 말씀에 없는 것을 더해서는 안된다. 자기 생각을 첨가하면 안된다. 이것들 외에 더하면 하나님이 이 두루마리에 기록된 재앙들을 그에게 더하실 터이요. **잠30:6; 고전4:6**

19절 - 만일 누구든지 이 두루마리의 예언의 말씀에서 제하여 버리면 하나님이 이 두루마리에 기록된 생명나무와 및 거룩한 성에 참여함을 제하여 버리시리라

② 빼지말라 - 계시록 말씀에서 어느 한부분이라도 제하여서는 안된다. 이 책의 예언의 말씀에서 제하여 버리면 하나님이 이 두루마리에

기록된 생명 나무와 거룩한 성에 참예함을 제하여 버리신다.

문자적으로 받아들여야 할 부분들을 비유나 상징으로 해석하는 것도 가감하는 위험한 일이라 할 수 있다. 난해하면 난해한대로 문자의미대로 받아들이는 것이 해석자의 기본적인 자세이다.

요한계시록 말씀에 대하여 이러한 엄한 경고가 주어진 것은 이 예언의 말씀이 100% 받아들이고 신뢰할 수 있는 하나님의 계시임을 증거하는 것이다. 따라서 수정이나 변경이 불필요한 온전한 계시의 말씀으로 속히 이루어질 말씀인 것을 증거한다.

5) 마지막 축복 (22:20-21)

이 부분은 강림을 확실하게 약속하는 주님의 선언과 거기에 응답하는 인간저자의 뜨거운 기도와 축복으로 구성되어 있다.

예배 의식적인 기도와 서신 양식적인 축복은 조속한 강림약속에 대한 응답이다. 이는 요한계시록 말씀을 읽는 성도들의 정신자세를 요구하는 것이다.

20절 - 이것들을 증언하신 이가 이르시되 내가 진실로 속히 오리라 하시거늘 아멘 주 예수여 속히 오시옵소서

(1) 주님의 약속 - 내가 속히 오리라. 본장에서만 벌써 3번째 반복되는 중요한 약속이다. [오리라]는 현재형으로 벌써 그 동작이 시작된 것을 의미한다. 우리 주님은 먼 미래에 막연히 오시는 것이 아니고 지금 오고 계신다. 문 밖에 까지 와 계신다. **마24:33; 막13:29**

주님의 강림은 미래에 성취될 사건이지만 그 동작은 벌써 시작되었고 진행중에 있다는 것을 깨달아야 한다. 하나님의 영원한 경륜속에 빈틈 없이, 한치의 오차도, 오류도 없이 진행되고 있기 때문이다.

영원과 시간은 주 강림이라는 시간적 사건 속에 만나고 과거전 시간은 영원에 흡수되고 마는 것이다.

최종적으로 이 예언의 말씀을 증거하신 우리 주님의 소망의 메시지를 귀담아 들어야 한다.

① 택자들의 화답 - 아멘 주예수여 속히 오시옵소서. 아랍어로는 "마라나타" 이다. 마라나타 신앙이다. 초대교회 신앙의 중심이었고 예배의식이었다. 요한계시록 말씀에 흐르는 핵심 사상이다.

초대교회 성도들은 우리 주님의 강림의 임박성을 인식하며 거기에 응답하면서 그들은 온갖 박해와 조롱과 멸시 그리고 유혹과 죽음을 극복해 나갔던 것이다. 우리시대 요한계시록을 읽고 가르치고 설교해야 할 이유가 여기에 있는 것이다.

21절 - 주 예수의 은혜가 모든 자들에게 있을지어다 아멘

(2) 마지막 축복 - 본서의 축도이다.

① 주 예수의 은혜가 모든 자들에게 있을지어다 - 축도의 대상은 다시오실 주님을 소망하는 모든 시대 모든 자들에게이다.

② 아멘 - 하나님의 말씀은 아멘으로 끝을 맺는다, 할렐루야! 할렐루야!! 할렐루야!!!

* 예수님의 재림의 약속 - **히10;37; 벧후3:10; 계1:7, 16:15; 행1:11; 계22:7, 12; 22:20; 마24:36(살전5:1-3), 25:13; 살전5:4; 살후1:7-12**

♣ 요한계시록 도표 ♣

*표 Ⅰ : 다니엘서와 계시록의 환난의 구도

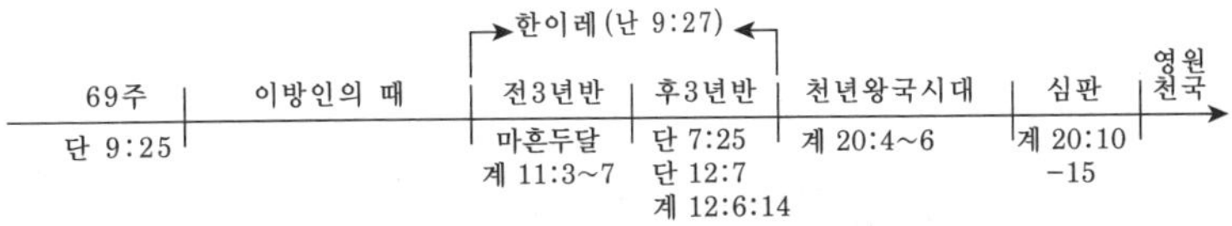

*표 Ⅱ : 큰환란과 7년 심판 대환난의 구도

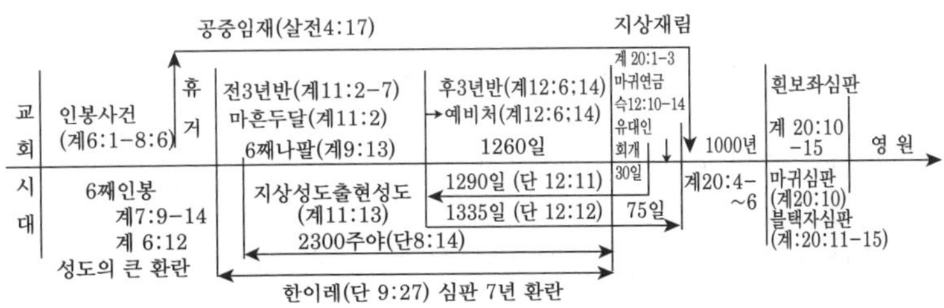

*표 Ⅲ : 주님 재림과 최후의 심판 구도

환란 종결	유대인 회 개	악한천사	주님재림	1000년 왕국	최후의반역심판 사단(계20:10)	우주소멸	영원천국
계6:1 ~19:21	단12:11 슥12:10 -14	사단감금 계20:1 -3	성도함께 행 1:11 슥 14:4	계 20:4~6 계 20:6	사망부활. 2차심판 (계20:11~15; 요 5:29;행 24:15)	(계20:11 ;21:1; 벧후 3: 6~13)	계 21:1 ~ 22:5

♣ 참고 도서 목록 ♣

* 말세와 예수재림, 성청사, 김응조 박사 저

* 신학성서주해 요한계시록, 대한예수교장로회 총회교육부, 이상근 박사 저

* 요한계시록주석, 국제신학연구소, 원세호 박사 저

* 현대종말론의 성경적 비판, 국제신학연구소. 원세호 박사 저

* 성경해석의 원리,국제신학연구소, 원세호 박사 저

* 성경조직신학, 국제신학연구소, 원세호 박사 저

* 복음적 변증의 성령론 국제신학연구소, 원세호 박사 저

* 로마서주석 상.하, 국제신학연구소, 원세호 박사 저

* 요한계시록강해, 서울서적출판부, 조용기 목사 저

* 요한계시록, 말씀의 집. 천정웅 목사 저

* 완벽성경성구대사전, 아가페출판사,

* 최신성서핸드북, 기독교문사, 할레이저, 박양조 역

* 요한계시록흐름이해, 국제신학연구소, 우석철 목사 저

* 휴거의 소망, 국제신학연구소, 우석철 목사 저

읽기만 해도 풀리는 ~

요한계시록

주해설교

요한계시록 주해설교

발행일 2012년 1월 2일 3판 1쇄

지 은 이 **우 석 철**

발 행 인 **유 성 헌**

편 집 인 **전 민 주**

발 행 처 **하야Book**

인 쇄 **국제문화사**

주 소 **서울 양천구 신월7동 995-7번지 동산빌딩 302호**

문 의 **대표전화 070-8748-4435, 010-2811-4435**

저자연락처 **070-7945-5522, 010-7475-9090**

홈 페 이 지 **www.joychurch.pe.kr**

이 메 일 **wsch77@paran.com**

ISBN 978-89-968031-1-9 (03230)

하야Book은 문서사역을 통해 하나님의 나라를 확장하고 복음전파를 통해 하나님 말씀으로 사람을 살리는 일을 하고자 설립된 출판사입니다.

하야(Chayah)의 뜻은 히브리어로 '살다, 회복시키다, 구원하다, 소생하다, 부흥하다'의 의미가 있습니다.